한옥석의
볼린저밴드
실전투자법

한옥석의 볼린저밴드 실전투자법

초판 1쇄 발행 | 2013년 2월 21일
초판 6쇄 발행 | 2022년 7월 15일

지은이 | 한옥석
펴낸곳 | 미래지식
펴낸이 | 박수길
디자인 | LuneDesign

주소 | 경기도 고양시 덕양구 통일로 140 삼송테크노밸리 A동 3층 333호
전화 | (02)389-0152 팩스 | (02)389-0156
홈페이지 | www.miraejisig.co.kr 이메일 | miraejisig@naver.com
등록번호 | 제 313-2004-00067호

- 이 책의 판권은 미래지식에 있습니다.
- 값은 표지 뒷면에 표기되어 있습니다.
- 잘못된 책은 구입하신 서점에서 교환해 드립니다.

ISBN 978-89-6584-028-2 (13320)

국립중앙도서관 출판사도서목록(CIP)

한옥석의 볼린저밴드 실전투자법 / 지은이: 한옥석. — 서울 : 미래지식, 2013
p.276 ;   cm
ISBN 978-89-6584-028-2 13320 : ₩25800
주식 투자[株式投資]
327.856-KDC5 332.6322-DDC21   CIP2013000432

미래지식은 좋은 원고와 책에 관한 빛나는 아이디어를 기다립니다.
이메일(miraejisig@naver.com)로 간단한 개요와 연락처 등을 보내주시면
정성으로 고견을 참고하겠습니다. 많은 응모바랍니다.

BOLLINGER BANDS
대·박·주·가·치·주·발·굴·을·위·한·최·상·위·기·법

한옥석의
볼린저밴드
실전투자법

한옥석 지음

미래지식

저자의 글

볼린저밴드를 통해 20%의
리더그룹에 진입하라

미국의 정계, 경제, 문화 등 다방면에 걸쳐 지도층을 이루고 있는 민족인 유대인들은 '80 대 20의 법칙'을 믿는다. 이탈리아의 사회학자이자 경제학자인 파레토는 거의 모든 면에서 20%가 리더 그룹이고 나머지 80%는 그저 그런 부류에 속한다는 사실을 실험으로 입증했다. 그는 개미 사회를 유심히 관찰한 결과 1,000마리의 개미 중 80%에 해당하는 800마리는 놀고먹는 개미필자가 생각컨데 이는 단순 분류이고 개미 사회는 각기 맡은 바가 다른 분업사회로, 사실상 놀고먹는 개미는 없는 것으로 본다이고 나머지 20%인 200마리는 열심히 일하는 개미로 나누어진다는 사실을 밝혀냈다.

이 같은 파레토 법칙은 인간사회에서도 그대로 적용 가능하며 오늘날 매우 중요한 부분을 차지하고 있다. 예를 들면 기업들이 생산하는 제품스마트폰 시장은 갤럭시와 아이폰이 80%의 점유율을 보임은 물론이고, 1980년대 전성기를 누렸던 마이클잭슨, 아바 그룹 등 세계적인 뮤지션들의 음반판매80% 점유에서도 그대로 나타난다는 점에서 상당한 설득력이 있다.

주식투자를 하는 우리의 입장에서 보면, 성공적인 20% 그룹에 포함되지 못하는 투자자들이 80%에 이를 것으로 추정된다. 이러한 점을 생각하면 안타깝다. 성공 그룹 20%에는 외국인과 기관이 포함된 것으로 보면 일반투자자들이 성공하기란 '코끼리가 바늘구멍을 통과하는 것'과 같이 매우 어려운 일이다.

우리의 대부분이 비록 성공하기 쉽지 않은 그룹 80%에 위치해 있지만 그렇다고 겁먹을 필요는 없다. 시행착오를 통해 오랜 경험을 쌓았고 다양한 지식을 습득함으로써 성공의 목전에 접근해 있기 때문이다. 조금만 더 노력하면 목적한 바를 충분히 달성할 수 있을 것이다.

투자에 있어서 간과하기 쉬운 점이 있다. 바로 우리가 선택해야 할 전체 주식 중 20%가 좋은 주식, 즉 가치우량주이고 나머지는 그렇지 못한 주식이라는 점이다. 주가는 기업의 가치에 비례하여 움직인다. 비록 자기 자신이 일반투자자이지만 상위 20%에 해당하는 주식을 선택하여 투자한다면 자신의 투자능력과는 무관하게 의외로 쉽고 빠르게 성공그룹으로 진입할 수 있다. 실패 요인을 되돌아 보면 말초신경을 자극하는 종목에 너무 집착했거나 동물적 본능에 치중하여 매매함으로써 이성적이고 합리적인 투자방법을 망각했던 경우가 많았을 것이다.

필자는 주식투자로 성공하려면 '선택의 범위를 좁혀라'라고 말하고 싶다. 밀림의 왕 사자가 사냥할 때는 무리전체를 보고 사냥감을 뒤쫓지 않는다. 사냥감 한 마리를 분명히 정하고 이를 향해 돌진하는 것이다. 우리 역시 이와 마찬가지로 가치우량주 상위 20%에 속하는 종목에 한하여 투자해야 한다. 그렇게 한다면 소외그룹인 80%에서 벗어날 수 있다.

니프티 피프티Nifty Fifty, 즉 니트피50은 미국에서 기관투자자들이 가장 선호하는 50개 종목을 일컫는다. 의미 없이 이러한 우량주 상위 종목을 공개하는 것이 아니다. 이는 최상위 종목의 중요성을 강조한 것으로, 좋은 종목의 선택 범위를 축소해 줌으로써 이에 투자하는 투자자들의 성공그룹 진입을 도와주게 된다. 외국인이나 기관투자자들이 왜 우량주를 중심으로 투자하고 성공하는 지를 충분히 이해할 수 있을 것이다. 따라서 우리는 가치우량주가 무엇인지를 알고 있으므로 이를 중심으로 매매타이밍을 잘 포착하는 기술을 익혀 적용한다면 성공할 수 있다.

이 책은 기술적인 분석을 통해 매매타이밍을 포착하는 기술을 익히고자 하는 것이지만 그 적용 대상 역시 앞에서 언급한 펀드멘탈기본이 잘 갖추어진 종목을 기준으로 삼아야 함을 분명히 언급해 두고자 한다.

필자는 지금까지 알려진 거의 모든 지표들에 대해 이해하려 노력했고 또한 검증하는데 많은 시간을 보내왔다. 하지만 쓸모 없는 지표들이 많았고 사실상 검증되지 않은 지표가 대부분이었다. 실제로 국내 모 대학교수도 기술적 분석지표들의 유효성을 검증했지만 사실 대부분은 적용하기가 어려운 것임을 모 경제지를 통해 연재한 사실이 있다. 그만큼 주가가 그려나가는 움직임에 대해 변곡점을 알고 매수와 매도시점을 판단한다는 것은 쉬운 일이 아니다.

필자 역시 기술적 분석지표 중 가장 유효성이 높은 지표가 바로 '볼린저밴드'라는 사실을 통계적 검증을 통해 입증하였다. 그러니까 기술적 분석지표 중 최상위 기법이 바로 볼린저밴드인 셈이다. 앞서 언급한 파레토 법칙이 확률을 바탕으로 정립된 이론이라면, 볼린저밴드 역시 기본바탕은 확률과 통계다. 성공확률 95.44%와 실패확률 4.56%인 셈이다.

주가의 방향을 급등, 급락, 완만상승, 그리고 완만하락의 네 가지 패턴으로 단순화하고, 이 중 급등과 급락패턴의 경우 각각의 매도와 매수타이밍을 선행적으로 정확하게 포착해 왔다. 이를 통해 수많은 투자자들에게는 물론 각 증권사, 기관 등에서 많은 교육기회를 가져왔다. 그리고 이러한 정확한 매매기법을 자동매매 신호화하는 분석프로그램인 〈옥석가리기〉를 개발하기에 이르렀다. 100% 완벽하진 않지만 놀라운 적중률을 기록해 지금 수많은 투자자들이 활용하고 있다.

매매시점을 신호화해서 높은 적중률을 가진다는 것은 그 분석기법이 매우 유용함을 의미하는 것이다. 이것은 그 근원이 확률과 통계이기 때문이다.

본서는 기술적 분석의 한계를 극복하는 내용을 중심으로 구성되어 있다. 볼린저밴드 만으로는 한계성이 있기 때문에 엘리어트 파동 중 신뢰성이 높은 조정파동의 마무리 시점인 C파동을 통해 최적의 베팅 포인트는 물론, 최적의 매도시점 역시 정확하게 포착하는데 초점이 맞추어져 있다. 주도주를 포착하는 기술과 더불어 선물의 정확한 매매타이밍에 필요한 분석기법 등 주가분석에 있어 절대적 필요사항들도 망라되어 있다.

가능한 한 중요한 부분은 반복성을 기함으로써 정독하면 자연스럽게 볼린저밴드에 대해 이해할 수 있도록 구성하였다. 본서를 통해 볼린저밴드를 보다 확실히 마스터 하려면 2~3회 이상 정독해야 한다. 무엇보다 분석기법을 독자여러분의 것으로 만들고자 노력하길 바란다.

이 책을 위해 다양한 통계적 검증과 자료 수집에 애써 주신 관계자 여러분께 감사드린다. 필자는 분명 이 책을 통해 수많은 독자여러분이 성공 그룹인 20%로 진입할 것을 확신한다.

한옥석

차례

- 저자의 글 볼린저밴드를 통해 20% 리더그룹에 진입하라 _ 4
- 프롤로그 매매전략의 효율성을 높이는 최상위 기법, 볼린저밴드 _ 11

Part 1 볼린저밴드를 공부해야 하는 이유

01_ 체계화된 분석기법이다 _ 18

02_ 확률적 접근법이다 _ 22

03_ 혼돈을 단순화한다 _ 25

04_ 과학적인 접근법이다 _ 29

Part 2 볼린저밴드에 대해 기본적인 이해하기

01_ 볼린저밴드의 유래 _ 34

02_ 볼린저밴드의 이론적 배경 _ 37

03_ 볼린저밴드의 구성요소와 그 이해 _ 45

04_ 정규분포도와 볼린저밴드의 상관관계 _ 53

05_ 볼린저밴드의 특성 _ 58

Part 3 볼린저밴드를 이용하여 대응전략 마련하기

01_ 기본적인 대응방법 _ 73

02_ 볼린저밴드를 활용한 실전 매매기법 _ 86

03_ 중심선에 대한 이해와 그 활용법 _ 147

Part 4 볼린저밴드, 파동, 스토캐스틱을 활용한 단·중·장기 매수타이밍 포착법 살펴보기

01_ 스토캐스틱에 대한 간단한 이해 _ 159

02_ 다이버전스를 이용한 확률 높은 매매전략 _ 163

03_ 스토캐스틱 이중바닥에 의한 매수타이밍 _ 167

04_ 볼린저밴드, 파동, 그리고 스토캐스틱의 접목에 의한 매수타이밍 _ 171

Part 5 강세종목 편승과 수익전략 알아보기

01_ 시장 인기주와 필요한 도구 _ 183

02_ 분봉의 활용방법 _ 186

Part 6 거래량에 대한 이해와 대응법 살펴보기

01_ 거래량과 주가 _ 201

02_ 거래량의 경우의 수와 그 대응법 _ 204

Part 7 기술적 지표를 통해 주도주 파악하기

01_ 기술적 분석에서의 주도주에 대한 이해 _ 220

02_ 집중해야 할 대표주 _ 247

Part 8 선물의 매매타이밍 포착법 파악하기

01_ 기본적 매매전략은 볼린저밴드의 상·하한선의 전환점을 이용하라 _ 253

02_ 보다 큰 수익을 위해서는 조정파동을 활용하라 _ 261

03_ 일봉 상 밴드상한선을 돌파하면 매도타이밍으로 여겨라 _ 265

04_ 240분봉을 활용하여 매수타이밍을 노려라 _ 269

부록 문제로 정리하는 볼린저밴드 실전 연습 _ 272

프롤로그

매매전략의 효율성을 높이는
최상위 기법, 볼린저밴드

　존 볼린저John Bollinger는 미국에서 개인, 기업, 신탁, 그리고 퇴직연금 등에 대해 기술적 자금운용 서비스를 제공하는 투자운용사인 볼린저 캐피털 매니지먼트Bollinger Capital Management, Inc.의 설립자다. 시각예술영화촬영을 전공했고 컴퓨터를 이용한 시장분석에 몰두해 온 끝에 오늘날 최고의 기술적 분석가로 인정받고 있다. 그가 개발한 볼린저밴드는 주가에 관한 분석용 소프트웨어의 대부분을 광범위하게 수용하고 통합한 것이다. 그는 CFAChartered Financial Analyst이고, CMTChartered Market Technician이다. 현재 마켓테크니션스어소시에션Market Technicins Association의 이사로 있다. 또한 로스엔젤레스 금융분석가협회 회원이며 그가 발행하는 〈캐피털 그로스 레터Capital Growth Letter〉는 기술적 분석에 의한 자산배분접근법으로, 전화핫라인을 통해 매일 업데이트되고 있다. 그는 이를 통해 일반투자자들에게 조언해준다.

1970년대에 그는 주식시장에 뛰어들었다. 하지만 호재와 악재에 의해 시장의 변동성이 일어나는 상황에서 절대적인 지표는 있을 수 없었다. 이에 대해 그는 확률적 접근 방식인 볼린저밴드 기법을 창안했고 기술적 주가분석에 있어 누구도 견줄 수 없는 최고의 지위에 올랐다.

그는 주로 CNBC에서 주간 투자해설과 분석활동을 하고 있으며, 〈뉴욕타임스〉, 〈LA타임스〉 등 전문매체에서 전문가로 활발한 활동 중이다.

필자는 볼린저밴드의 이론적 배경을 존중하며 이를 통해 많은 영감을 얻은 투자자로서 오래전부터 볼린저밴드의 계승발전에 노력하고 있다. 실전매매에 보다 쉽게 적용할 수 있도록 체계화하여 국내시장에 널리 알리는데 주력해 왔다. 이 책에서 기술하는 내용은 그와 다소의 차이가 있다 하더라도 필자 또한 수없이 많은 검증을 통해 얻어진 결과물이며, 이는 더욱 발전된 모습으로 진화하고자 하는 투자자들에게 큰 도움을 주리라 확신한다.

독자들은 필자를 2006년 출간한 《한옥석의 볼린저밴드 주식투자법》이라는 책을 통해 국내에서 볼린저밴드 기법의 중요성을 전파한 사람으로 기억하고 있을 것이다. 하지만 그 보다도 훨씬 더 오랜 기간 통계적 검증을 거치는 과정이 있었고 또한 〈한국경제TV〉를 통해 그 기법을 공개해 왔다. 보다 과학적인 기술적 분석기법을 습득하고자 하는 투자자들은 볼린저밴드를 통해 큰 영감을 얻었던 필자와 마찬가지로 이 책을 통해 더욱 발전된 모습으로 진화하기를 바라는 솔직한 심정도 담고 있다.

세상에 나와 있는 기술적 지표는 지나칠 정도로 많다. 우리는 그 하나하나에 대해 완벽한 이해와 더불어 효과적인 활용 역시 필요하다. 다만 해당 지표에 대한 장·단점을 명확히 한 후 단점은 보완하고 장점은 살려야 한다. 따라서 현존하는 지표들의 유용성에 대해 완벽하게 이해하고 보완적인 접근을 통해 분석의 정확도를 높이는 것이 중요하다. 하지만 자신만의 기술적 분석에 의한 투자의 정체성을 갖기 위해서는 기준지표가 필요하고 이를 바탕으로 다른 지표를 보조적으로 활용하는 것이 바람직하다. 여기서 기준지표가 되기 위해서는 어떤 전제조건이 필요한지를 살펴보자. 투자자의 기준지표가 되기 위해서는 다음의 요건을 충족시켜야 한다.

첫째, 확률적으로 정확도가 높아야 한다.
둘째, 해당 지표를 통해 오류나 정확도의 원인이 충분히 인지되어야 한다.
셋째, 시장의 국면과는 상관없이 일률적으로 적용 가능해야 한다.
넷째, 다양한 지표들의 속성을 함축하고 있어야 한다.

투자자는 이상의 네 가지 요건을 갖춘 지표를 선택하여 이를 기준으로 투자하되 선택된 지표의 오류에 대한 대비책으로 이를 보완할 수 있는 기법들을 익히는 것도 중요하다. 이곳이 주식시장이라는 점에서 보면 '1+1=2'라는 등식이 성립할 수 없으며 오차와 에러를 고려한 보완책이 뒤따라야 한다. 비록 기술적인 면이 아니더라도 시장을 읽는 눈이나 악재나 호재에 대한 이해력을 갖추는 것은 물론이고, 기업의 펀드멘탈적인 요소들을 제대로 이해하면서 종합적으로 분석할 수 있어야 한다.

'기준지표가 정확성이 높아야 하는 것'은 확률적으로 다른 지표에 비해 우위를 가져야 한다는 의미이다. 볼린저밴드는 그 태생이 통계적 기초이론을 바탕으로 확률에 근거한 지표로서 매매타이밍의 정확도에 있어 다른 지표에 비해 우월성을 갖는다. 필자는 오래전 이 지표를 처음 접하면서 과학적이고 수학적인 측면에서는 의심의 여지가 없었지만 실전적인 측면에서 과연 다른 지표에 비해 정확성을 가지고 있느냐에 의문을 갖고 다른 지표와의 비교검토에 상당히 많은 시간을 할애했다. 결론은 역시 '오케이OK'였다. 물론 이 지표 역시 완벽할 수는 없었지만 적어도 볼린저밴드를 능가할 정도의 정확성을 가진 지표는 아직 보지 못했다. 그래서 기준지표로서의 선택에 의문도 없고 현재의 투자성과에 대해서도 만족한다.

기준지표는 그 자체적으로 정확성이나 오류의 원인이 분명해야 한다. 정확성이 높다면 타이밍에서의 자신감을 바탕으로 공격적인 투자를 감행할 수 있고 오류의 위험이 있을 수 있는 국면에서는 매매행동을 자제하면 된다. 지준지표로서 판단의 기준이 모호하면 '이현령 비현령耳懸鈴鼻懸鈴'식의 투자로 인해 수익관리는 물론 위험관리도 불가능할 수밖에 없을 것이다.

볼린저밴드는 수학적 개념이 도입된 지표로, 기준이 분명하고 각 국면에 대한 이해도를 높여줌으로써 조금만 집중력을 높이면 위험지대를 피하고 성공확률이 높은 타이밍을 노림으로써 높은 성과를 올릴 수 있다. 물론 보다 정확성을 높이기 위해 엘리어트 파동론찰스다우의 중기적 이론을 뼈대로 하여 엘리어트에 의해 세밀화 된 파동이론이나 스토캐스틱Stochastic, 현재의 주가가 특정 기간의 주가범위 내에 어디쯤 위치하고 있는지를 나타내는 지표, 갭 이론Gap Analysis, 케인스 학파의 소득결정·저축·투자이론을 기초로 하고, 완전고용의 수준을 하나의 기준으로 하여 인플레이션과 디플레이션을 구별하는 분석방법 등, 다른 여러 가지 지표들을 보완하면서 보다 성공률을 높이고 리스크를 줄이는 전략이 필요하다.

또한 시장의 상황에 연연해서는 안 되고 그와 상관없이 적용 가능해야 한다. 투자를 하다 보면 하락국면에서는 기술적 분석도 의미를 잃는 경우가 많고 상승할 경우에도 마찬가지다. 하락할 때는 매수타이밍이 도래해도 상승다운 상승을 보이지 못하고 상승국면에서는 너무 이른 시점에 매도타이밍이 제시되어 추가 수익기회를 잃는 경향이 강하다. 그렇지만 이는 전략적인 문제이고 매매타이밍에 있어서는 하락이든 상승국면이든 실효성이 있어야 한다. 적어도 단기적으로는 매수 후 주가가 올라야 하며 매도한 후 일정수준 조정이 이루어져야 한다. 매매대응 후 주가가 오르거나 내릴 때는 다시 매매신호가 나타나면 된다. 볼린저밴드는 이 같은 매매전략에 있어 비교적 높은 확률적 타이밍을 제시해 줌으로써 다른 지표들이 갖지 못하는 우월성을 지닌다.

역시 기준지표는 다양한 기술적 보조지표들의 속성을 함축할 수 있어야 한다. 주가의 변곡점을 정확히 포착하여 매매타이밍을 제시하는 것도 중요하고 또한 추세의 변화를 반영하는 성향도 지녀야 한다. 기준지표라고 해서 타이밍에만 의미가 있고 추세적 의미가 배제된다면 주가의 동향을 이해하지 못하는 것은 물론이고, 이 때문에 효율적인 대응전략을 구사할 수 없다. 상승추세라면 공격적 투자를 고려할 수도 있고 하락추세라면 방어적 대응전략을 구사해야 하는 것이지만 맹목적인 타이밍에만 의존하여 대응할 수는 없다. 볼린저밴드는 주가의 변곡점을 포착하여 매매타이밍의 신호를 찾는데도 유용하지만 추세의 변화를 함축하고 있어 매매전략이 효율성을 높이는데 효과적이다.

거의 모든 지표가 다 그렇듯이 기술적 지표는 외부적인 변수에 의해 급속히 변화하는데 이에 대해 대부분 후행적인 경향을 지니는 것이 일반적이다. 완벽한 타이밍을 추구하는 투자자의 입장에서는 기술적 지표의 실용성에 대해 회의적일 수 있다. 또한 외부적인 변화가 없더라도 일단 주가에 비해 한 발 늦게 신호를 보내는 것이 대다수 보조지표의 모습이다 보니 후행성에 대해 불만을 가질 수밖에 없는 것이 현실이다. 하지만 주가 방향의 지속성이 존재하는 구간에서는 한 발

늦은 타이밍이라 할지라도 향후 주가의 진행에 의해 수익을 추가할 수 있거나 손실위험을 줄일 수 있다는 점에 주목하여 지표의 유효성에 의미를 두어야 한다.

신이 아닌 이상 주가의 움직임에 대해 완벽하게 알 수 없다. 완벽하다면 시장도 존재할 수 없을 것이다. 하지만 기준지표라 할지라도 너무 이른 시점에서 매수신호가 나와도 안 되고 너무 늦은 신호가 나와도 안 될 것임은 자명하다.

볼린저밴드에 의한 매매신호는 선행적일 수도 있고 후행적일 수도 있으며 동행적일 수도 있다. 또한 주가의 진행경로에 따라 대응전략을 탄력적으로 구사할 수 있다. 기준지표로서 갖추어야 할 전제조건을 그 어떤 다른 지표보다 잘 갖추고 있는 것이 볼린저밴드이며, 우리는 이에 대해 보다 깊이 있는 접근을 할 수 있어야 한다.

볼린저밴드를 공부해야 하는 이유

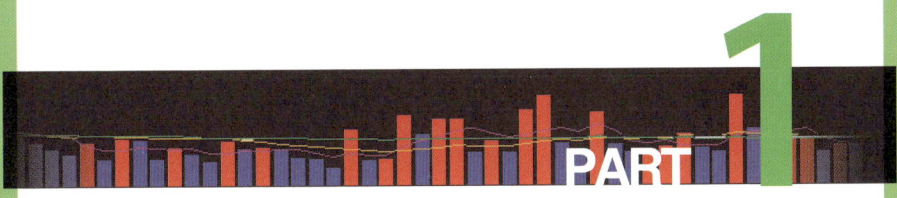

PART 1

① 체계화된 분석기법이다
② 확률적 접근법이다
③ 혼돈을 단순화한다
④ 과학적인 접근법이다

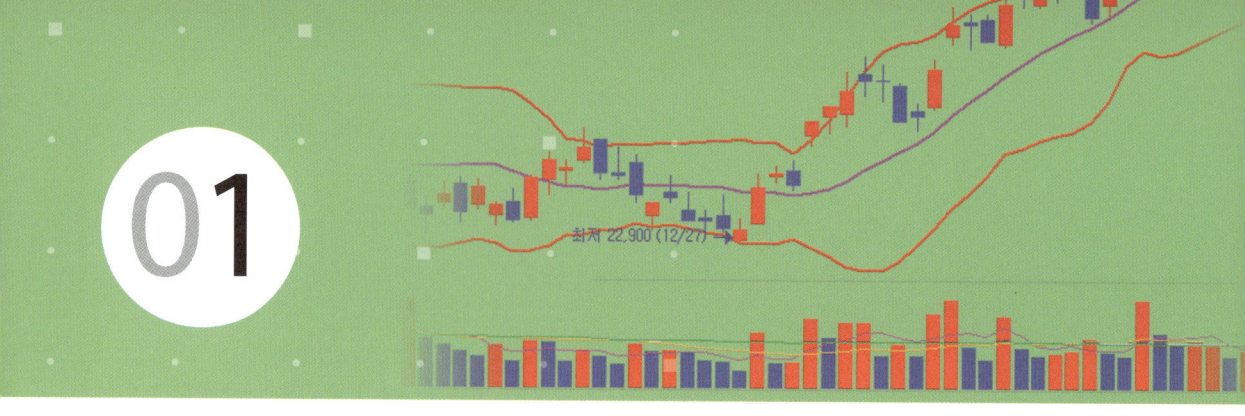

01

체계화된 분석기법이다

어떤 일이든 목적이 있으면 수단이 있고 그러한 수단은 목적에 부합해야 한다. 주식투자를 하는 우리의 입장에서는 수익의 극대화가 목적이고 이를 성공적으로 이루기 위해서는 다양한 분석기법을 공부해야 한다. 또한 자신에게 맞는 최적의 기법을 확립해서 이를 도구로 삼고 매매해야 한다.

어떤 투자자는 수많은 책을 읽고 나름대로 최선을 다해 공부해 봤지만 마땅한 해답을 구하지 못하고 좌절의 쓴맛을 보기도 하고, 또 다른 투자자는 많은 공부를 하지 않고서도 지름길을 잘 찾아 큰 어려움 없이 성공적인 투자를 하기도 한다. 공부만 하고 경험을 하지 않았거나, 경험을 충분히 쌓은 투자자라 할지라도 제대로 된 접근법으로 공부하지 않은 한 초보자와 크게 다를 바가 없는 것이 주식투자다.

일반투자자들의 대다수는 이 같은 경험을 해보았을 것이다. 이 중 극소수만이 오랜 아픔 끝에 비로소 늪에서 탈출하는 부류이고 나머지는 여전히 길을 잃고 방황하거나 아니면 허송세월을 보내다가 결국 시장을 떠난다.

시장은 매정하다. 약한 자에게 관용이란 없고 사정없이 궁지로 내몬다. 하지만 강한 자에게는 승자가 취할 수 있는 최고의 성과물을 안겨준다. 그도 그럴 것이 매수와 매도로 나뉘어 처절하게 싸워서 승부를 가르는 곳이니 패자는 자연스럽고도 당연하게 물러날 수밖에 없다. 그래서 시장은 강한 자만 살아남는 것이며 약한 자는 도태의 길을 걷게 된다. 어찌 보면 피도 눈물도 없는 매정한 곳이기도 하다. 이러한 승부의 세계는 냉혹할 수밖에 없다.

우리는 자신이 가진 자산을 지키고 늘려야 할 목적을 갖고 있다. 젊었을 때는 모아 둔 자산이 없으니 투자할 자금이 없고 상당한 세월이 흘러서야 비로소 투자할 여유를 가지게 되는 것이 일반적이다. 하지만 이때 어렵게 모은 자산을 잘못 운용하여 순식간에 날려 버린다면 인생의 후반부가 험난할 수밖에 없다. 해가 갈수록 인플레이션은 심화되고 이에 따라 현금자산의 가치는 떨어지다 보니 은행 예금만으로는 자산을 증식시킬 수 없다. 그러다 보니 주식투자의 길로 들어서고 그 순간부터 시장의 냉엄한 심판을 받아야 할 운명에 처하게 된다. 제대로 된 길을 선택한 투자자는 성공적인 길을 가게 되고 잘못된 길을 선택한 절대다수의 투자자들은 실패의 고통을 안은 채 아주 시장을 떠나거나 아니면 다시 절치부심한 끝에 재기에 나서기도 한다.

결국 누구나 한 번쯤 실패를 경험한 후에야 시장이 만만치 않다는 사실을 알았을 것이다. 투자자로서 성공하려면 지금까지와는 뭔가 다른 접근방식이 필요하고 다른 경쟁자에 비해 체계적인 분석시스템이 갖추어져야 한다. 주식시장이 피 튀기는 전쟁터라는 인식을 하게 되었다면 자신만이 갖는 고유한 창과 방패가 필요하다는 것도 깨닫게 될 것이다. 이미 많은 분석기법들이 나와 있지만 정작 실전에서 사용해 보면 제대로 수익이 나지 않는 경향이 많다는 하소연을 하게 되는데 그러한 이유는 분석기법의 성공확률이 높지 않기 때문이다. 어떤 기법을 적용해 보면 승률이 50%에도 못 미치는 경우도 있다. 검증이 제대로 이루어지지 않은 기법을 채택하여 실전에 이용하다 보니 투자는 당연히 실패하기 마련이다.

볼린저밴드는 통계와 확률의 기본개념을 적용한 분석기법이다. 만약 이 세상을 살아가면서 수학과 과학의 중요성을 깨닫고 논리적 사고를 가지고 모든 문제를 해결하려 한다면 지극히 현실적인 사고를 가진 사람이다. 이러한 현실적인 투자자에게 가장 적합한 분석기법은 바로 볼린저밴드이다.

이후 자세히 언급하겠지만 볼린저밴드는 대칭형 정규분포도의 원리에 바탕을 두고 95.44%의 성공확률과 4.56%의 실패확률을 가지고 매매타이밍에 접근하는 방식으로, 주가의 방향과 성격에 따라 매매타이밍을 탄력적으로 적용하는 매우 쉽고도 체계적인 분석법이기 때문이다.

체계적인 분석기법이라면 기법의 기반이 논리적 타당성을 지녀야 하며 이를 벗어나서는 체계적일 수 없다. 필자 역시 다른 모든 현존하는 분석기법을 마스터 한 사람이지만 자신의 논리적 사고에 부합하지 않는 기법에 대해 수많은 갈등 끝에 거리를 두어야하는 아픔을 겪었다는 점을 강조하고 싶다. 쉽게 말해 쓸데없이 많은 노력을 기울였을 뿐 아무런 도움이 되지 않은 시행착오를 겪었다는 의미이다.

초보자처럼 오늘 수익을 냈다고 즐거워하고 내일 손해 봤다고 낙심하는 투자자가 되어서는 안된다. 수익을 낸 횟수가 손실을 본 횟수 보다 많아야 하고 결과물은 수익으로 쌓여 나가야만 성공적인 투자의 길로 들어선 것으로 간주할 수 있다. 이러한 투자를 하기 위해서는 결코 '우연'이라는 단어가 거론되어서는 안된다.

볼린저밴드의 논리적 타당성은 통계학의 기초개념이 기반으로 자리하고 있다는 점에서 반박의 여지가 없다. 이후의 매매에 있어 확률에 근거한 투자와 볼린저밴드가 갖는 특성에 따라 체계적인 매매전략을 구사할 수 있다. 이를 통해 우연을 배제하고 성공과 오류의 근거를 명확히 하여 실패의 횟수를 최소화하는 접근법이다.

02

확률적 접근법이다

　볼린저밴드는 그 근간이 통계학의 기초개념인 정규분포도이다. 따라서 이론적 근거가 명확한 분석법이다. 어느 분석이든 다 마찬가지이겠지만 물론 호재나 악재의 출현 시에는 분석의 오류가 발생하기도 한다. 하지만 외부적 충격요인이 없다는 것을 전제로 한다면 95.44%의 신뢰에 4.56% 오류의 확률적 근거가 분명해진다.

　'구더기 무서워 장 못 담근다'는 말처럼, 투자를 하다보면 호재나 악재의 출현으로 가끔은 곤욕을 치르게 된다. 그렇다고 확률 높은 지표의 필요성을 간과한다면 이는 잘못이다. 이 때문에 볼린저밴드 같은 분석법이 필요한 것이며, 호재나 악재를 떠나 사후 관리문제에 있어서도 볼린저밴드에 의한 높은 적중률은 유효성을 지니게 된다. 따라서 주식투자를 하는 투자자로서는 반드시 알아야할 지표이다.

갑작스런 호재나 악재에 대해서는 기술적 분석도 문제점을 드러내지만 펀드멘탈적 분석에서도 별수 없다. 다만 호재나 악재의 출현에 의한 급등락은 일시적인 문제일 뿐이기 때문에 기술적인 측면이든 펀드멘탈 측면이든 그 유효성이 입증되면 지표로서의 가치가 있다.

악재가 돌출되기 전에 매수 신호에 따라 매수했다가 갑작스런 악재의 출현으로 손실이 발생할 수 있는데, 이를 어떻게 극복하느냐의 대응을 고려할 때는 당연히 유효성이 높은 지표의 신호에 따라 사후 관리를 할 수 있어야 한다.

예를 들어 어떤 기업의 주가가 안정적으로 움직여 나가다가 갑자기 대규모 유상증자를 실시한다는 공시를 낸다면 주가도 갑자기 하락할 것이다. 이때 기술적 분석은 급락과 동시에 매도신호를 보내게 될 것이지만 행동을 취하지 못했을 경우 이후 저점을 다시 제시하여 반등기를 이용해 손실을 축소하고 탈출하거나, 아니면 출현한 신호에 따라 수량을 추가적으로 투입하여 평균단가를 낮춘 후 반등과 함께 손실을 축소한 상황에서 탈출하는 전략을 세울 수 있다. 물론 이때는 정확한 저점을 제시할 수 있어야 하는데 그렇지 못할 경우 오히려 더욱 곤경에 처할 수 있다. 이럴 때는 지표의 정확성이 없다면 추가매수를 할 수 없을 것이다.

위기에 처했을 경우 취할 수 있는 방법은 전략적 대응일 것이지만 그에 앞서 잘 판단해야 한다. 그러기 위해서는 정확한 타이밍 포착이 반드시 필요하며 이를 위한 기법이 필요하다. 이 순간 맹목적으로 매수할 수 없고 보다 높은 확률을 바탕으로 한 신호가 제시될 때 행동도 가능해진다. 물론 거래량분석도 하고 일봉의 모양을 보고 저점을 찾거나 아니면 다양한 보조지표들을 통해 타이밍을 찾고자 할 것이다. 하지만 볼린저밴드를 제외하고는 아직까지 확률적으로 검증된 지표는 없다.

예를 들어 대입수능시험을 앞두고 한 해 동안 모의고사 성적을 검토해 본 결과

성적이 균등하지 않고 변화가 심했다면 수능시험에서의 기대점수는 가늠하기 어려울 것이다. 반대로 모의고사 성적이 일정한 수준을 유지해 왔다면 수능성적에서도 모의고사에 준하는 기대치를 얻을 수 있다. 전자는 판단의 기준이 없는 상황이다. 이 때문에 오로지 결과만을 기다릴 뿐이며 운에 맡길 수밖에 없는 처지가 될 것이다. 반면 후자는 자신의 성적으로 변별력을 가지면서 원하는 대학에 지원할 목표를 가지고 전략을 수립할 수 있다.

주식투자에서도 검증되지 않은 지표를 가지고 신뢰성을 부여하고 투자에 임할 수는 없다. 볼린저밴드는 바로 이러한 점에서 명확성을 지닌 확률을 근거로 타이밍에 대한 신뢰성을 갖게 한다. 동시에 이를 바탕으로 전략수립을 지원할 수 있다. 주가의 흐름을 분석함에 있어 100% 정확한 기법은 없다. 만약 있다면 시장은 존재하지 않을 것이며 머리 아프게 필요 이상의 노력을 기울이지 않아도 될 것이다.

03

혼돈을 단순화한다

　주가의 움직임은 그야말로 변화무쌍하여 그 진행경로는 무궁무진할 것 같은 느낌이 들 것이다. 도무지 종잡을 수 없고 곤경에 처하게 되면 두려운 마음에 어떻게 해야 할지 판단조차 할 수 없다. '해결능력이 없다'는 나약한 자신을 발견하고 주가는 '전지전능한 신의 영역'이라는 거창한 말로 자신을 위로하면서 안타까움을 달래기도 한다. 하지만 과연 주가가 움직이는 길이 그렇게 복잡하고 다양한 것일까?

　주가는 정적인 움직임을 보일 때와 동적인 움직임을 보일 때가 있다. 정적인 모습을 보일 때는 주가의 변동성이 줄어들어 별다른 상승도 하락도 없기 때문에 답답한 마음이 들거나 다소 차분해진 자신을 발견할 것이다. 하지만 하락이든 상승이든 역동적인 움직임을 보이기 시작하면 심장은 빠르게 뛰기 시작하고 현실보다 몇 발짝 앞서나가면서 주가가 가는 방향을 더욱 확신하게 되는 것이 일반적인 심리다.

대표적인 다윗의 조각상은 두 개가 있다. 하나는 미켈란젤로가 조각한 안정된 자세의 나체 조각상이고, 다른 하나는 지오반니 베르니니Giovanni L. Bernini의 돌팔매질 하는 역동적인 모습이다. 다윗 한 사람을 두고 두 작가가 각각 다르게 표현했다. 미켈란젤로의 작품은 편안함을 주는 정적인 모습인 반면, 지오반니 베르니니의 작품은 정말 다이나믹한 모습이다. 전자야 심리적 안정감으로 사고의 확장을 유발할 필요성이 없지만 후자의 경우 괴물의 힘을 가진 골리앗을 향해 날아가는 돌이 연상되면서 사고는 더욱 확장되어, 골리앗이 맞고 쓰러지는 순간까지도 연상하게 된다.

다윗에 대해 생각해 보면 그의 승부사적 면모와 돌 하나에 전세를 뒤엎을 수 있는 능력에 감탄사가 자동적으로 흘러나올 수 있겠지만, 골리앗의 입장이라면 강한 자의 믿기지 않는 패배의 비참함에 몸서리쳐질 것이다. 이때 우리는 자신이 알고 있는 지식의 범위 내에서 사고의 확장을 가져 올 수 있다. 다윗과 골리앗을 모르는 사람들은 사고의 확장이 제한되고 아는 사람은 아는 만큼의 사고의 범위를 가질 수 있다. 사고의 범위가 좁은 사람은 지식의 단절에 의한 감상의 한계에 직면하게 되지만 넓은 사람은 지식의 무한 확장과 더불어 사고의 무한 창출을 할 수 있다.

결국 평범한 진실 이상의 범주는 지식을 가진 자의 전유물이 될 것이며 세상은 이들파레토 법칙에 의한 소수 20%이 이끌어 가게 된다. 해석의 한계도 이들의 손에 쥐어진 것이며 새로운 시각의 한계도 이들에 의해 결정된다. 그러니까 '아는 것이 힘이다'라는 말이 맞다. 모르면 아는 자의 뒤만을 쫓을 뿐이며 스스로 창조하고 개척해나갈 수 없다. 그래서 '대중의 뒤안길에 꽃길이 있다'라는 말이 존재하는 것이다. 파레토 법칙에 의해, 즉 절대다수인 80%는 절대소수이면서 지식계층인 20%에 의해 이끌려 가게 된다. 투자자라면 투자에 관한 모든 면에서 앞서 가야 하는 것이며 따라서 주가분석 피라미드의 최상단에 위치한 볼린저밴드를 공부해야 한다.

주식투자를 하는 투자자들은 변화무쌍하게 움직이는 주가에 대해 사고의 확장을 심화하면서 주가가 진행하는 방향에 대해 온갖 억측을 양산하게 된다. 주가가 떨어지면 그 방향대로 해석하고 오르면 상승방향으로 해석하려는 경향이 강해진다. 그렇지만 주가의 움직임은 정도의 차이와 그 진행속도만 다를 뿐이다. 그런데도 우리는 '주가는 무궁무진한 방향이 있을 것 같다'는 착각에 휩싸인다. 무질서하게 움직이는 듯한 주식시장의 모습에 예속된 투자자는 순간순간의 손실과 수익의 틈새에서 주가 분석의 기회를 제대로 갖지 못했다.

주식을 잘 아는 자에 의해 주가에 대한 해석이 이루어지고 변곡점도 결정된다고 본다. 문제를 너무 복잡하고 어렵게만 생각하다 보니 혼돈 속에서 길을 잃고 방황할 수밖에 없는 처지로 내몰리는 것이다. 주식투자에 대해 잘 아는 사람의 입장은 필자의 생각과 같을 것이다. 필자는 주가가 움직이는 길은 크게 나누어 네 가지 밖에 없다고 본다. 모든 것이 그렇듯 주식시장에서도 많이 알면 알수록 어려운 것을 단순화시킬 줄 알아야 한다. 무엇이든 확실한 이해와 다양한 지식을 쌓을 때 사물을 입체적으로 볼 수 있는 법이며 단면만 보고 판단하는 단순한 오류를 탈피할 수 있으며 핵심을 포착해 낼 수 있다.

다음의 네 가지 길로 단순화하면 주가의 움직임이 어느 정도 정리되고 우리의 해석법도 단순해지면서 체계화가 가능해 지는 것이다. 그렇다면 그 네 가지 길은 무엇일까?

첫째는 급등패턴이고
둘째는 완만한 상승이며

셋째는 급락이고

마지막으로는 완만한 하락이다.

이 네 가지 이외에 주가가 가는 길이 있다면 그것은 진정한 신의 영역일 것이다. 혹자는 횡보국면도 있지 않느냐는 이야기를 하겠지만 이러한 정적인 국면은 오래 지속되는 것이 아니고 특별한 큰 손익도 없으며 한정된 시간동안 머물러 있을 뿐이다.

결국은 위의 네 가지 방향 중 한 가지로 이어질 것이다. 복잡한 주가의 움직임을 이처럼 단순화시켜서 분석하는 것이 스마트한 투자자가 갖추어야 할 기본자세이다. 혼란 속에 빠져 헤매기 보다는 이 같은 단순화를 통해 분석의 명료성을 확립하여 보다 명확하고 냉철한 판단을 하는 것이 훨씬 생산적이다.

지금까지 나온 다수의 기술적 분석기법 중 제대로 정립된 것은 없는 것 같다. 필자는 이후 주가가 진행하는 길에 대해 하나하나 정의하고 체계화하여 그에 대한 매매대응법을 제시할 것이다. 이는 확률을 기반으로 탄생한 볼린저밴드가 존재하기에 가능하다.

04

과학적인 접근법이다

    우리는 동양권에 속해 있어 서구의 문명 보다는 동양 사상에 길들여져 왔다. 비록 학습을 통해 서구 사상을 받아들였다고는 하지만 그래도 뿌리 깊은 동양 사상을 벗어나기가 어렵다. 게다가 동양 사상이 서구 사상보다 못하다는 견해에 대해서도 찬성할 수 없다. 하지만 서구 사상의 문제점은 개선해야 하는 것이 당연하고 동양 사상의 문제점 역시 개선될 것이 있다면 이를 고쳐야 한다. 무엇이든 100% 수용할 수는 없다. 걸러낼 수 있는 힘, 그것은 바로 자신의 폭넓은 지식이 갖추어질 때 생긴다.

    우리는 21세기에 살고 있고 삶의 대부분이 서구의 과학적 산물과 연관되어 있다. 이에 따라 현재의 시대는 동양적 문명보다는 서구적 문명의 산물인 과학에 연관해서 사고하고 해결하려 하는 경향이 강해진 것이 사실이다. 주식투자를 하는 우리의 입장에서도 동양적 사고가 투자에 가장 중요한 부분인 투자심리에 중요한 영향을 미친다는 사실에 공감하면서도 투자정보 하나하나가 과학과 연관된 것 또한 부정할 수 없다. 투자를 하면서도 자신도 모르게 어느 새 과학적이고 수학적으로 접근하고 있음을 느끼게 될 것이다. 투자의 효율을 기하기 위해서는 이처럼 과학과 수학이 필요하고 그 필요성은 어쩌면 절대적일지도 모른다.

리먼 사태2008년 9월 15일, 미국 투자은행 리먼브러더스 파산에서 시작된 글로벌 금융 위기를 칭하는 말가 발생했을 때, 그것이 어떻게 일어나게 되었고 앞으로 어떤 규모로 미국과 세계경제에 충격적인 피해를 주게 되며 우리나라에 미칠 피해규모는 얼마나 되고 이것이 주가에 어느 수준까지 악영향을 미칠 것인가하는 점과, 보다 세세하게는 우리나라의 기업들이 입을 피해규모와 외국인 이탈규모와 이탈에 따른 지수의 영향 등을 분석하기 위해서는 하나 같이 과학과 수학이 거미줄처럼 엉켜 있음을 알 수 있었다.

또한 스마트폰의 시대인 지금, 시장은 그와 관련된 종목들의 주가 움직임이 활발한 상황이다. 과학적으로 만든 이러한 제품에 대한 이해 없이 그 파장이 얼마나 되는지 어찌 알고 주가의 움직임을 이해할 수 있겠는가? 만든 제품 자체가 과학의 산물이고 파장에 대한 해석 역시 수학적으로 접근할 수밖에 없다. 과학과 수학으로 빚어진 일대 사건이라면 대략적인 사고나 막연한 추측만으로 판단하고 해법을 찾을 것이 아니라 역시 과학과 수학적으로 해결책을 찾는 것이 합당하다. 오늘날 금융기관의 애널리스트나 펀드매니저들을 살펴보면 주로 수학이나 물리학을 전공한 사람들이 주류를 이루어가고 있음을 알 수 있다. 우리나라뿐만 아니라 미국 등 선진국에서는 이미 오래전의 일이다.

2004년 말에서 2005년초, ELS주가연계증권시장이 폭발적으로 커지면서 각 증권사들은 수학전공자들을 채용하는 경향이 강해졌고 ELS는 개별주식이나 주가지수에 연계되어 수익률이 결정되는 상품으로 선물 · 옵션 등 금융파생상품을 활용해서 설계된다. 초기에는 외국계 금융사가 만들어 놓은 상품을 받아 판매하는 정도에 머물렀지만 시장규모가 커지면서 자체 생산에 나서게 되었고 이를 위해 고도의 수학능력을 갖춘 전문가들이 필요해졌다. 이를 우리는 '퀀트QUANT'라고 한다. 퀀트의 활동영역은 금융권 전분야로 확대되어 나갈 것이며 앞으로 주가 분석에서도 선진국과 마찬가지로 수학과 과학적 방법론이 대세가 될 것이다.

주식투자를 하는 우리의 입장 역시 수익을 목표로 하는 만큼 자신의 처지가 어떻든 자신 외에는 모두가 경쟁자이므로 경쟁에서 뒤지지 않기 위해서는 과학적 사고와 수학적 사고로 시장을 이해하려하는 자세가 필요하다.

문제의 해결능력을 갖기 위해서는 보다 더 과학적이고 수학적으로 사고하고 해결할 수 있는 능력을 길러야 한다. 과학이고 수학이라 해서 거창한 것이 아니다. 꾸준한 데이터 수집과 그 데이터를 바탕으로 해법을 찾으려는 습관을 갖추는 것을 말한다.

기술적 분석은 각종 재료들이 투자자들 각각의 판단과 결정에 의해 주가에 반영되어 있다고 본다. 이 때문에 우리는 세세한 재료에 집착하여 하나하나에 과학이나 수학적 사고로 따질 필요는 없다. 오로지 주가의 움직임에 중요성을 부여하고 방향과 전환점을 찾으면 된다. 물론 이 같은 사고에 동의할 수 없다는 사람들도 있겠지만 어쨌든 기술적 분석가들의 사고는 그렇다여기서는 논쟁에 뛰어들기 보다는 기술적 분석이 함축하고 있는 사실에 동의하여 설명한다.

기술적 분석에도 여러 가지 다양한 기법들이 존재하지만 보다 과학적이고 수학적으로 접근한다는 입장이라면 그 중에서도 볼린저밴드가 가장 대표적인 것일 수 있다. 앞에서도 언급했지만 볼린저밴드는 그 태생이 통계학의 기본인 평균, 분산, 표준편차 등에 의해 그려지는 정규분포도를 바탕으로 탄생한 것이 때문에 다른 지표에 비해 더 과학적이고 수학적이다. 이것을 제대로 이해한다면 복잡다양한 주가의 움직임을 확실히 단순화할 수 있고, 이로 인해 확률적으로 보다 쉽게 주가의 흐름을 파악할 수 있으며 매매에 정확성을 기할 수 있다. 볼린저밴드에 흥미를 느끼는 투자자라면 보다 과학적이고 수학적으로 주가를 판단하는 주체라는 의미이다.

볼린저밴드에 대해 기본적인 이해하기

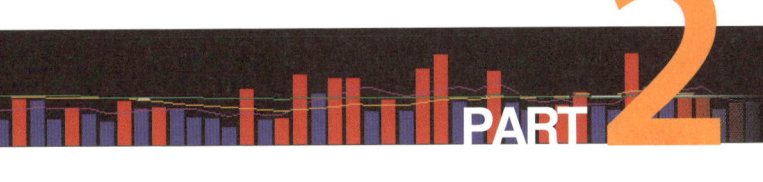

PART 2

❶ 볼린저밴드의 유래
❷ 볼린저밴드의 이론적 배경
❸ 볼린저밴드의 구성요소와 그 이해
❹ 정규분포도와 볼린저밴드의 상관관계
❺ 볼린저밴드의 특성

01

볼린저밴드의 유래

볼린저밴드는 존 볼린저에 의해 개발된 것으로 알려져 있지만 이에 대한 구체적 사실은 밝혀지지 않고 있다. 일각에서는 시스템 트레이더인 카프만Perry J. Kaufman의 '알파-베타 밴드'라는 이름으로 처음으로 소개된 후 존 볼린저가 이를 더욱 체계화하여 대중화시켰다는 설도 있다. 그렇지만 이에 대한 분명한 근거 역시 약한 만큼 볼린저밴드는 역시 존 볼린저에 의한 것이며 그의 필생의 역작이라는데 이견이 있을 수 없다.

어떤 이유에서든 지표의 체계화된 정립까지는 존 볼린저의 노력과 열정이 함축되어 있다는 점에서 그에 대한 존경심이 생길 정도다. 그가 지표의 대중화를 위해 프레젠테이션을 가졌을 때까지만 해도 일부 기관의 펀드매니저와 애널리스트, 그리고 통계학과 교수 등 소수의 인원이 참석했을 뿐 일반투자자들은 관심을 두지 않았던 것으로 알려져 있다. 그러나 설명회에 참여했던 사람들의 대다수는 볼린저밴드의 이론적 배경과 그의 강의 열정에 찬사를 보냈고 우뢰와 같은 박수를 보냈다고 한다.

그러나 존 볼린저는 여기에 그치지 않고 그가 평상시 관심을 가져왔던 대중화에 열정을 쏟은 결과, 일반투자자들의 관심이 나날이 증가한 끝에 오늘날 시장의 중심지표로 자리를 잡았다고 알려지고 있다. 뿐만 아니라 시스템 트레이더들이나 기술적 분석에 주목하던 전문가들까지도 볼린저밴드의 중요성을 깨닫고 투자분석의 중요한 지표로 삼기에 이르렀다. 특히 일반투자자들 중에서도 과학적 분석에 주목하는 투자자들의 참여가 높아지면서 미국 내 투자자들의 질적 향상에 상당한 기여를 한 것으로 평가된다.

사실 이전까지의 기술적 분석지표들에 대한 신뢰성은 높은 관심도에 비해 그다지 만족스럽지 못했던 것이 사실이었다. 이러한 상황에서 볼린저밴드의 출현은 신선한 충격을 주었고 기술적 분석의 수준을 크게 높였다고 평가받았다.

국내에서는 2006년 이전까지 일부 극소수에 의해 중요성이 인정되면서 이용되었지만 일반투자자들에게는 생소한 것이었다. 앞서 말했듯 필자가 뜻한 바가 있어 〈한국경제TV〉 출연을 통해 기법의 대중화에 앞장섰고, 2006년 말 《한옥석의 볼린저밴드 주식투자법》을 출간하면서 일반투자자들도 이 분석기법을 접할 기회를 얻게 되었다.

필자가 볼린저밴드를 공부하게 되었던 계기는 1999년, 어떤 투자에 관한 많은 지식을 가졌던 한 투자자의 요청에 의한 것으로, 당시 그 분은 미국과 한국을 오가면서 많은 열정을 쏟았던 투자자였다. 필자와 오랜 기간 동안 의견을 주고받으면서 깊은 친분을 가졌었다. 당시 그는 미국의 친분 있는 한 분석가에 의해 볼린저밴드라는 이색적인 분석지표의 중요성에 관해 이야기를 전해 듣고 필자에게 접근법을 요청했었다. 당시로써는 기존의 분석법도 제대로 대중화되지 못한 상황에서 이 같은 난해한 지표가 투자자들에게 쉽게 대중화 될 수 있는 상황이 아니었다. 그렇지만 필자가 당시에 볼린저밴드를 접한 첫 소감은 실로 놀라움 그 자체였다. 기존의 다양한 기술적 분석기법에 심취해 온 필자는 그 이후 다른 지표들에 대해서는 그 가치를 인정하지 않을 정도로 충격적으로 받아 들였고 아직도 당시의 설레임이 그대로 가슴 한 곳에 자리 잡고 있다.

필자는 그때부터 본격적으로 공부에 나섰고 국내와 해외증시에 상장된 주요 종목들에 대한 실증적 검증작업의 노력 끝에 2001년에 가서야 그 분께 접근법을 제시하기에 이르렀다. 그 후 뒤늦게 알려진 사실이지만 그분은 그 후 얼마 되지 않아 지병으로 세상을 떠난 것으로 알려졌다. 참으로 안타까운 일이다. 필자는 가슴한 곳에서 아직도 허전함을 느낀다.

앞으로 소개할 내용은 기본적으로 볼린저밴드의 이론적 배경은 같지만 해석법에 있어 한층 업그레이드된 것이다. 그만큼 필자는 오랜 공부 중 가장 많은 시간을 볼린저밴드의 새로운 해석법에 쏟았고 지금은 그 어떤 분석기법 보다 효용성이 높다고 본다.

엘리어트 파동이론이 엘리어트에 의해 제시되었다면 이를 한층 계승 발전시킨 로버트 프렉트Robert R. Prechter의 역할 역시 중요하다. 볼린저밴드가 존 볼린저에 의해 세상에 알려졌지만 필자 역시 그의 명성에 걸맞게 이를 더욱 계승 발전시켜 그의 대중화 의지에 부합하고자 노력하고 있다.

02

볼린저밴드의 이론적 배경

　주식은 사회적으로 일어나는 현상들이 반영되어 그 가격이 형성된다. 주식투자는 자연과학적인 분야가 아니라 사회과학적인 분야이기 때문에 수학과 같이 명확한 정답이 존재하지 않는다. 하나의 현상에 대해서도 각각의 투자자들은 다른 해석을 하게 되고 그 결과 주가의 움직임도 시장이 오픈되어 있는 한 좀처럼 멈춰서 있지 않다. 시장은 이처럼 투자들의 잘못된 판단의 오류에 의해 존재하는 것이며 오류에 의한 시세변동을 통해 수익을 얻고자 하는 것이다.

　어떤 한 기업에 관한 정보가 투자자들에게 똑같이 노출되어도 주가에 미치는 영향을 판단함에 있어 정확할 수 없고 이 때문에 투자자들은 매수와 매도로 양분되는가 하면, 수시로 매수와 매도를 오가면서 시세차익을 도모하게 된다.

　전문가들도 다양한 분석기법을 바탕으로 주가의 방향을 제시하지만 어느 누구도 정답을 내놓을 수는 없다. 다만 정답의 근사치나 방향에 대한 예측치만 제시될 뿐이다. 따라서 우리는 근본적으로 투자의 정답을 구하기 위해 많은 시간을 할애할 필요는 없다. 근사치와 방향을 알기만 해도 성공적인 투자를 구사할 수 있고 그로 인해 소기의 성과를 올릴 수 있다.

오늘날 학문의 조류는 컴퓨터 기술의 발전으로 사회적 현상을 수학적으로 접근하여 문제의 해결을 시도하고자 하는 경향이 강해지고 있다. 경제학에서도 사회적 현상들을 복잡한 수식을 통해 해석하고 판단하고자하는 과정에서 계량경제학이 중요한 위치를 차지한다. 주식 역시 수학적, 통계적 접근 방법을 통해 분석하는 금융공학이 확산되기 시작하면서 주가분석의 중요한 자리를 구축해 나가고 있다. 굳이 '퀀트'라는 말을 하지 않더라도 이 같은 조류를 투자자들도 인지하고 있을 것이다.

볼린저밴드 역시 수학적 통계적 접근방법 중 기초적인 것이다. 그렇다면 과연 볼린저밴드는 어떤 이론적 배경을 가지고 있는 지에 대해 대략적으로 살펴보자. 볼린저밴드의 이론적 배경은 역시 통계학의 기초인 '정규분포곡선Normal Distribution Curve'을 바탕으로 하고 있다.

그러면 정규분포도의 개념부터 살펴보기로 하자. 확률분포에 있어 '정규성'이라는 개념을 최초로 도입한 사람은 프랑스 수학자 모아브르A. de Moivre, 1667~1754였다. 이후 라플라스Pierre Simon Laplace, 1747~1827는 정규곡선Normal Curve을 수학적으로 전개했다. 또한 독일의 수학자 가우스Carl Friedrich Gauss, 1777~1825는 물리실험에서 오차에 대한 확률분포가 정규곡선과 같다는 사실을 증명하였고 이를 '정규분포Normal Distribution'라 불렀다. 정규분포를 일명 '가우스 분포'라고 부르기도 했다.

오늘날 자연과학은 물론 사회과학의 현상을 설명할 때 빈번하게 활용되는 확률분포는 정규분포이다. 실험이나 관찰을 통해 수집된 자료집단의 확률분포는 대부분 정규분포를 따르기 때문이다. 그러므로 정규분포도에 관하여 잘 이해하는 것이 매우 중요하다.

정규분포의 위치는 평균여기서는 이후 설명하겠지만 주가 12일 평균선을 선택한다에 의해 결정되고, 그 모양은 표준편차이후 이해도를 높이기 위해 부연설명을 할 것이다의 크기에 의해 정해진다. 이러한 정규분포의 확률밀도함수를 정규곡선이라 한다. 그러면 정규곡선은 표준편차의 크기에 따라 어떤 모양을 보일까? 아래 그림은 평균과 표준편차에 따라 정규곡선을 나타낸 것이다.

■ 그림 1 | 평균이 50이고 표준편차가 20인 데이터의 예

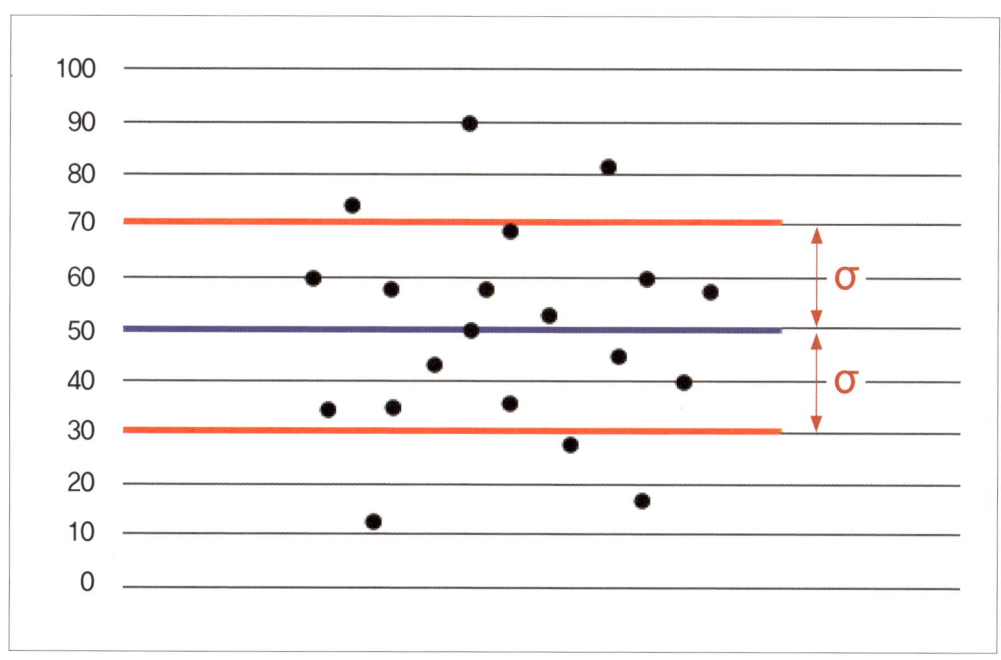

■ 그림 2 | 평균이 10이고 표준편차가 4일 때의 정규곡선

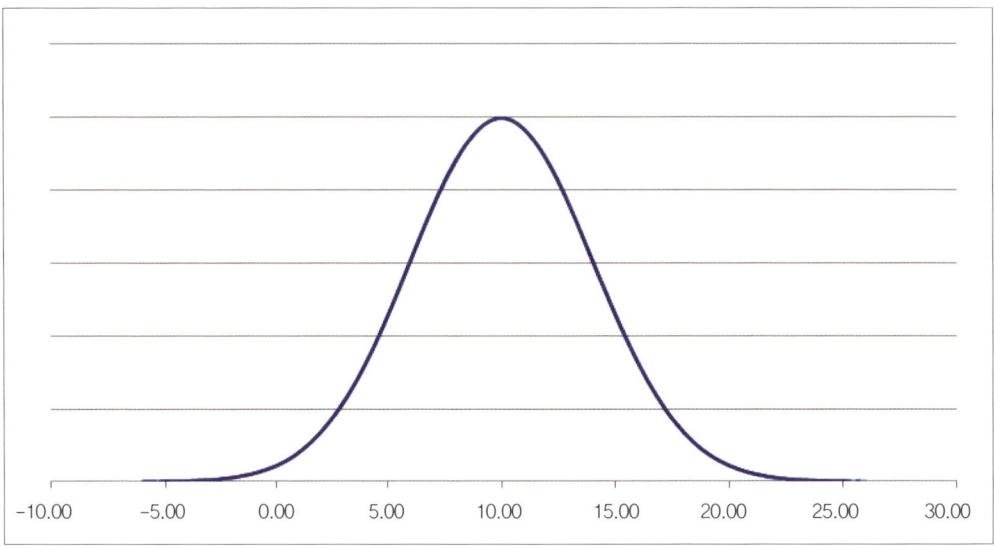

■ 그림 3 | 평균이 30이고 표준편차가 15일 때의 정규곡선

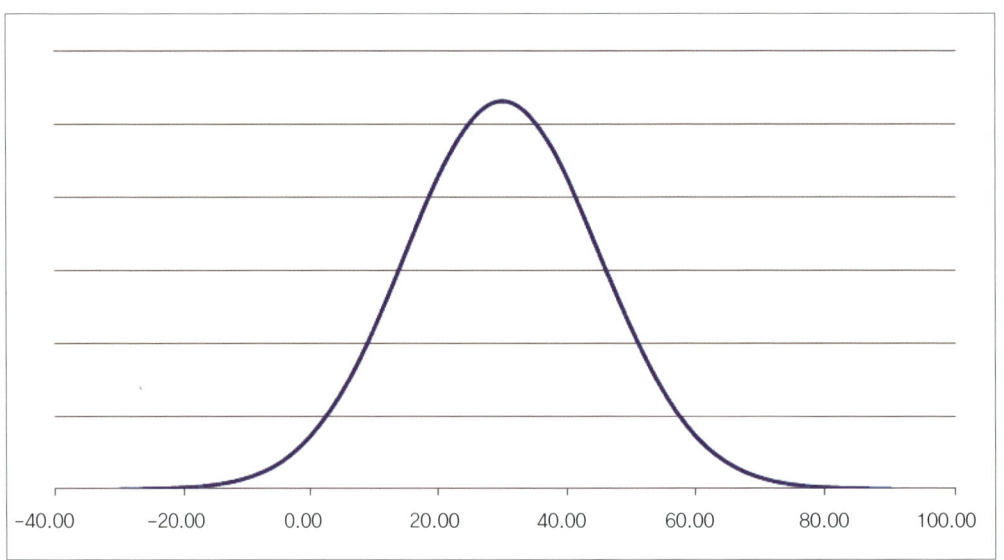

■ 그림 4 | 평균이 10이고 표준편차가 4일 때의 정규곡선

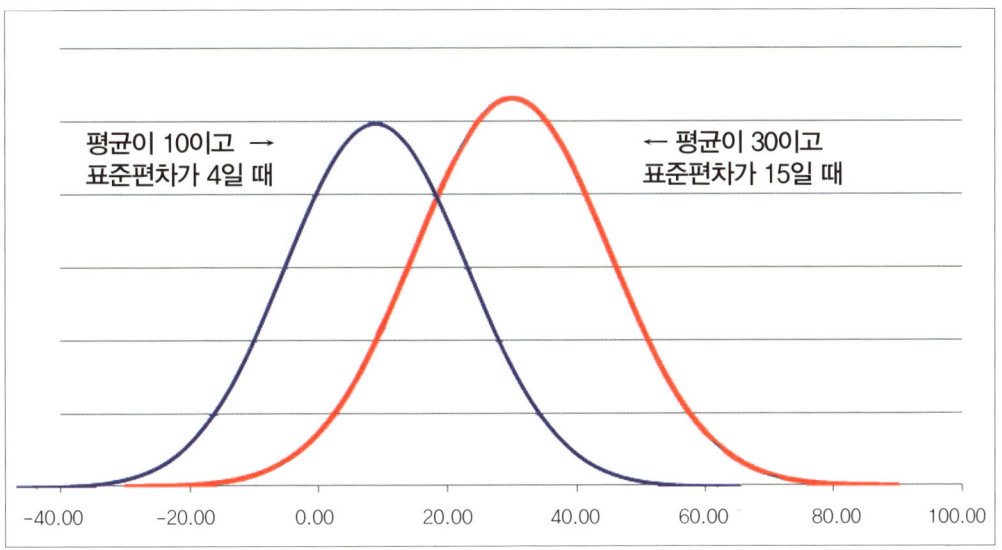

　[그림 4]에서 왼쪽 정규곡선은 평균이 10이고 표준편차가 4일 때의 모양이고 오른쪽 정규곡선은 평균이 30이고 표준편차가 15일 때의 모양이다. 정규분포도는 평균과 표준편차에 관계없이 종Bell 모양으로 나타나고 평균을 중심으로 좌우 대칭형이다. 그리고 표준편차의 크기에 따라 정규분포의 분산정도가 달라진다. 표준편차가 크면 정규분포도는 넓게 분산되고 작으면 좁게 밀집된 분산 상태를 보이게 된다. 확률변수 X의 평균과 표준편차에 따라 정규분포도의 위치와 모양은 다르게 나타나지만 정규분포는 공통적으로 다음과 같은 특징을 갖는다.

　첫째, 모든 정규분포는 종 모양을 나타내고 좌우 대칭형이다.
　둘째, 정규곡선의 위치는 평균에 의해 좌우되고 그 모양은 표준편차의 크기에 의해 결정된다.

어떤 정규분포에서 평균이 10일 때 정규분포의 중심위치는 10이고 평균이 30이면 정규곡선의 위치는 30이다. 그리고 표준편차가 작으면 정규분포는 좁게 밀집된 모양새를 보이고 크면 넓게 분산된 형태를 보인다.

셋째, 자료집단에 따라 평균 μ 과 표준편차 σ 의 크기는 다르다. 그러나 평균으로부터 K배 표준편차 범위에서 확률변수 X값을 갖게 될 확률은 같다. 확률변수 X가 평균이 μ 이고 분산이 σ^2 표준편차의 제곱이 분산인 정규분포를 보인다면 ±σ, ±2σ, ±3σ 범위 내에 확률변수 값이 포함될 확률은 각각 68.3%, 95.44% 99.7% 이다. 이를 그림으로 표현하면 아래와 같다.

■ 그림 5 │ 정규분포의 확률적 특성

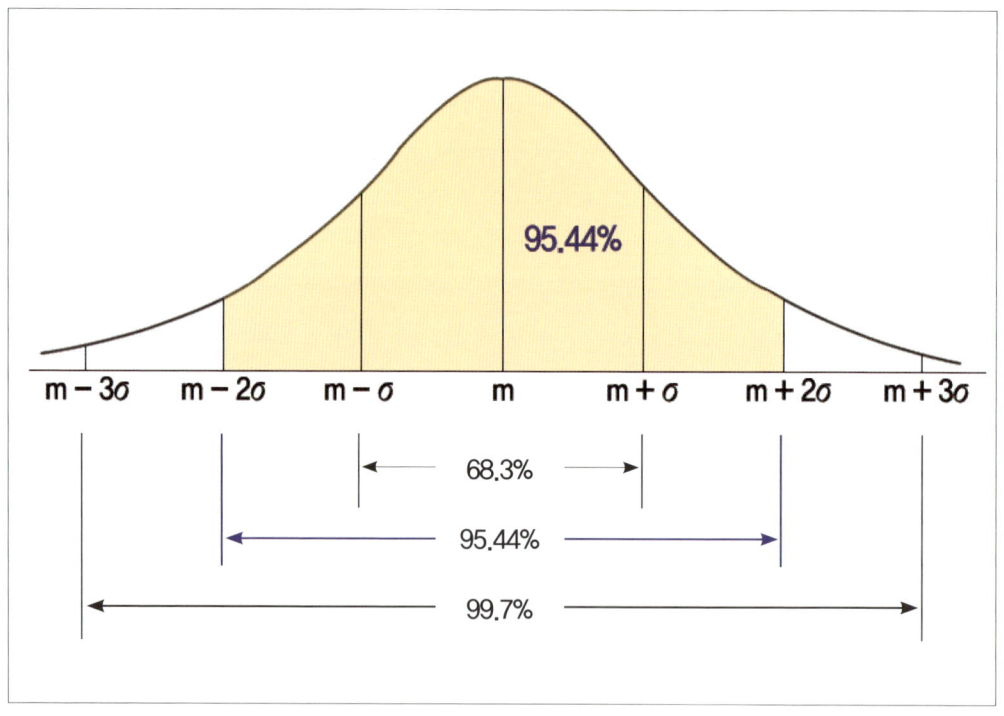

볼린저밴드 역시 이러한 정규분포의 확률적 특성을 바탕으로 출현한 지표이며 그 근간이 기초적 통계적 학문에 바탕을 두고 있음을 알 수 있다. 나중에 공부할 것이지만 볼린저밴드의 중심선평균은 '12일 평균선'이며 표준편차는 2배2σ이다. 이러한 변수를 바탕으로 그려진 것이 볼린저밴드의 정규분포도이며, 이를 바탕으로 주가가 볼린저밴드 내에 위치할 확률은 95.44%이다.

여기서 중요한 것은 표준편차σ에 따라 정규분포곡선의 모양이 달라지고 볼린저밴드의 상·하한선의 위치도 달라지게 된다는 점이다. 이에 대해 좀더 살펴보자. 표준편차는 주가의 평균으로부터의 분산정도를 나타내는 것이다. 예를 들어 다음의 두 가지 분포를 가진 숫자의 무리가 존재한다고 가정하자일정기간 동안의 주가 움직임이라고 해도 된다.

하나계열1는

(15 17 16 18 20 19 17)이고

다른 하나계열2는

(15 90 50 40 30 70 10)이다.

이 두 가지 숫자의 무리 중 어느 경우가 많이 흩어져 있을까? 당연히 전자계열1가 수치 값의 차가 적고 후자계열2는 그 차가 크게 나타나니 후자가 더 분산되어 있다고 말할 수 있고 전자계열1는 분산의 정도가 낮다. 이때 우리는 전자계열1의 경우 표준편차가 작다고 이야기하고 후자계열2는 크다고 말하는 것이다.

주가가 평균인 12일 평균선에 밀착되어 움직인다면 이는 표준편차가 작다는 의미이고 멀리 떨어질 경우 표준편차가 크다는 뜻이다. 12일 평균선에 밀착되어

■ 그림 6 | 계열 1과 계열 2의 분산표

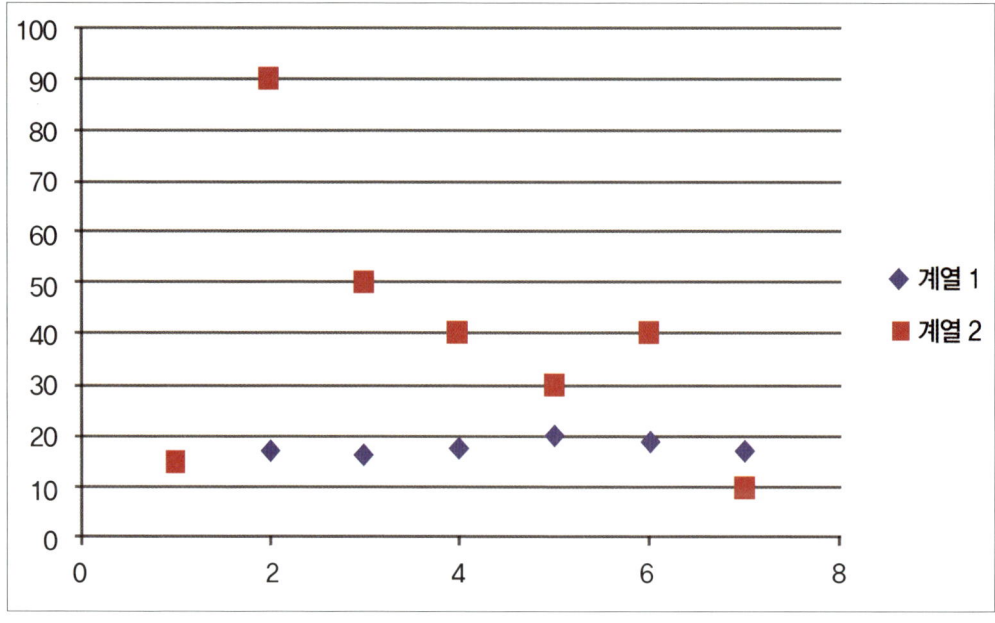

움직인다는 것은 시세의 변동성이 낮은 안정된 움직임을 보인다는 것이고 멀어져서 움직인다는 것은 변동성이 커서 주가의 진행방향이 가속화됨을 의미한다.

학교성적이 평균으로부터 일정한 수준이라면 표준편차는 낮고 이에 따라 이 학생은 평균수준의 성적에 대한 신뢰도는 높을 것이다. 하지만 들쭉날쭉하여 표준편차가 높다면 자신의 평균성적에 대한 신뢰도는 떨어질 수밖에 없다. 주가 역시 변덕이 심화되면서 표준편차가 높다면 변동성이 커진다는 의미이고 위험수준이 높아진다.

여기서는 통계적 변수가 갖는 의미만 잠시 살펴보았다. 볼린저밴드가 통계적 이론이 바탕이 되고 주가와 연관해서 특별한 의미를 갖는다는 사실을 확인할 수 있다.

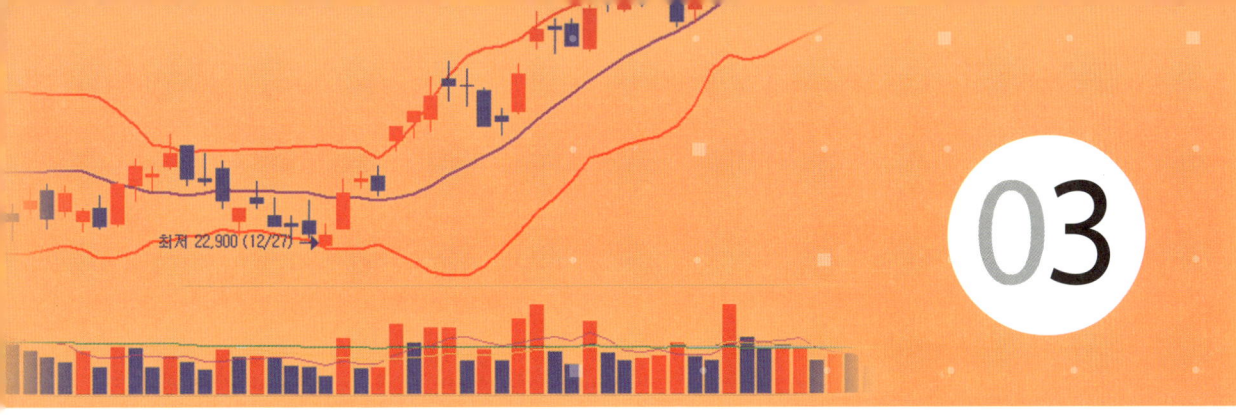

03

볼린저밴드의 구성요소와 그 이해

지표에 대한 올바른 이해는 아주 중요하다. 겉으로만 드러난 지표를 읽는 것으로 제대로 이해했다고 생각하면 오산이다. 지표를 구성하는 요소 하나하나에 대한 철저하고 완벽한 이해가 있어야만 지표에 대한 응용력이 생기며 비로소 이를 더욱 발전시켜 나갈 수 있다.

그림도 시각적 개념으로만 보는 것보다는 그 그림의 배경을 알아야 함은 물론 작가의 성향을 알아야 작가가 전하고자 하는 바를 제대로 이해할 수 있다. 더 나아가서 전문적인 지식도 갖추게 된다. 수박 겉핥기식의 이해는 누구나 할 수 있으며 전문적인 지식으로 승화되지 않은 상황에서는 비판할 자격이 없다. 지표에 대한 완전한 이해야말로 이해당사자간의 건전한 비판을 통해 끊임없이 보완 가능하다. 이를 통해 무한한 발전을 거듭할 수 있다.

필자가 갑자기 투자자들에 대해 비판적 자세를 취하면서 갖추어야 할 기본적 요건을 이야기 하는 것은 '주식시장은 우리 자신의 투자행위 유발을 통한 손익이 명백히 가려지는 곳'으로 건전한 비판적 사고가 없이 맹목적으로 수용하다가는 어떠한 손해를 입을지 모르는 곳이기 때문이다. 비판적이기 위해서는 논리적 사고가 매우 중요하다. 논리의 비약이 심하면 마치 수학의 문제풀이 과정이 틀리게 되는 것과 같고 이에 따라 정답도 구할 수 없다. 결과도 중요하겠지만 어쩌면 그보다는 과정이 더 중요하다.

우리는 볼린저밴드에 대해 정확하게 이해하는 것이 목적이다. 따라서 볼린저밴드를 구성하는 세 가지 요소에 대해 확실하게 이해하자. 그 세 가지는 '중심선, 상한선, 하한선'이다. 이러한 구성요소에 대해 보다 자세히 살펴보자.

우선 볼린저밴드의 기본요소 각각에 대한 수식은 다음과 같다.

- 중심선 = n이동평균선 다양한 이동평균선을 중심선으로 둘 수 있다
- 상한선 = n이동평균선 + 2σ
- 하한선 = n이동평균선 − 2σ

수식은 정말 간단하다. 하지만 이 속에 이동평균선에서부터 앞에서 설명한 통계학적 개념이 복잡하게 얽혀 있다. 시그마 σ 하나에 온갖 확률적 요소들이 숨어 있기도 하다. 물론 통계학에 정통하다면 이는 단순한 내용이겠지만 통계학에 대해 잘 모르는 사람으로써는 무척이나 까다로운 부분이기도 하다.

볼린저밴드는 위의 수식에 의해 중심선이 그려지고 상한선과 하한선이 그려지게 된다. 참고로 상한선과 하한선은 이동평균선이 아니라 중심선으로부터 표준편차의 두 배 만큼 아래위로 그려지는 중요한 선이다.

개념 이해가 잘 되지 않은 일부의 투자자들은 인벨롭차트와 비슷한 선상에 놓고 설명하는 어처구니 없는 현상을 보게 되는데, 볼린저밴드 표준편차의 상·하한선은 상하 2σ이며 인벨롭차트는 상하 일정수준 자신이 정한의 동일한 괴리율이다. 이 차이는 별 것이 아닌 것 같아 보이지만 사실은 엄청나다.

볼린저밴드는 주가를 밴드 내에 끊임없이 95.44%를 수용하려 하다 보니 중심선과의 괴리율이 전혀 달라지는 특징이 있다. 하지만 인벨롭은 어느 때나 동일해 나중에는 밴드가 주가를 수용하지 못하는 기현상을 보이게 된다. 해석의 범위를 벗어나는 것이다. 그래서 단순한 지표와는 비교할 수 없는 것이 볼린저밴드이며 앞으로 공부를 하다 보면 이러한 의미가 얼마나 중요한 지를 확실히 느낄 수 있을 것이다. 볼린저밴드를 구현하면 [차트7]과 같다 물론 HTS상 설정법은 차후에 설명할 것이다.

[차트 7]에서 보면 상·하한선이 그리는 궤적이 마치 띠와 같음을 알 수 있고

■ 차트 7 | 볼린저밴드 차트

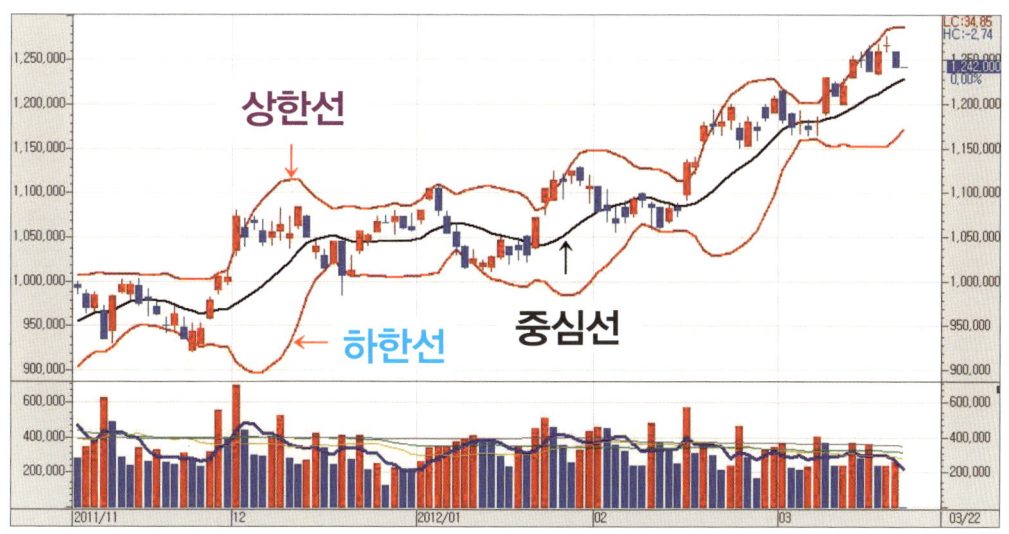

그 중심부에 중심선이 자리하고 있음을 알 수 있다. 볼린저밴드는 존볼린저라는 자신의 이름과 상·하한선이 그리는 밴드띠를 합성어로 하여 이루어진 것이다. 이제 이러한 볼린저밴드를 구성하는 괘선에 대해 하나하나 살펴보기로 하자.

먼저, 중심선에 대해 알아보자.

중심선은 이동평균선이다. 다만 수많은 이동평균선 중 그 수치를 몇으로 할 것인가가 중요하다. 어떤 이는 5로 할 수도 있고 또 어떤 이는 20으로 할 수도 있으며 또 다른 이는 240으로 둘 수도 있다여기서 숫자 다음에 단위를 붙이지 않은 것은 분봉, 일봉, 주봉, 월봉일 경우에 따라 단위가 달라지기 때문이다.

그런데 종목, 채택 기간 등에 따라 다르게 적용한다는 것은 분석지표로써의 의미가 퇴색하기 때문에 필자는 수많은 통계적 시뮬레이션을 거쳐 '12'를 가장 유용한 수치로 채택하기로 했다. 이에 대해 의문을 갖는 투자자도 있겠지만 적어도 일목균형표의 기본수치의 채택이유에 비해 훨씬 더 과학적인 분석을 통해 얻은 숫자라는 점을 강조하고 싶다.

20일선을 일반적으로 사용하고 있고 각 증권사의 기본적 설정이 있지만 이는 현실성이 떨어진다. 필자는 수년간의 다양하고 수많은 종목들에 대해 각종 이동평균선을 적용하여 통계를 내보았지만 이 중 가장 적중률이 높은 이동평균선중심선은 12라는 사실을 검증했다. 그리고 이는 우리의 주식 시장에서만 적용 가능한 것이 아니라 이후 동서양의 다양한 지수와 주요 종목들에서도 현실적으로 잘 맞아 떨어진다는 사실을 알았다.

사실 12는 우리의 일상생활과 직결된 것으로 동서양을 막론하고 유구한 역사와 같이 해온 중요한 숫자이다. 12지신, 1년은 12달, 연필 한 다스는 12자루, 그리고 예수의 제자나 부처의 제자가 12명이라는 점 등 그야 말로 우리의 삶과 오랜 연관성을 지녀 왔다. 이에 비해 20이라는 숫자는 사실 그 중요성은 별로 눈에 띄는 것이 없다.

통계적으로 검증되고 인류의 오랜 역사와 함께 해온 숫자가 12라면 우리는 여기에 더 이상의 의문을 제기할 필요가 없을 것이다. 결국 중심선은 다음과 같다.

- 중심선 = 12이동평균선 (n=12)

여기서는 이 정도의 간단한 설명으로 마무리하기로 하자.

다음은 상한선에 대해 살펴보자.

볼린저밴드에 대해 잘 모르는 투자자들은 상한선을 이동평균선으로 잘못 알고 있는 경우가 있는데, 공식 상한선 = 12이동평균선 + 2σ 에서 알 수 있듯이 중심선 12이동평균선에서 상방으로 2σ 표준편차의 두 배 하여 그려진 선이다.

이후 설명하겠지만 급등패턴과 같이 특별한 경우를 제외하고는 이 상한선을 주가가 상향 돌파할 경우 주가는 되반락할 확률이 95.44%에 이르게 된다. 만약 이 선이 하락하는 경우라면 확률의 신뢰도는 매우 높다. 이 때문에 이 상한선은 저항선으로 볼 수 있다.

주가가 정적Static으로 움직이면 중심선으로 가까이 접근하려는 경향이 강하고 다이나믹하게 움직이면 중심선으로부터 멀어지는 경향이 있다. 중심선으로부터 가까이 접근하는 경우 평균으로부터 좁은 정규분포도가 그려지면서 주가가 안정적으로 움직인다 변동성이 낮은 움직임는 의미이며, 멀어지는 경우 평균으로부터 확장된 큰 정규분포도가 그려지면서 주가가 아래든 위든 급변한다는 뜻이다. 이를 바꾸어 말하면 정규분포도가 좁은 경우 안정적인 움직임을 보인다는 뜻이고 넓게 이루어지는 경우는 주가가 급등, 급락을 보이면서 그만큼 위험이 커진다는 뜻^{선물의 경우를 생각하면 올라도 위험}이기도 하다.

예를 들어 선물시장에서 매수^{매도}포지션을 취했는데 표준편차가 큰 정규분포도를 그리면서 선물지수가 급락하게 되면 손실^{이익}이 그만큼 확대되는 것이고, 또한 매도^{매수}포지션을 취했는데 표준편차가 큰 정규분포도를 그리면서 선물지수가 급등하면 손실^{이익}은 그만큼 커지게 된다. 표준편차가 좁은 경우 별다른 변동성이 없기 때문에 한동안은 손익도 미미할 것이다. 우리는 중심선과 상한선의 거리, 즉 볼린저밴드 폭이 좁은 구역에서 매수했을 경우 위로 오르기를 바라고 매도했을 경우 가능한 한 주가가 하락하기를 바라는 입장이다.

결국 이 시점은 우리의 투자판단이 중요하며 제대로 대응하면 큰 수익을 얻을 수 있는 반면, 잘못 대응했을 경우 큰 손실의 위험에 노출되게 된다. 그만큼 밴드 수축이 이루어졌을 경우 주가의 급등·급락이 예고되는 만큼 투자판단을 제대로 하고 급변시세에 잘 대응해야 한다는 점을 유념해야 한다. 매매대응법에 대해서는 나중에 살펴보겠다.

다음으로 하한선에 대해 설명하겠다.

하한선은 상한선과 반대로 중심선^{120이동평균선} 아래에 2σ 만큼 거리를 두고 그려지는 선이다. 그 식은 다음과 같다.

- 하한선 = 120이동평균선 − 2σ

이때 하한선과 중심선간의 거리는 중심선과 상한선간의 거리와 같다. 상한선은 $+2\sigma$ 이고 하한선은 -2σ 이니 당연히 그런 것이다. 밴드가 수축되었든, 확장되었든 어느 시점에서도 중심선으로부터의 상한선과 하한선간의 폭은 똑같다. 상한선이 정규분포도의 평균 오른쪽의 부분에 해당한다면 하한선은 왼쪽 부분에 해당된다. 결국 볼린저밴드는 상한선과 하한선이 그려내는 띠이며 상·하한선은 중심선을 축으로 그려진다.

하한선을 공부하다 보면 명확한 볼린저밴드가 완성될 것이고 이와 함께 표준편차의 크기에 의해 밴드가 수축되는 정적인 모습을 보일 때가 분명해질 것이다. 확장되는 국면의 동적인 모습도 뚜렷해지는 느낌이 들 것이다.

그렇다. 볼린저밴드는 인벨롭차트와 달리 밴드의 확장과 수축이 반복되는 양상을 보이게 되는 것이고 이로 인해 투자의 중요한 타이밍이 결정된다. 그러니까 밴드가 수축되면 확장^{주가 급변}을 통해 수익과 손실의 분기점이 되는 것인 만큼 중요한 매매타이밍이 될 수 있고, 확장이 절정기에 이르면 이 또한 수축^{주가 변화}으로의 전환을 통해 중요한 매매타이밍이 될 수 있다. 그래서 볼린저밴드는 일반적인 지표와는 달리 보다 쉽게 매매타이밍을 포착할 수 있는 매력을 가지고 있다.

밴드수축에서 잘못된 포지션을 취할 경우 손실이 클 수 있고 포지션을 잘 취할 경우 수익도 커진다는 사실도 알 수 있다. 그러니까 매매타이밍을 취할 시점은 이러한 수축 국면의 절정기와 확장 국면의 절정기에서 이루어져야 한다.

물론 밴드 내에서 자신의 매매행태에 따라 자신이 취한 월봉, 주봉, 일봉, 분봉에서 그보다 한 단계 낮은 단계의 지표 분석을 통해 같은 해석에 의해 더욱 효과적인 매매타이밍을 취할 수 있다. 상·하한선은 방향을 지속하는 경향이 있지만 일정 시점이 되면 방향을 꺾게 되고 이에 따라 매매전략이 구사될 수 있다. 이에 대해서도 나중에 보다 자세히 다루겠다.

이상으로 볼린저밴드를 구성하는 각 괘선에 대해 하나씩 살펴보았다. 그렇지만 이러한 각 괘선이 정규분포도와 어떤 연관성을 지니는지에 대해서는 정확하게 파악하기 어렵다. 이론상의 설명으로는 그럴 듯하지만 확실히 와 닿지는 않을 것이다. 다음은 정규분포도와 볼린저밴드의 연관성에 대해 살펴보자.

04

정규분포도와
볼린저밴드의 상관관계

　이제 볼린저밴드는 중심선 12이동평균선을 축으로 정규분포도에 의해 그려지는 것이고 정규분포도는 평균과 표준편차에 의해 그려진다는 사실을 알았을 것이다. 그리고 표준편차의 크기에 따라 볼린저밴드가 수축 국면을 보이기도 하고 확장 국면을 보이기도 한다는 사실도 알게 되었다.

　지금까지의 상황만으로도 독자들은 볼린저밴드가 수축과 확장을 지속하면서 매매포지션을 취할 수 있는 지표임도 어느 정도는 이해했을 것이다. 앞서 얘기했듯, 볼린저밴드는 일반적인 분석지표와는 달리 확률 통계의 기초적인 개념이 접목된 지표인 셈이다. 나중에 알게 될 것이지만 이 지표를 통해 사전에 매수와 매도를 이행할 수도 있는 사행적 매매 판단도 가능하다는 중요한 장점도 있음을 미리 밝혀 둔다. 지금부터는 정규분포도와 볼린저밴드의 관계를 직접 그림으로 그려보면서 이해도를 높여 보자.

■ 차트 8 | 볼린저밴드와 정규분포도의 상관관계

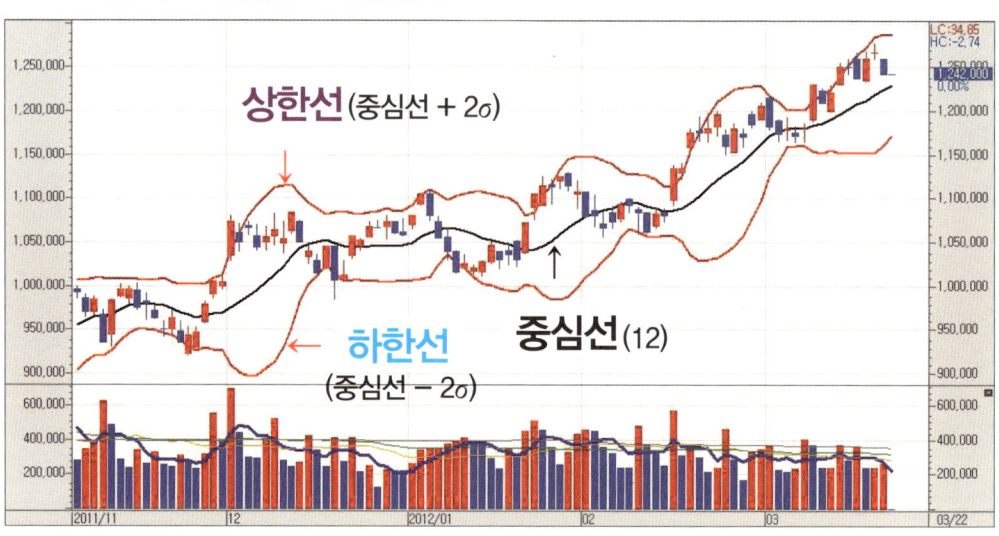

■ 그림 9 | 볼린저밴드의 각 괘선과 정규분포도 간의 상관관계

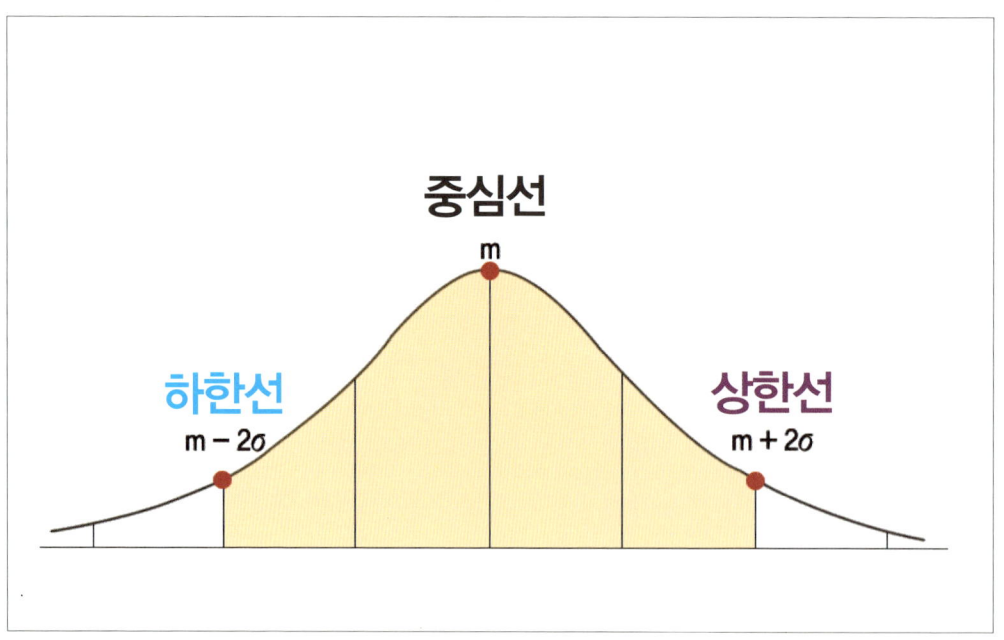

- 정규분포도의 평균 → 볼린저밴드 중심선과 연결
- 정규분포도의 +2σ → 볼린저밴드 상한선과 연결
- 정규분포도의 -2σ → 볼린저밴드 하한선과 연결

앞의 [차트 8]과 [그림 9]는 어떤 종목의 볼린저밴드 차트와 정규분포도간의 관계를 나타낸 것이다. 그러니까 정규분포도 상의 평균은 볼린저밴드의 중심선 12이고, 이를 중심으로 상한선은 +2σ가 그리는 궤적이며 하한선은 -2σ가 그리는 궤적임을 알 수 있다. 그리고 밴드가 때로는 수축되었다가 확장되었다가를 반복하는 것도 결국은 바로 표준편차σ에 의해 결정된다는 사실을 알 수 있다.

앞에서도 간단히 설명했듯이 어떤 투자자들은 볼린저밴드와 인벨롭차트Envelope Chart를 비교하여 설명하는 경우도 있지만 이는 상관도가 크게 떨어진다. 인벨롭차트는 중심선에서 일정비율의 영역을 설정하여 상·하한선의 영역을 표현해서 주가의 궤적을 추적하는 것인 반면, 볼린저밴드는 통계학적 개념인 표준편차를 통해 수축과 확장을 명확히 함으로써 주가의 변곡점을 표현해준다.

인벨롭차트는 언제나 중심선과 상·하한선의 거리는 항상 평행이며 볼린저밴드는 주가의 속성인 멈춤과 움직임을 세세하게 표현해주는 것으로 엄연히 다르다. 그리고 볼린저밴드는 종목에 따라 수치를 달리할 필요가 없고 인벨롭은 종목의 특성을 고려하여 분석자가 일일이 적용수치를 바꾸어야 한다. 또한 볼린저밴드는 95.44%를 밴드 내에 수용하는 것인 반면, 인벨롭은 경우에 따라 주가가 밴드의 영역을 이상 탈피해 움직임으로써 분석자를 당황케 한다.

인벨롭과 볼린저밴드간의 차이점을 간단하게 설명하였다. 인벨롭차트와의 비교를 통해 그 장·단점을 알고 투자하는 것이 바람직하다는 의미에서 설명한 것이다. 그리고 볼린저밴드의 우월성을 확인하는 계기가 되기를 바란다.

다시 볼린저밴드와 정규분포도 간의 관계로 돌아가 보자. 우리는 주가의 변동에 따라 평균12이동평균선이 변화하고 평균이 변화함에 따라 표준편차가 달라지며 표준편차가 변화함에 따라 볼린저밴드의 폭이 달라진다는 사실을 알아야 한다. 일봉일 경우 매일 같이 변화된 주가와 그 때문에 달라진 12일 평균선을 축으로 정규분포도가 그려지면서 밴드의 움직임도 달라진다.

■ 차트 10 | 볼린저밴드와 정규분포도의 동시 표현

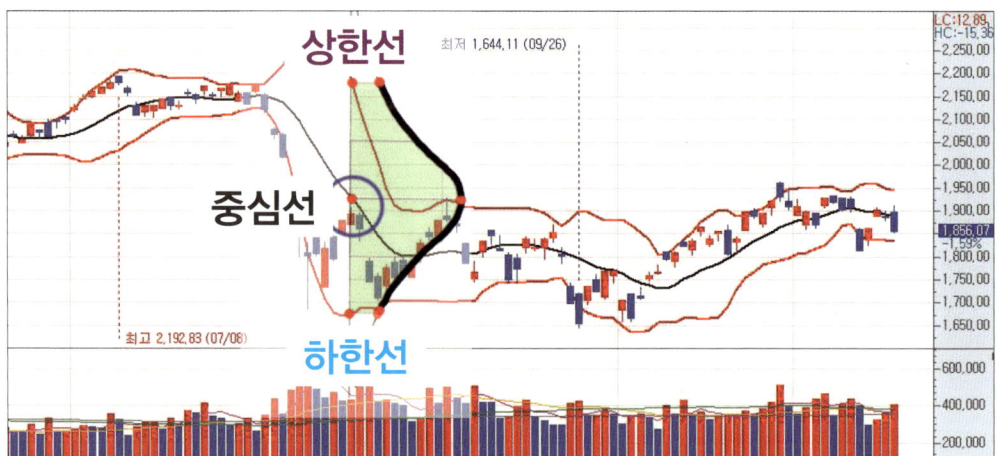

볼린저밴드는 주가의 변화에 의한 중심선의 변화에 따라 정규분포도 곡선이 달라지며 이에 따라 밴드의 상·하한선의 움직임도 변화하면서 주가를 95.44% 수용하게 된다. 그래서 볼린저밴드는 주가의 변동 하나하나의 움직임을 반영하는 것이며 2σ의 범위 내에서는 95.44%의 확률만큼 주가를 수용하고 나머지 4.56%의 확률만큼 주가를 수용하지 못하는 경향도 있다. 이 사실은 중요한 것이며 투자가 확률게임이고 보면 이를 통해 매우 유용한 매매전략을 구사할 수 있음을 알게 될 것이다.

그러니까 볼린저밴드가 주가를 수용할 확률은 95.44%이고 수용하지 못할 확률이 4.56%라는 것이다. 이는 통계적으로 공인된 수치이며 굳이 우리가 나서서 그 적합성 여부에 대해 따질 필요는 없다. 만약 이 수치의 적합성이 깨지는 경우라면 그것은 호재나 악재가 출현했을 때일 것이며 뚜렷한 외부적 요인이 없는 한 유효하다고 보는 것이 합당하다.

'모든 집단에서의 확률적 접근은 정규분포도로 통한다'는 말이 있다. 정규분포도의 이 같은 중요성을 반영한 것이 볼린저밴드라면, 볼린저밴드가 주가 분석 도구에 있어 큰 비중을 차지하는 것은 당연하다.

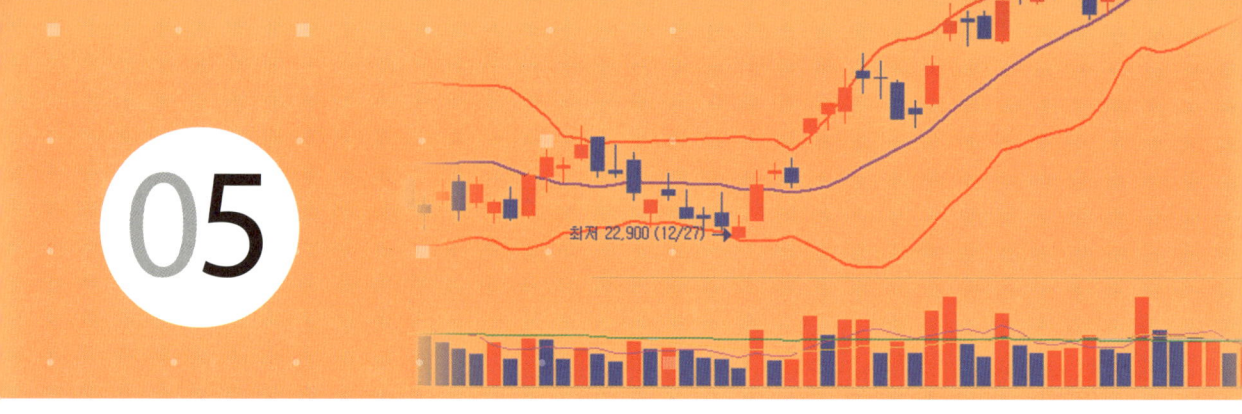

05

볼린저밴드의 특성

볼린저밴드는 주가의 동향을 하나하나 반영하면서 움직이기 때문에 밴드의 괘선 하나하나의 의미가 매우 중요하다. 중심선의 동향은 물론 상한선과 하한선의 움직임 등 어느 하나 중요하지 않은 것이 없다. 이 때문에 이러한 볼린저밴드의 특징적인 움직임을 일일이 체크하여 주가의 방향과 매매전략에 활용할 수 있다.

어떤 지표든 그 지표가 갖는 특성이 있고 투자자는 이를 제대로 파악하여 그 유용성을 높여야 한다. 특성을 제대로 파악하게 되면 또한 지표의 장점과 단점도 파악할 수 있어 투자판단에 도움이 된다. 볼린저밴드가 갖는 특성으로는 추세전환 인지의 유용성, 확률에 기반을 둔 높은 예측성, 그리고 수축과 확장의 반복성 등을 들 수 있다. 이에 대해 보다 자세히 살펴보자.

먼저, 추세전환 인지의 유용성에 대해 살펴보자.

주가란 상승이나 하락의 추세가 종료되고 나면 전환점을 갖게 마련이다. 전환점을 제대로 인식할 수 있다면 가장 좋은 시점에서 매수할 수 있는 기회를 포착할 수 있지만 막상 추세전환점을 인지하려면 쉽지 않다.

통상적으로 추세전환점을 판단하고자 할 경우 다우이론 상의 추세기법을 따르는데, 하락에서 상승으로의 전환기는 저점과 고점이 확인된 후 다음 새로운 저점이 이전의 저점보다 높은 수준에서 이루어지면서 비로소 이를 잇는 우상향의 지지라인이 생긴다. 이전 확인된 고점을 이 지지선과 평행하게 저항선을 그어 상승의 트렌드를 이루고 저항선의 연장선에서 다음 고점을 예상할 수 있다. 그러니까 상승 전환점은 이전 저점보다 다음 저점이 높아지는 순간이며 이후 상승 트렌드를 이어나가게 된다.

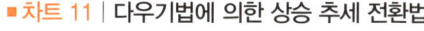
■ 차트 11 | 다우기법에 의한 상승 추세 전환법

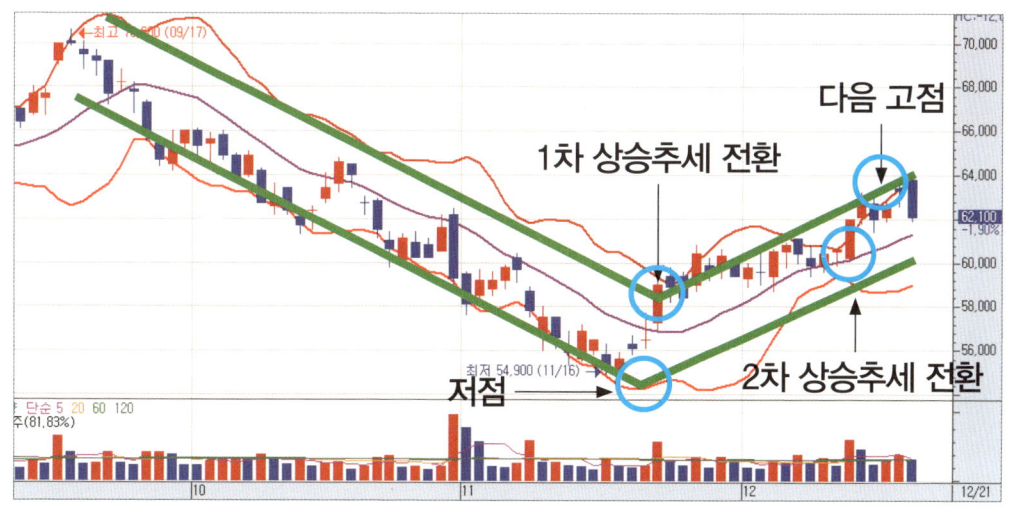

■ 차트 12 | 다우기법에 의한 하락 추세전환점 포착법

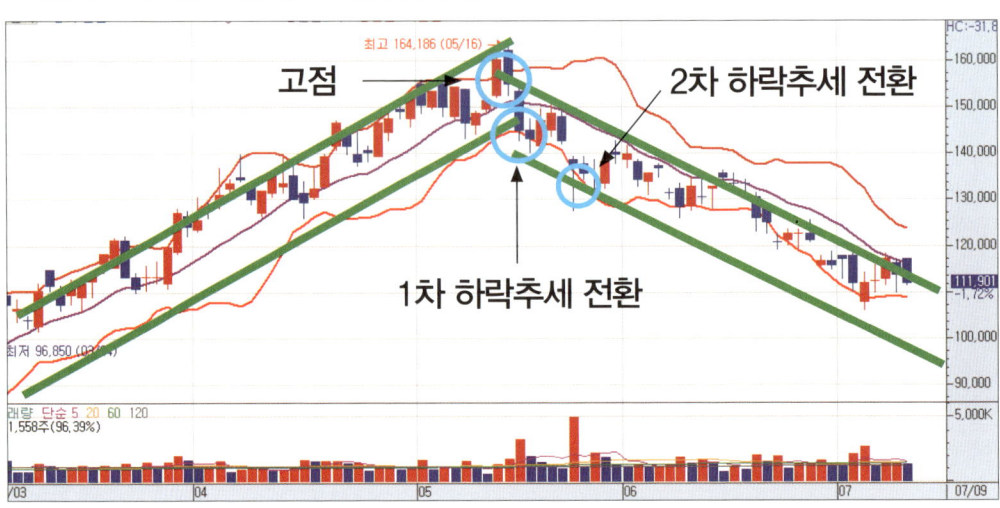

　　[차트 11]에서 보면, 하락 트렌드의 저항선을 돌파하는 순간이 1차적 상승추세 전환점이고 다음 직전 고점을 돌파하는 순간이 신뢰성 높은 2차적 상승추세 전환점으로 본다. 하지만 이러한 시점은 이미 저점으로부터 상당 수준 오른 순간이다. 그리고 상승트렌드를 확인하려면 되반락의 저점을 확인시켜야 상향의 저점을 잇는 상승트렌드의 방향이 잡히게 된다.

　　물론 하락의 경우도 마찬가지로 [차트 12]에서와 같이 상승트렌드의 지지선을 무너뜨리는 순간이 1차적 하락추세 전환점이고 이후 반등 후 다시 직전 저점을 하향 돌파할 때 신뢰성 높은 2차적 하락추세 전환점이 된다. 그리고 이전 고점에 비해 낮아진 고점이 확인 되어야 다음으로 더 낮은 저점을 예상할 수 있다.

　　결국 다우기법 상 추세기법은 사후적인 매매법으로 저점에서 매수하여 수익을 극대화하려는 투자자의 욕구를 충분히 충족시키지 못하는 단점이 있다. 물론 추세전환 이후 그 방향대로 지속될 경우 늦은 감은 있지만 이후 상승이나 하락을 통

해 수익확대와 손실방어의 장점을 갖는다는 점에서 무시할 수는 없다.

 볼린저밴드는 하락추세가 마무리 된 후 전환기가 오면 밴드수축 과정을 반드시 거치게 된다. 이후 추세전환의 시점이 되면 중심선의 상승전환이 이루어지는데, 이 순간이 하락에서 상승추세로의 전환이 이루어지는 시점이 된다.

 물론 이러한 전환점에 보다 정확성을 기하려면 비록 늦긴 하지만 다우기법 상의 이전 하락추세의 저항선을 주가가 돌파하는 모습도 보조적으로 확인하는 것도 좋다. 이전의 하락패턴이 마무리 된 후에 이러한 중심선의 전환이 이루어져야 하는데, 하락패턴의 마무리는 엘리어트 파동이론으로 확인하는 것이 좋다. 파동이론에 대해서는 추후 살펴보겠다.

 [차트 13]에서 보면 하락추세가 마무리 된 후 주가가 밴드수축 과정을 거치면서 바닥확인 신호를 보낸다. 밴드가 수축되고 나면 그 다음은 확장이 이루어지게

■ 차트 13 │ 볼린저밴드를 통한 추세 전환시점

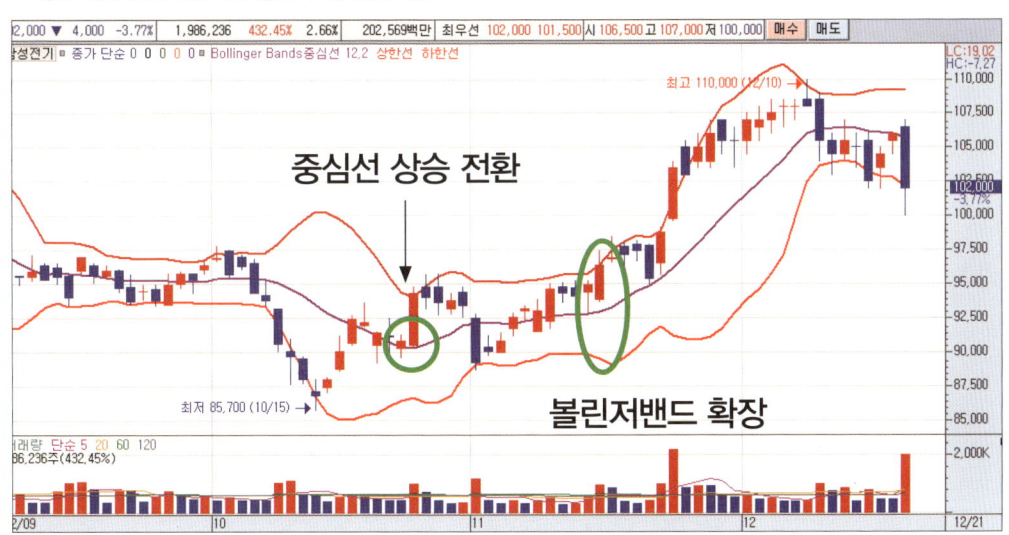

되는데 주가가 상승으로 방향을 잡게 되면 이후 다이나믹하게 상승세를 강화하게 된다. 주가가 상승 전환하게 되면 중심선의 상승 전환도 이루어지게 된다. 중심선이 상승 전환한다는 것은 주가의 방향이 상승방향으로 전환한다는 의미이며 이후 밴드확장이 현실화되면 추세전환은 확인되는 셈이다. 물론 하락추세의 저항선을 주가가 돌파함으로써 보다 확신할 수 있다. 그리고 또 하나 주목할 것은 볼린저밴드 하한선의 저점수위가 높아지는 것으로도 상승추세로의 전환이 이루어지는 것으로 본다는 것이다. 전환점을 인식하는 타이밍이 늦긴 하지만 그래도 유용하게 활용 가능하다.

■ 차트 14 | 볼린저밴드 하한선의 상향이동에 의한 상승추세의 예

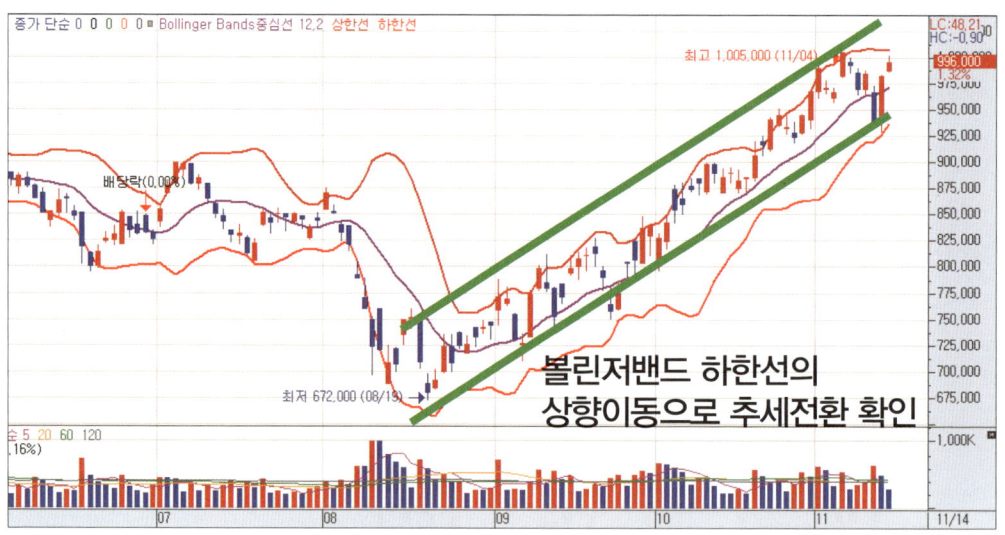

위의 [차트 14]에서 보면 밴드하한선의 저점이 높아진 시점은 이미 주가가 상당 수준 올랐을 때이지만 지나치게 초기에 매수했을 경우 발생하는 오류의 우려를 불식시킬 수 있다는 점에서 큰 흐름을 판단할 때 유용하게 쓰인다. 일종의 필

터기법으로 보면 된다. 신호의 오류를 최소화하고 정확성을 높이기 위해 일정 수준 상승의 과정을 확인하고 대응할 때 쓰임이 있다. [차트 14]의 이후 모습을 보면 계속적으로 밴드하한선의 저점이 높아지고 상한선의 고점 역시 지속적으로 높아지고 있음을 알 수 있는데, 이는 상승 트렌드가 고착화되고 있음을 보여주는 예라 할 수 있다. 그리고 이후 주가는 추세적 상승을 통해 큰 폭의 상승세를 이어나갔음을 알 수 있다.

이상으로 하락에서 상승으로의 추세전환의 예를 중심으로 살펴보았다. 이 같은 방법에서의 추세전환은 큰 추이를 따라가는 투자자들에게는 가장 매력적인 타이밍이 되는 만큼 볼린저밴드를 통해 추세전환을 확인하고 효과적인 타이밍을 노릴 수 있다. 역으로 하락기조로의 전환 역시 같은 방법을 통해 효과적인 매도 기회를 가질 수 있고 더 큰 위험으로부터 탈출이 가능하다.

다음은 확률에 기반을 둔 높은 예측성에 대해 살펴보자.

볼린저밴드는 통계학의 확률을 바탕으로 한 지표라는 점은 앞에서도 여러 번 설명한 바 있다. 물론 다른 외부적 변수, 즉 호재나 악재가 출현하여 시세를 왜곡시킨다면 이러한 확률의 정확성은 떨어질 수밖에 없다. 기술적 분석의 그 어떤 지표나 펀드멘털 지표라도 갑작스런 호재나 악재의 출현이 있을 때는 별 수 없다는 점은 경험을 통해 충분히 알고 있을 것이다.

우리는 앞서 볼린저밴드의 상한선과 하한선을 이탈할 확률이 4.56% 정도에 불과하고 밴드 내에 위치할 확률이 95.44%나 된다는 사실을 공부했다. 그렇다. 밴드상한선이 상승을 하든 하락을 하든, 또는 밴드하한선이 상승을 하든 하락을 하든 상관없이 이러한 확률은 유효성을 지닌다. 물론 밴드상한선이 상승할 때 보다 하락할 때 오르는 주가가 이를 상향돌파하기가 더 어려울 것이며 밴드하한선이 하락하고 있을 때 보다 오르고 있을 때 주가가 이를 하향돌파하기도 더 어려울 것이다.

중요한 것은 밴드상한선을 상향 돌파하면 특별한 경우를 제외하고는 탄력이 둔화되거나 반락하는 현상이 나타나고, 밴드하한선을 하향 돌파하게 되면 특별한 경우를 제외하고는 낙폭을 줄이거나 반등이 나타나게 된다는 것이다. 그러니까 상한선은 95.44%의 확률을 가진 강력한 저항선이며 하한선 역시 95.44%의 강력한 지지선이 된다.

■ 차트 15 | 상한선 돌파 시 반락의 예

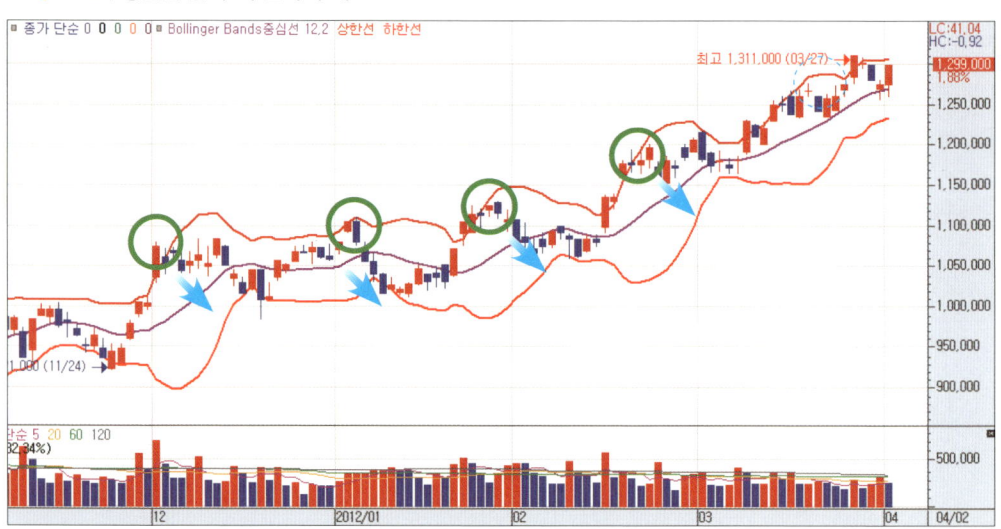

상한선을 돌파하면 95.44%의 확률로 상한선 아래, 즉 밴드 내로 후퇴한다.

[차트 15]에서 보면 볼린저밴드 상한선을 돌파하면 즉시 경계성 매물이 출회되면서 일시적인 탄력둔화를 보이며 상한선 이하로 후퇴하거나 상승기조가 꺾이는 현상을 보인다. 이러한 원인은 역시 정규분포도의 표준편차 2σ 의 내부에 위

치할 확률, 즉 볼린저밴드 내부에 위치할 확률 때문이다. 이 경우 우리는 상한선 돌파 시 매도전략을 구사할 수도 있다. 한편 반대로 밴드하한선을 하향 돌파하면 역시 낙폭을 줄이거나 반등세로 돌아서는 모습으로 주가가 반전한다. 역시 하한선에서의 지지확률이 95.44%이기 때문이다.

■ 차트 16 | 하한선 붕괴 시 반등의 예

밴드하한선을 붕괴시키면 95.44%의 확률로 낙폭을 줄이거나 밴드 내로 반등세를 보인다.

[차트 16]에서 보면 밴드하한선이 하락하는 과정에서 이를 붕괴시킬 경우 역시 볼린저밴드 내부에 주가가 위치할 확률 95.44%에 의해 낙폭을 줄이거나 반등세를 보인다. 이는 시세차익도 중요하지만 손절여부를 결정지어야 하는 순간에서 손실 폭을 줄이고 파느냐효율적인 매도 아니면 가장 낮은 지점에서 손절을 확정짓느냐최악의 수를 판단하는데 매우 유용하게 쓰이게 된다. 손실을 보고 있는 순간, 가장 어려운 판단을 해야 할 상황에서 결정적인 단서를 확률적으로 제공할 수 있다

는 점에서 매우 중요한 내용이라 할 수 있다.

　이러한 상한선의 저항역할95.44%과 하한선의 지지선 역할95.44%은 일시적인 현상이며 이것이 추세적 매도타이밍이 되거나 매수타이밍이 되는 것은 아니다. 그러니까 일시적으로 상한선에서 저항이 이루어지고 하한선에서 지지가 이루어지는 것일 수 있다. 그렇지만 오르는 주가가 하락하는 상한선에 부딪칠 경우 이는 매도신호로써의 의미가 크며, 내리는 주가가 상승하는 하한선에 부딪친다면 이 또한 중요한 매수를 통해 효율적인 수익을 획득할 수 있다는 점도 미리 밝혀 둔다.

　중요한 것은 이러한 확률이 상한선이나 하한선에서만 유효한 것이며 그 이내에서는 하위의 차트를 통해 같은 방식으로 적용할 수 있다는 점이다. 주봉일 경우 일봉으로, 일봉의 경우 60분봉이나 30분봉, 60분봉이나 30분봉일 경우 5분봉 등을 통해 단기적 대응으로 매매 포인트를 잡을 수 있다. 이러한 내용은 매우 중요한 것으로 사고의 확장을 통해 필자가 이야기 하고자 하는 사실을 잘 이해하기 바란다.

　확률이란 100% 정확할 수 없는 것이지만 투자하는 입장에서, 결과가 어떠하든 성공가능성이 높은 쪽에 승부를 걸 수밖에 없다. 주식투자는 어차피 확률게임이며 그 판단의 기준을 제공해주는 볼린저밴드의 역할은 중요하다. 단기적 매매를 고려할 경우 이러한 내용에 바탕을 두고 매매하다 보면 분명 볼린저밴드의 매력에 빠져들 것이다.

　마지막으로 수축과 확장의 반복성에 대해 알아보자.
　한꺼번에 목적한 바가 모두 이루어지기는 어렵다. 모든 식물에는 마디가 있고 산을 오르더라도 휴식이 필요하듯, 주가도 마찬가지로 방향을 잡으면 오르고내리고 멈추고 또 오르고내리고를 반복한다. 한 번에 지나친 에너지를 발산하면 상대적으로 그 후유증은 클 수밖에 없고 더 이상 추세를 이어나갈 수도 없다.

주가의 속성은 오르고 내림을 반복하는 것이다. 다만 상승기조일 경우 상승폭이 크고 상승기간이 길며 조정폭과 조정기간은 각각 작고 짧다. 또한 하락기조에서는 하락폭과 하락기간이 크고 길며 반등폭과 반등기간은 각각 작고 짧다. 하지만 기본적 속성은 역시 오르고 내리는 것임에 틀림 없다. 트렌드는 있지만 주가의 기본적인 속성은 오르고 내리는 것이다.

볼린저밴드는 이 같은 주가의 속성을 잘 반영하는 것으로 수축과 확장을 표현해 준다. 마치 장의 소화운동과도 비슷하다. 수축은 곧 추세의 진행과정에서 일시 멈춤이고 확장은 추세의 진행방향을 강화하는 것을 의미한다. 주가는 추세를 진행하는 과정에서 이처럼 때로는 정적Static인 움직임과 동적인Dynamic움직임을 번갈아가면서 반복하는 특성이 있는데, 이를 볼린저밴드가 잘 표현해 줌으로써 투자자들에게 국면을 쉽게 읽고 대응할 수 있도록 해준다.

밴드가 수축이 이루어지면 그 진행하는 방향을 한동안 멈추고 소강국면의 조정을 보이게 되는데 이 순간은 큰 변화가 없어 안정적이다. 하지만 그 다음 단계는 밴드가 확장하는 단계인 만큼 하락이든 상승이든 다이나믹하게큰 변화 움직이게 됨으로써 손익을 크게 확장하게 되는 순간을 예상케 한다. 밴드수축의 시점에서 이러한 손익을 결정짓는 다음 순간을 미리 감지할 수 있다는 사실은 매우 중요하다.

운전을 하다 보면 사고다발 지역표시, 미끄럼 주의, 과속방지 턱 등 위험인식 표시를 볼 수 있듯이, 볼린저밴드의 수축은 바로 리스크와 수익의 중요한 분기점에서 주의를 환기시켜 준다. 이러한 점에서 볼린저밴드의 존재감은 매우 크다고 볼 수 있다.

■ 차트 17 | 밴드수축 후 급등의 예

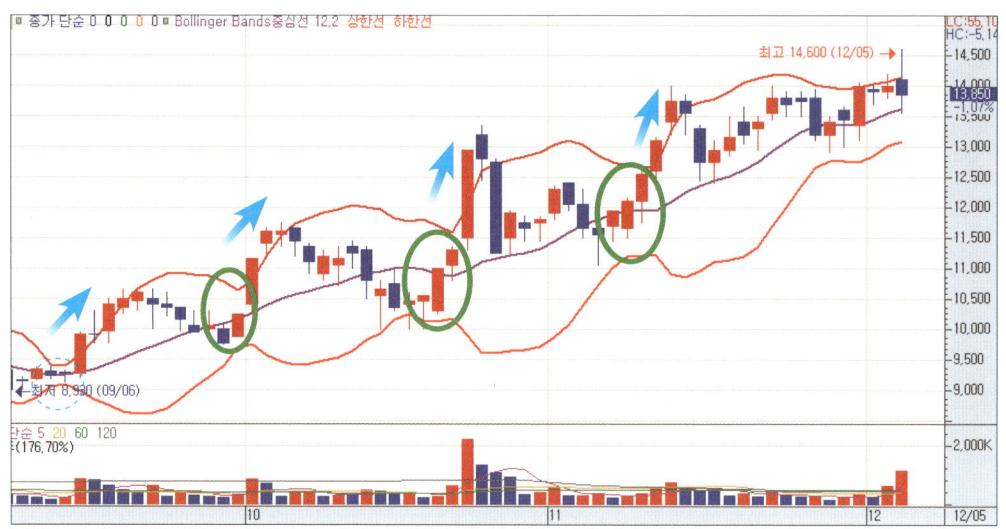

밴드수축은 조만간 큰 변화(급등)를 예고함으로써 사전에 주의를 환기시킨다.

[차트 17]에서 보면 밴드가 수축을 보인 후 주가의 큰 변화가 있음을 알 수 있다. 수축의 정적인 상태에서 미리 큰 상승을 예상하여 주식을 매수했다면 큰 이익을 취할 수 있었을 것이다. 이 때문에 우리는 수축에서 방향을 확인하고 매수할 수도 있고 사전에 상승에 대해 확신이 선다면 선취매입을 감행할 수도 있다. 매매에 대해서는 나중에 이야기하겠다.

수축 다음의 큰 변동성을 사전에 감지할 수 있는 볼린저밴드의 중요성을 충분히 알아야 한다. 볼린저밴드를 이해하는 투자자들은 수축과 확장의 정점을 이해함으로써 주가의 변화시점을 인지하고 대응할 수 있는데 반해, 대부분의 투자자들은 이러한 변화에 대해 사후적으로 인지하거나 전혀 감지하지 못하고 매수와 매도기회를 놓치는 경우가 많다. 이것이 바로 볼린저밴드를 공부해야 하는 이유다.

■ 차트 18 | 밴드수축 후 급락의 예

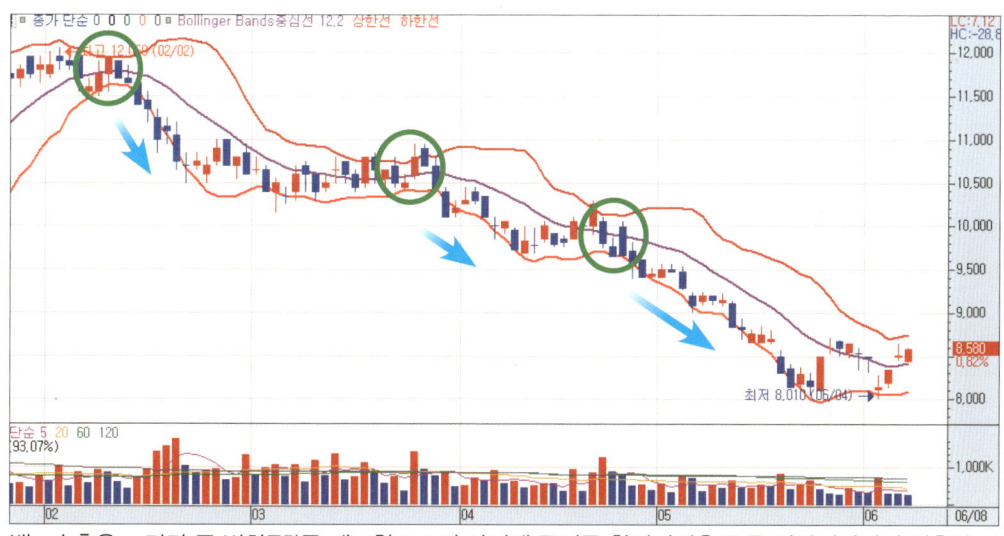

밴드수축은 조만간 큰 변화급락를 예고함으로써 사전에 주의를 환기시킴은 물론 변화시점에서 대응이 가능하다.

　물론 수축 후 급락으로 확장되는 경우도 있다. [차트 18]에서 보면 밴드가 수축된 후 다음 단계인 큰 변화, 즉 급락세를 보이면서 확장단계로 진행되었음을 알 수 있다. 만약 매수포지션의 청산이 없다면 큰 손해를 입을 수밖에 없다. 수축에서 확장단계로 이행되는 초입단계에서 매도로 대응하거나 하락에 대한 판단에 확신을 가졌다면 미리 매도포지션을 취함으로써 위험을 피할 수 있을 것이다. 사전에 매매전략을 취하든 변화의 초기에 대응하든 이에 대해서는 매매전략편에서 자세히 다루기로 하겠다. 여기서는 수축은 곧 다음의 큰 변화가 있음을 인식케 해주는 중요한 신호라는 점만 염두에 두기 바란다.

　한편 밴드가 확장하는 동안에는 진행방향이 가속화되는 단계로 포지션이 잘 이루어졌다면 최대한 방향대로 즐겨야 하는 것은 당연하다. 그렇지만 확장이 절정기에 이르게 되면 기존의 추세와는 반대로 주가가 진행 된다. 볼린저밴드가 갖는 속성은 수축과 확장, 확장과 수축의 반복성인 만큼 확장이 되었으면 다음 단계인 수축 국면으로 전환하게 된다. 이때는 기존의 주가의 방향과는 정반대로 움직이게 된다.

원래 주가란 계속해서 한 방향으로만 진행되는 것이 아니라 오르고 내리기를 반복하는 속성이 있기 때문에 볼린저밴드 확장추세도 결국은 한계가 있기 마련이다. 이격도 원리와 비슷하게 밴드확장이 심화되면 반드시 조정Adjustment, 상승기조이면 반락, 하락기조이면 반등을 거치게 된다. 따라서 확장의 심화는 사전에 '머지않아 주가의 방향이 정반대로 변화 하겠구나'라고 짐작할 수 있게 한다.

그리고 그 변곡점을 비교적 정확하게 알려준다는 것이 볼린저밴드의 강력한 장점이다. 볼린저밴드의 수축과 확장을 통해 미리 준비하고 대응하는 투자자

■ 차트 19 | 밴드확장 절정기의 주가 급변의 예

밴드확장의 절정기에 이르면 다음 수축 국면에 의해 주가는 기존 추세와는 반대방향으로 변화함을 인지할 수 있다.

와 주가의 진행방향에 과도하게 매료되어 판단력을 잃는 투자자와는 수준 차이가 나게 된다.

[차트 19]에서 보면 주가가 수축 후 급등하면서 밴드확장이 심화되는 과정에서 앞으로 밴드수축의 위험이 도래할 수 있음을 미리 인지할 수 있다. 이후 밴드는 수축으로 전환하면서 주가가 기존의 상승하락과는 반대방향으로 하락상승하고 있음을 보여준다. 이제 밴드수축으로의 전환점을 빠르게 찾아 매도와 매수타이밍을 잡을 일만 남아 있다. 이에 대해서는 다음에 자세히 설명하겠다.

이상에서 볼린저밴드의 특성을 살펴보았다. 특히 수축과 확장의 반복성은 다른 지표에서는 볼 수 없는 중요한 특성으로 사전에 주가의 큰 변화를 앞두고 마음의 준비를 하거나 실질적인 대응자세를 취하게 함으로써 수익과 리스크 관리를 할 수 있는 기회를 제공하게 된다. 이러한 특성을 활용하여 다음 장에서는 실질적인 매매대응법에 대해 살펴보자.

볼린저밴드를 이용하여 대응전략 마련하기

PART 3

❶ 기본적인 대응방법
❷ 볼린저밴드를 활용한 실전 매매기법
❸ 중심선에 대한 이해와 그 활용법

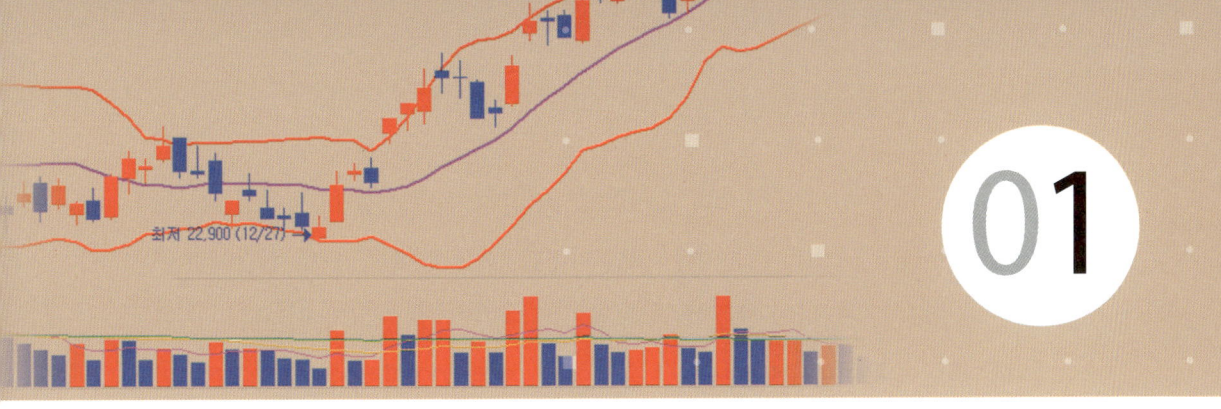

기본적인 대응방법

　지금까지는 볼린저밴드의 중요성에 대해 살펴보았다. 이제부터는 이를 토대로 실전에 활용할 수 있는 기법을 차근차근 공부해 보자. 볼린저밴드는 그 이론적 기반이 통계이지만 사실은 아주 기초적인 내용이다. 볼린저밴드에 대한 이해가 분명하게 이루어지면 오히려 다른 지표에 비해 훨씬 쉽게 활용할 수 있다.

　원래 비체계적이고 비논리적인 지표가 수많은 경우의 수로 인해 헷갈리고 이해의 범위를 뛰어 넘게 된다. 대부분의 기술적 지표들이 논리적 모순을 안고 있다 보니 정확성이 떨어지고 이 때문에 지표로서의 가치에 대해 믿음을 갖기가 어렵다. 투자자들이 공부해도 투자성과가 나지 않는 이유이기도 하다.

　볼린저밴드 역시 완벽한 지표일 수는 없다. 적중확률을 수치로 따지면 특정 국면에서는 95.44%의 적중률을 보일 때도 있고 어떤 때는 그 보다 낮은 적중률을 보일 수도 있다. 그럼에도 불구하고 공부를 해야 하는 이유는 바로 적중률이 높은 위치를 알 수 있다는 점이고 그 시점에서 제대로 된 투자를 하게 되면 성공확률을 크게 높일 수 있기 때문이다. 또한 이러한 높은 적중률은 아주 판단하기 어려운 지점에서 나타나기 때문에 더욱 가치 있다. 평범한 지표가 아니라는 이야기다. 판단이 용이한 순간에서는 누구나 좋은 성과로 이어질 수 있는 것이지만 판단이 어려운 시점에서 유용성이 높다면 더 이상 좋은 지표가 어디 있겠는가?

지금부터 기본적인 매매 대응전략부터 하나씩 공부하고 점차 난이도를 높여 나가보자. 기본이 튼튼해야 이해도 확장될 수 있고 이를 바탕으로 더욱 발전할 수 있다.

주가가 그려내는 패턴은 복잡하고 다양한 것 같지만 알고 보면 그렇지도 않다. 다만 기존에 그려온 패턴이 돌발적인 변수의 등장으로 갑자기 달라지거나 아니면 분석하는 사람의 잘못된 해석으로 인한 오류 때문에 어렵고 혼란스러워 보이는 것 뿐이다. 이 때문에 돌발악재의 출현이 있을 경우에는 어쩔 수 없겠지만 분석하는 사람의 이성적 태도와 올바른 해석이 구비된다면 보다 쉽게 접근할 수 있다. 여기서는 투자과정에서 직면할 수 있는 몇몇 국면에서의 기본적인 대응법에 대해 볼린저밴드의 관점에서 살펴보자.

먼저, 밴드수축 국면에서의 기본적인 대응방법에 대해 알아보자.

밴드수축 국면은 매수와 매도 간에 일정한 거리를 두고 상호 간 휴전상태를 의미한다. 이 때문에 접전이 줄어들다 보니 그 산물인 거래량도 크게 줄어드는 것이 사실이다. 이 순간은 주가의 흐름이 소강국면의 정적인 국면이며 조만간 새로운 큰 변화를 예고하는 중요한 신호로 해석해야 한다. 앞서 볼린저밴드의 특성에서 수축과 확장의 반복성을 이해했다면 기억에서 지워서는 안 될 것이다.

그렇다면 볼린저밴드는 수축 국면에서 어떤 모습일까? 밴드가 수축되었다는 것은 바로 밴드의 중심선의 기울기가 거의 제로0 상태이고 상한선과 하한선 역시 중심선의 기울기와 거의 같은 수준의 상태를 의미한다. 그러니까 세 가지 선이 수평의 기울기를 유지하면서 평행상태를 보이는 것이다. 소극적으로 매수와 매도 간의 힘의 균형이 유지되는 시점으로 이 순간까지는 어느 쪽도 힘의 우열을 가리기가 쉽지 않다.

> 볼린저밴드의 수축 국면은 중심선과 상·하한선의 기울기가 거의 수평상태를 보일 때로 매매 쌍방 간의 힘의 균형이 유지되는 시점이다

이러한 볼린저밴드 수축 국면은 상승이나 하락의 진행단계에서 일시적으로 나타나거나 주가의 상투권에서도 나타날 수 있다. 특히 큰 바닥을 형성할 때 상당 기간에 걸쳐서 나타날 수도 있다. 상승이나 하락의 진행단계에서는 그 진행기간이 길지 않은 반면, 바닥국면에서는 특히 투자자들이 힘겨워 할 정도로 오랜 기간이 걸릴 수 있다. '바닥 100일 천정 3일'이라는 말이 괜히 나온 말이 아니다.

상승이나 하락의 진행과정에서는 사실상 다른 매매전략 보다는 방향판단과 타이밍에 초점을 맞추고 변화에 대비하는 것이 바람직하다. 물론 바닥권에서의 수축 국면이 완성되는 시점에서도 이러한 큰 변화에 초점을 맞추고 대응해야 한다. 큰 변화에 대비하는 것은 잠시 뒤로 미루고 여기서는 수축 국면 그 자체로써 어떤 대응전략을 구사할 수 있는가에 대해 간단히 살펴보자.

역시 대응방법은 간단하다.

밴드상한선에 이르면 매도로 대응하고 하한선에 이르면 매수하는 것이다. 이렇게 간단한 것은 기본적으로 매수와 매도 간에 힘의 균형이 성립하는 구간이고

이를 잘 표현해주는 중심선의 기울기가 거의 수평Zero 상태로써 중심추세 역할을 하기 때문이다.

이동평균선은 지지와 저항 역할 외에도 주가 등락폭의 가운데로 통과하는 중심추세 역할도 한다. 이때 주가의 움직임은 중심선으로부터 상·하 거의 같은 수준의 폭을 갖는다. 그러니 중심선의 기울기가 수평 상태에 있고 상한선이나 하한선의 기울기 역시 수평인 상태일 경우 한동안 주가는 수축권을 벗어나기 어렵다.

앞서 상한선과 하한선의 돌파 확률이 4.56% 밖에 안 되고 돌파하지 못할 확률 또는, 돌파를 해도 다시 반락할 확률이 무려 95.44%임을 배웠다. 상한선에서는 매도하고 하한선에서는 매수하는 단기 대응전략을 구사할 수 있는 이론적 근거를 잊어서는 안된다. 이동평균선에 대해 지지와 저항역할이 있음을 기술적 분석을 하는 투자자들은 잘 알고 있고 이를 통해 매매를 구사하는 경우도 많다. 하지만 볼린저

■ 차트 20 | 밴드수축 국면에서의 매매전략

밴드수축 국면이 완벽할 때는 상한선에서 매도, 하한선에서는 매수하는 단기 대응전략을 구사할 수 있다.

밴드의 상한선과 하한선의 저항과 지지역할의 신뢰도가 이동평균선의 역할에 비해 훨씬 더 높다는 점을 알아야 한다. 따라서 이를 통해 중요한 매수 매도전략이 나올 수 있음을 인지해야 한다.

[차트 20]에서 보면 중심선과 상·하한선의 기울기가 수평상태의 밴드수축 국면에 위치한 모습이다. 주가가 방향을 잡지 않은 상태가 수축 국면이며 이 시기에는 중심선이 중심추세 역할을 하게 되고 주가는 상한선과 하한선의 수평밴드 속에 갇히게 된다.

따라서 상한선에서는 매도전략이 바람직하고 하한선에서는 매수전략이 바람직하다. 주가가 이 국면을 탈출하면서 중심선과 상·하한선의 변화가 일게 될 것으로 판단되거나 방향이 확인되면 각각 선취매입또는, 매도을 하거나 그 방향대로 동행매매를 고려해야 한다. 중심선은 시세방향을 의미하는 것으로 상승으로 전환하게 되면 상한선의 기울기도 상승확장으로 이어지면서 더 이상 저항선 역할을 하지 않고 주가의 방향, 즉 상승으로 움직이게 되는데 이때의 전략은 매수가 된다. 물론 중심선의 기울기가 하락으로 이어지게 되면 하한선의 기울기도 아래로 꺾이면서 주가의 방향도 하락으로 이어지며 대응은 역시 초기에 매도전략이다. 이러한 중심선의 기울기 변화가 생겼다는 것은 주가가 그동안 정적인 상태에서 방향을 잡고 다이나믹한 상황으로 바뀐다는 의미이다.

그러면 지금부터는 밴드확장 국면에서의 기본적 대응방법에 대해 알아보자.
밴드가 확장 국면으로 진입했다는 의미는 주가가 방향을 잡아 그 방향대로 흐름을 이어나간다는 것이다. 확장은 수축 국면이 종료된 후 시작되는 것이며 주가와 중심선이 상승기조로 전환했을 경우 '상승확장'이며 반대로 주가와 중심선이 하락기조로 전환했을 경우 '하락확장'이라 한다. 주가란 매수세와 매도세의 힘의 세기에 의해 방향이 결정되는 것이며 매수세의 힘이 세면 상승방향으로 전개되고 매도세의 힘이 세면 하락방향으로 확장된다.

주가가 방향을 잡았다는 것은 이미 방향을 이끄는 주체가 존재하고 그 추종세력이 강하게 뒷받침된다는 뜻이다. 반대편에 위치한 세력은 냈던 주문을 취소하거나 시세방향 쪽으로 포지션을 바꾸는 전략을 취하게 된다. 이렇게 되면 방향을 이끄는 주체의 강도에 따라 탄력적으로 전개되거나 아니면 완만하게 전개된다.

주가의 방향이 정해졌다는 것은 '투자들 간 희비의 쌍곡선이 그려진다는 의미'이며, 방향을 제대로 잡은 투자자들은 수익의 극대화를 추구하고 잘못 잡은 투자자들은 더 이상의 손실을 피하기 위해 포지션을 정리하거나 여타의 다른 전략을 고려하게 될 것이다. 하지만 칼자루는 전자가 쥐고 있다.

방향을 제대로 잡았다면 밴드확장이 극대화되거나 밴드수축으로의 전환이 이루어지기까지는 초기에 대응해서 그 포지션을 지속적으로 유지하는 것이 올바른 대응법이다. 초기에 방향에 맞는 포지션, 즉 상승이면 매수로 대응하고 하락이면 매도로 대응하는 전략이 바람직하다. 상승이면 밴드수축으로의 전환이 이루어지지 않는 한 매수 후 계속 홀딩해 나가는 것이 바람직하고, 하락이면 역시 수축으로의 전환이 이루어지지 않는 한 매도 후 계속 그 포지션을 유지하는 것이 타당하다.

주도주가 부각되는 강세시장에서 초기에 잠깐 올랐다고 매도했던 주식이 장기적으로 10배, 20배가 오르는 경우를 경험했을 것이다. 과거 IMF 때 삼성전자가 그랬고 2006년에는 현대중공업이 중국특수 바람으로 그랬으며, 이후에도 2차 전지의 LG화학이나 자동차 분야에서는 현대차, 기아차의 급등에서 충분히 느낄 수 있었을 것이다.

일봉을 보면 중간 중간에 마디가 형성되면서 수축과 확장을 보이지만 주도주는 일봉을 볼 것이 아니라 주봉이나 월봉을 보면서 진행해 나가는 것이 바람직하다. 대세적 상승을 통해 시대적 대의명분을 가진 주도주는 지수를 이끄는 핵심주이며 그 이면에는 이를 이끄는 강력한 주체세력이 존재하는 것이므로 주봉이나 월봉을 고려하여 분석하는 것이 합당하다. 앞으로 설명하겠지만 주봉이나 월봉을 읽는 것도 일봉을 읽는 것과 똑같다. 심지어 분봉도 마찬가지다.

그렇다면 밴드확장이 이루어지면서 방향을 잡았을 때 어떻게 대응해야 하는지 예를 들어 살펴보자. 먼저 상승확장을 전개하는 경우 우리는 어떤 대응이 필요할까?

[차트 21]에서 보면 밴드수축 이후 주가상승과 함께 중심선이 상승으로 전환하면서 확장 국면으로 진입한 모습을 보여준다. 밴드확장의 초기단계인 ①지점에서 매수 후 고점에서의 밴드수축 후 확장 국면인 ②국면에서는 매도하여 수익

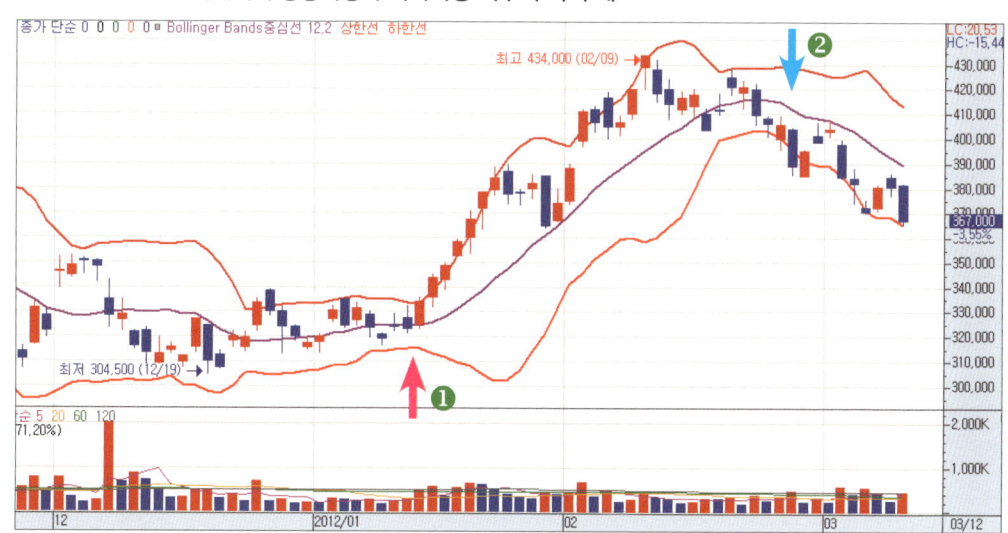

■ 차트 21 │ 밴드수축에서의 상승확장과 하락확장 이후 주가의 예

■ 차트 22 | 상승확장 초기 국면에서의 대응전략

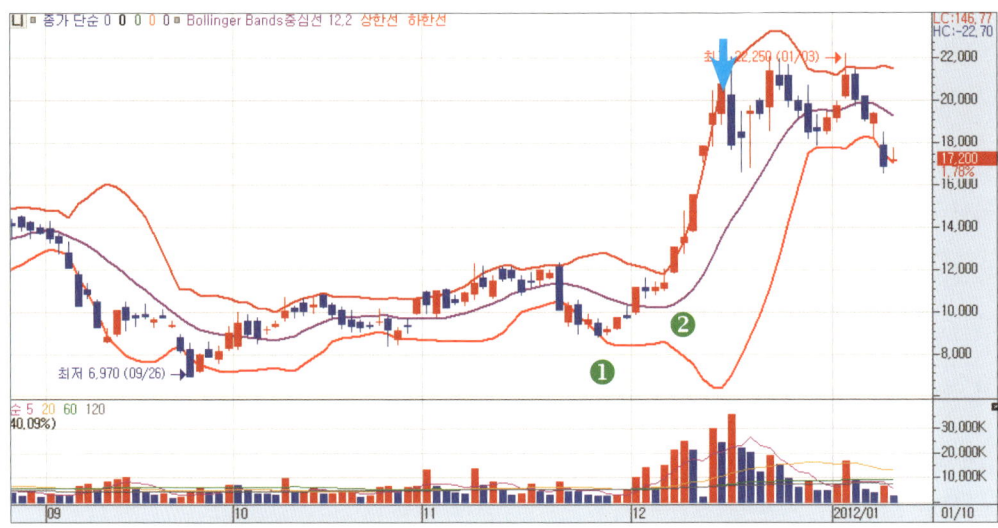

주가가 하락에서 상승 전환하면서 상한선이 꺾이는 ①에서 1차 매수하고, 중심선이 상승전환하는 ②에서 매수를 완성. 이후 강세를 통해 수익을 강화할 수 있다.

극대화를 위해 바람직함을 보여준다.

[차트 22]에서도 밴드수축 후 주가가 상한선을 치고 나감과 동시에 중심선의 기울기가 상승 국면으로 전환하고 있음을 보여준다. 역시 초기단계인 ①지점에서 매수한 후 확장 국면인 ②국면이 종료될 때까지 홀딩전략이 바람직함을 보여준다.

매수포지션이 좋았다 하더라도 중간에 매도해버림으로써 수익폭을 크게 가져가지 못하는 경우가 많다. 초기에 매수를 잘 했다면 최소한 본격적인 조정이 오기 전까지 보유함으로써 수익을 최대화하는 것이 목적이다. 포지션 정리는 두 경우 모두 밴드수축으로의 전환이 이루어질 때가 될 것이다. 다음으로 하락확장을 보이는 경우 어떻게 대응해야 할지에 대해서도 살펴보자.

> 밴드 하락확장 초기에 손실방어를 위해 매도한 후 확장이 종료될 때까지는 매수를 자제해야 한다

[차트 23]과 [차트 24]에서 보면 밴드수축 후 주가와 중심선의 기울기가 하락으로 전환하면서 밴드확장이 본격화되고 있음을 알 수 있다. 매도세가 매수세와의 한판 싸움에서 기선을 제압했다는 의미이다. 상당기간 매수세가 이를 꺾어 돌리기에는 어려울 것이다. 수축에서 하락으로 방향을 정하는 초입단계인 ①에서 매도를 하거나 선물인 경우 매도포지션을 취한 후 하락확장이 종료될 때인 ②까지 섣불리 매수나 매도포지션 청산해서는 안 된다. 이러한 대응은 밴드가 수축으로 전환하는 순간까지는 유지되어야 한다.

■ 차트 23 │ 밴드수축 후 완만하락의 예

밴드 하락확장 이후 느리고 천천히 하락하는 경우가 일반적이다.

■ 차트 24 | 밴드수축 후 급락의 예

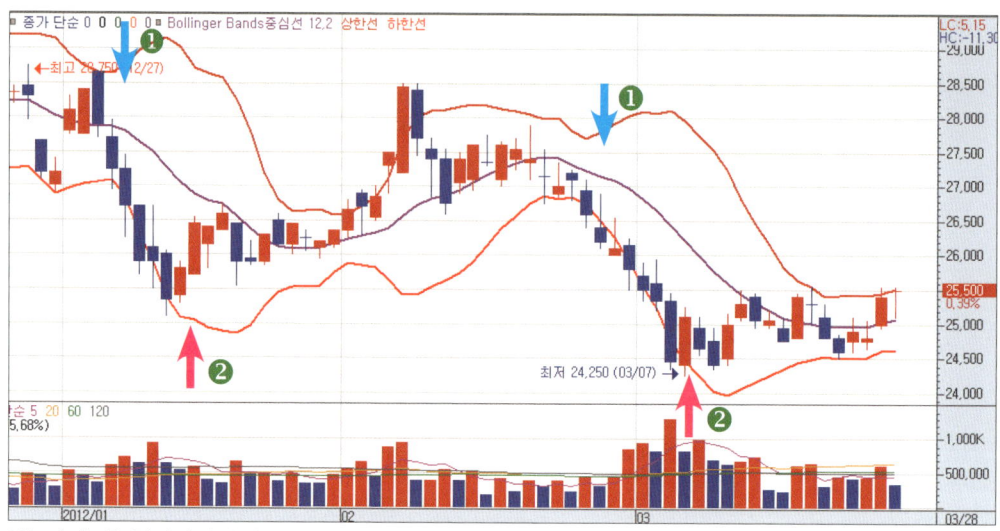

밴드수축 후 확장과정에서 급락세를 보이는 경우도 많다.

첫 번째, [차트 23]에서와 같이 완만한 하락을 할 경우 하락의 기간이 상당히 길어질 수도 있어 성급한 매수를 고려해서는 안 된다. 특히 시장전체 분위기가 어려운 상황에서는 더욱 그렇다.

두 번째, [차트 24]에서와 같이 단기간에 급락할 때는 악재에 직면한 경우가 많아 단기적 충격이 클 수 있어 밴드수축에 진입하는 순간이 아니고서는 매수를 고려해서는 안 된다.

마지막으로 밴드수축 진행과정에서의 기본적 대응방법에 대해 살펴보자.

볼린저밴드가 수축으로 진행된다는 것은 상승의 과정이나 하락의 과정에서 밴드확장 후 조정Adjustment국면이 진행될 때를 의미한다. 일반적으로 조정이라는 의미를 상승과정에서의 반락으로 이해하지만, 하락의 과정에서 일시 반등을 하는 과정도 조정이라고 한다. 상승확장 후 조정이면 상승에 제동이 걸리면서 일정한 진폭을 가지면서 등락을 보이는 것이고, 하락확장 후 조정이면 하락세가 한시적으로 멈추면서 일정한 진폭의 등락을 거치는 것이다. 밴드수축 국면에서는 한동안 매수세와 매도세 간의 일정한 범위 내에서 힘겨루기를 하는 과정으로 이러한 힘겨루기가 종료되지 않는 주가의 큰 변화는 이루어지지 못한다.

밴드수축 국면에서 밴드의 모습은 역시 상한선이 아래로 꺾이고 하한선은 상승방향으로 이어지는 것이 일반적이다. 이때 상한선과 하한선의 저항과 지지확률은 각각 95.44%이며 이탈확률은 4.56%에 불과하다. 특히 주가의 진행방향과 반대로 움직이는 이러한 상·하한선은 하락하거나 수평의 모습일 때 보다는 더욱 강력한 주가 구속력을 갖는다.

이러한 요인을 구체적으로 살펴보면 밴드가 확장 후 수축을 보이는 국면은 정규분포도상 평균12 이동평균선으로부터 주가의 분포상태가 좁아진다는 것으로 주가의 흐름이 정적인 상태로 변화하고 있다는 의미이다. 그러니까 동일한 표준편차에 의해서도 정규분포도 곡선의 폭이 좁아짐에 따라 중심선으로부터 상·하한선의 폭이 축소되는 것이다. 이는 주가가 이를 곧바로 치고 나가지 못하고 일정한 틀볼린저밴드 상한선과 하한선 사이 속에 갇히게 된다는 것을 의미한다. 그러니까 주가가 밴드 내에 위치할 확률95.44%은 결국 '수축 국면 진행이 완성되기까지는 단기적 관점에서 상한선에서 매도하고 하한선에서 매수함으로써 적절한 대응전략을 구사할 수 있다'는 의미이다.

이때는 밴드의 괘선이 수평일 때보다 상·하한선의 저항과 지지확률이 높다. 그렇지만 시장이 상투를 치게 되고 하락기조로의 전환이 일어날 경우에는 조심해야 한다. 중심선이 하락으로 전환하고 하한선이 아래로 하강하면 주가는 하한선을 따라 하락기조로 바뀌게 된다는 사실을 알아야 한다. 중심선의 기울기가 상승하고 하한선의 기울기가 상승할 경우를 충분조건으로 하는 것임을 명심하자.

■ 차트 25 | 밴드수축 국면에서의 상한선 저항, 하한선 지지역할의 예

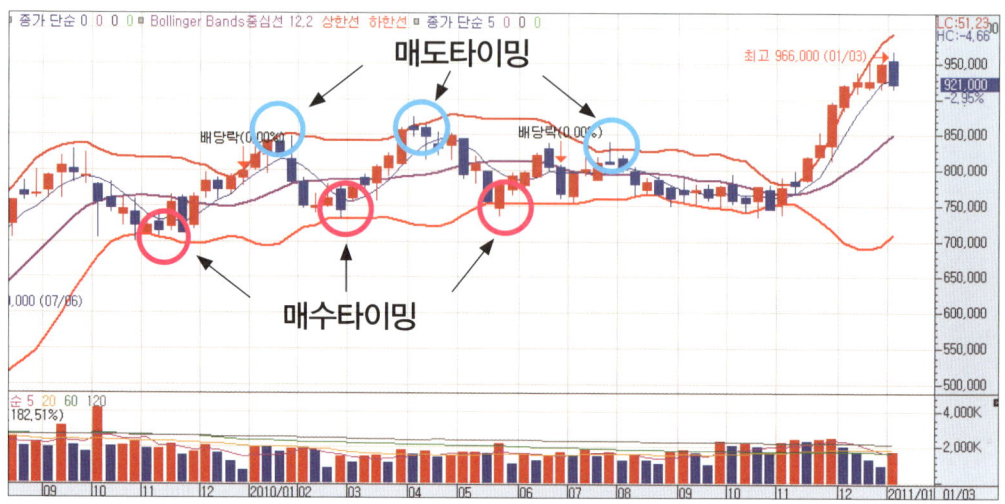

[차트 25]에서는 상승기조에서의 조정국면으로 밴드상한선이 하락하고 하한선이 상승하면서 밴드수축 국면을 보이고 있다. 이때 밴드상한선이 저항할 확률과 하한선이 지지할 확률은 모두 95.44%이기 때문에 상한선에서 매도하고 하한선에서 매수하는 대응을 구사할 수 있다.

하지만 이는 한시적 국면인 만큼 단기적 관점에서 유효한 대응이기 때문에 타이트한 대응목표가를 낮게 잡고 손절가를 분명히 하고 대응이 아니면 자제하는 것이 바람직하다. 다음으로 하락기조 하에서의 밴드수축 과정에서의 대응방법에 대해서도 살펴보자.

하락기조에서의 밴드수축 국면에서도 단기적 관점에서
상한선에서 매도하고 하한선에서 매수하는 대응전략을 구사할 수 있다

■ 차트 26 | 하락기조에서의 하락하는 상한선 저항, 상승하는 하한선 지지의 예

하락기조에서 하락하는 상한선은 저항매도, 상승하는 하한선은 지지매수 역할을 한다.

　하락국면에서의 한시적 조정에 의한 밴드수축의 경우도 [차트 26]에서처럼 상승하는 하한선을 축으로 포진하고 있는 매수세에 의해 지지가 이루어지면서 매수로 대응할 수 있고 상한선에서도 이를 축으로 포진하고 있는 강한 매도세에 의해 당장 상승하기는 어렵다. 따라서 역시 매도전략을 구사할 수 있다. 특히 중요한 것은 하락하는 상한선에서의 매도는 보다 확실히 해야 한다. 밴드수축 과정이 마무리 되고 나면 다시 하락기조로 진행되기 때문에 매도할 자리에서 분명하게 대응해야 한다.

　지금까지 밴드의 주요 국면별 기본적인 대응법에 대해 간단하게 살펴보았다. 역시 볼린저밴드의 특성을 그대로 적용한 것이기 때문에 이해하는데 특별히 어려움은 없을 것이다. 만약 우리가 통계학의 기초개념을 이해하지 못했다면 이 같은 판단법은 활용할 수 없다. 수학적 사고를 가질수록 복잡한 것을 단순화할 수 있고 더욱 논리적으로 접근할 수 있으며 그 성과물도 좋다.

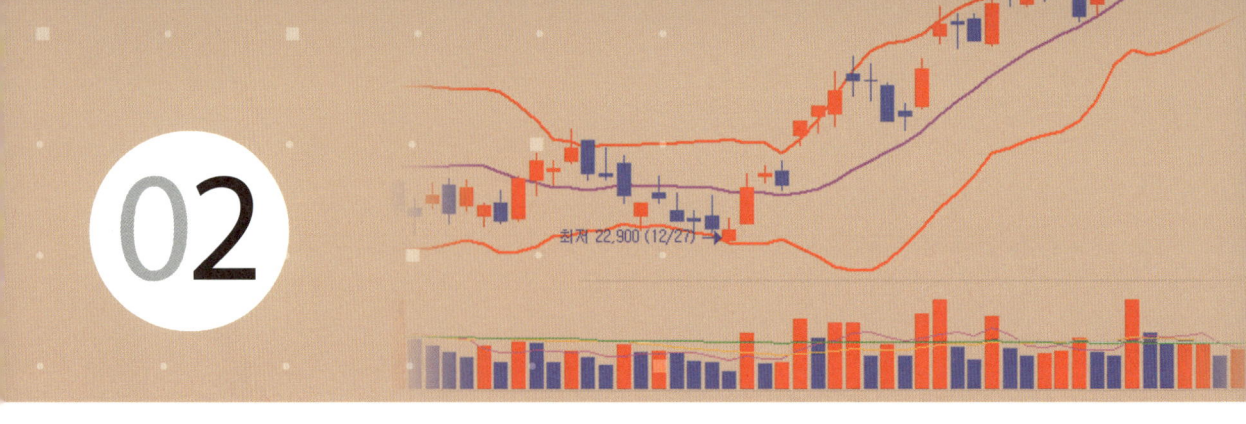

02

볼린저밴드를 활용한
실전 매매기법

　주가가 바닥에 이르면 바닥을 확인하는 과정이 이어질 것이고 이러한 바닥확인 후 상승궤도에 진입하게 될 것이다. 이때는 중요한 매수기회가 주어졌을 것이므로 이유야 어떻든 반드시 매수해야 한다. 또한 이후 상승궤도에 진입하면 언제 매도할 것인가를 잘 판단해야 할 것이고 단기적으로 대응할 것인지 아니면 중·장기 투자를 할 것인지 합당한 대응전략을 구사해야 한다. 특히 상승과정도 각기 다를 수 있어 주가의 패턴에 따라 다른 대응전략이 필요하다.

　또한 고점에서는 가능한 한 해당 주식을 보유해서는 안 되며 매수를 하더라도 하락기조에 맞는 적절한 대응과 정확한 포인트를 포착하여 매수하거나 매도해야 한다. 역시 하락의 패턴에 따라 각기 다른 대응법이 필요할 것이라는 점도 알아야 한다. 특히 하락기조에서는 정확한 매수타이밍과 매도타이밍이 아니면 손실의 위험이 높기 때문에 신중을 기해야만 한다.

주가가 밴드수축을 통한 횡보상태에서 방향을 가질 때는 상승과 하락 중 어느 한 방향으로 이어질 것이다. 그것이 상승이면 급등패턴과 완만한 상승패턴, 하락이면 급락패턴과 완만한 하락패턴이 될 것이다. 투자자의 입장에서는 주가의 움직임은 매우 복잡하고 엄청난 경우의 수가 발생한다고 생각해 왔을 것이다. 이는 어쩌면 지나치게 단기적 관점에서 주가를 이해하고 수익을 추구하다 보니 시세의 미세한 움직임에 연연하여 복잡함의 사슬에 스스로 걸려들게 되면서 판단력이 흐려졌기 때문이다. 현명한 투자자라면 이러한 어리석음으로부터 탈출하여 시세의 방향을 중시하며 이러한 상황을 벗어나게 될 것이다.

우리는 복잡함의 사슬에 스스로 걸려드는 어리석음으로부터 탈출하는 현명한 투자자가 되어야 한다. 앞서 말했듯 실제로 주가는 크게 네 가지 패턴을 보인다. 상승일 때 급등과 완만상승, 하락일 때 급락과 완만하락의 패턴이다. 이렇게 단순하다는 사실을 알아야 한다. 보합국면이야 영원할 수 없는 것이고 결국은 방향을 가질 수밖에 없다. 따라서 이 네 가지 패턴을 제대로 이해하고 이에 따른 각각의 대응기법에 대해 알아야 한다. 그러면 지금부터 보합권에서의 탈출시점부터 단계적으로 알아보자. 보합권 탈출시점은 상승의 경우 초기에 매수하고, 하락의 경우 역시 초기에 매도가 중요한 만큼 이에 대해 먼저 살펴보겠다.

먼저, 횡보 후 방향을 갖는 순간의 대응기법에 대해 알아보자.

역사적으로 볼 때 영토를 확장하려는 세력과 지키려는 세력 간의 싸움이 전개되면서 나라의 운명이 갈라진다는 사실을 우리는 알고 있다. 그래서 흥하고 망하는 현상이 나타나는 극단적인 상황으로 이어지게 된다. 그렇지만 최악의 상황에서 일어서기도 하고 최고의 태평성대를 누리는 상황에서 자만하다가 망할 위기에 처하기도 하는 것이 인류 역사다. 그러니까 최고의 순간에서 주의가 요구되고 최악의 순간에서 희망이 있음을 우리는 알고 있다. 비단 인류의 역사만 그런 것은 아니다. 모든 일상생활이 그렇고 주가의 흐름 또한 마찬가지다. 모든 것은 고비가 있고 그 고비에 잘 대처하는 지혜가 절실하다.

주가가 횡보상태를 보이는 순간은 역시 매수와 매도세 간 일정한 진폭의 등락 혼조를 보이게 된다. 이는 매수세와 매도세 간 힘의 균형이 성립하는 구간으로 어느 한쪽의 강력한 힘이 가해지지 않는 한 쉽게 깨지지 않는다. 이때야말로 기회와 절망이 교차하는 중요한 순간을 앞두고 있다는 사실을 알아야 한다. 안이해서도 안 되고 너무 조심해서도 안 되는 시점이다. 이러한 횡보상태는 계속 진행될 수는 없는 것이므로 일정 시점에 가서는 결국 방향을 갖게 된다. 동시에 우리의 투자는 한시적이긴 하지만 성공과 실패로 엇갈리는 중요한 순간이기도 하다.

주가가 방향을 갖는다는 것은 매수세와 매도세 간의 힘의 균형이 깨어진다는 의미이고 힘의 우위를 가진 쪽의 방향대로 주가가 진행되면서 볼린저밴드는 확장하게 된다. '보합은 무너지는 쪽으로 붙어라'라는 증시격언도 있듯이 무너지는 쪽이 곧 힘의 우위를 지닌 쪽의 방향이다. 이는 방향을 확인하고 대응하라는 의미이지만 타이밍이 늦은 상황에서는 대응이 쉽지 않은 것이 현실이다. 이 때문에 동원할 수 있는 모든 수단을 충분히 검토하여 최종적인 판단을 내려야 한다. 당연히 이에 대한 많은 지식을 가질수록 유리한 판단을 내릴 것이므로 이는 공부를 많이 해야 할 이유이기도 하다. 주가가 방향을 가지게 되면 상승 아니면 하락이니 이 두 경우를 각각 나누어 살펴보기로 하자.

우선 볼린저밴드 상승확장의 경우부터 살펴보자.

상승은 매수세가 매도세를 압도하는 모습을 보이게 되는 것으로 힘의 균형이 상승방향으로 깨어지는 경우이다. 상승방향으로 균형이 깨진다는 것은 거의 수평상태의 상한선, 즉 매도세의 최후의 보루를 주가가 상향돌파하면서 처음으로 상승방향으로 진로를 결정짓는 순간이다. 물론 악재가 출현할 때는 방향이 꺾일 수도 있지만 외부적 변화가 없는 한 이러한 방향대로 주가는 이어질 것으로 봐야 한다. 사실 펀드멘탈이든, 기술적 분석이든 악재 때문에 생기는 주가변화는 통제가 어려울 수밖에 없다. 다만 악재가 잦은 것이 아니기 때문에 이 같은 분석법을 중요시해야 하는 이유이기도 하다.

여러 가지 분석법이 존재하지만 볼린저밴드가 없다면 방향을 결정하는 기준도 분명하지 않고 타이밍이 늦을 것이다. 따라서 주가의 변화에 대해 판단하거나 정확한 대응도 하기 어려울 것이다. 앞으로 공부를 좀더 해 보면 알 수 있듯이 볼린저밴드는 그 만큼 상황판단에 유용한 지표이다. 아무튼 주가가 횡보하게 되면 볼린저밴드는 수축상황을 보이게 되고 상승방향을 가질 경우 볼린저밴드 상 몇 가지 특징적인 현상이 나타나는데 그 내용을 요약하면 다음과 같다.

첫째, 중심선의 기울기가 상승방향으로 전환한다.
둘째, 상한선이 상승으로 전환한다.
셋째, 하한선은 하락으로 전환한다.
넷째, 주가는 밴드상한선을 돌파한다.
넷째, 부진했던 거래량이 증가한다.

중심선이 상승방향으로 전환한다는 것은 정규분포도 상의 평균축이 상승으로 이동한다는 의미이다. 동시에 표준편차도 커지면서 중심선으로부터 $+2\sigma$와 -2σ 간의 괴리가 확대되기 때문에 결국 상한선은 위로 하한선은 아래로 벌어지면서 두 선 간의 괴리도 확대되는 것이다. 이것이 바로 밴드확장 국면으로의 변화이며 이후 주가의 상승폭이 크게 확대되는 첫 신호인 셈이다. 그러니까 중심선의 기울기는 주가의 방향이며 이것이 상승으로 전환한다는 것은 주가의 방향이 상승으로 전환한다는 의미이다. 이는 기술적 분석의 그 어떤 타이밍 보다 먼저 일어난다.

밴드수축 국면에서는 거래량이 현저히 줄어들게 된다. 이때는 매수와 매도세 간의 소극적인 매매대응이 이루어지기 때문이다. 매도세도 더 이상 낮은 가격에 팔 의사도 없고 매수세도 섣불리 샀다가는 또 다시 당할 수도 있기 때문에 선뜻 매수에 나서지 못하는 순간이 된다. 하지만 이 고비를 넘게 되면 힘의 균형이 깨지면서 거래가 증가하게 되는데, 이는 호가 창에서도 볼 수 있듯이 각 가격별로 포진하고 있는 매물을 매수세가 적극적으로 소화하기 때문이다. 매수세의 공격성이 드러나는 것으로 볼 수 있으며 매도세는 주가의 빠른 상승에 도망가는 형국이다. 그래도 상승에 확신을 갖지 못하는 매도세는 매물을 지속적으로 내놓게 되는데 이를 매수세가 사냥하면서 거래량은 더욱 증가하게 된다. 이것이 큰 바닥에서 상승으로 전환할 경우라면 매수세는 최고의 기회를 맞는 셈이다.

주가가 상승하면서 밴드상한선을 돌파한다는 것은 앞에서 살펴본 상한선 이하로 내려설 확률이 95.44%로 주가가 되 반락한다는 의미이므로 매도해야 할 것이다. 하지만 이 경우 밴드수축에서 확장으로 진입하는 초기단계로 방향을 결정짓는 과정에서 일어나는 일시적 현상으로 해석하여 확률에 따른 매도의 필요성은 없다. 되 반락이 있더라도 상승하는 중심선을 붕괴시키는 정도의 하락이 아니면 매도할 필요는 없다.

하지만 호재의 출현이 있을 경우 호재를 바탕으로 일반의 유입이 강화된 것으로 해석하여 결국 일반투자자 간의 공방 속에 주가는 원점으로 되돌아가게 되고 이러한 물량이 정리되기까지는 상당기간 저점에서 일어서기 어려울 수 있다. 때문에 밴드수축에서 확장으로 진입할 때 주의해야 할 것은 호재의 출현이 있느냐 없느냐에 따라 그 진위여부가 결정되는 것이며 호재가 없는 상황에서 밴드확장이 이루어져야 신뢰도가 높다고 할 수 있다. 이러한 요건이 충족되면서 주가가 밴드상한선을 돌파하는 순간이 매수 포인트가 된다.

[차트 27]에서 보면 밴드가 수축과정을 보인 후 다음 단계인 확장단계로 진입하는 과정에서 밴드상한선을 돌파하는 모습이 나타나고 동시에 중심선의 기울기가 상승하고 상·하한선이 위, 아래로 확장되는 모습을 보여준다. 이때 밴드상한선을 돌파 돌파확률 4.56%, 밴드 내로 진입할 확률 95.44% 한다고 해서 주식을 매도할 것이 아니라 수축에서 확장단계로 진입하는 초입과정에서의 상한선 돌파는 곧 상승방향을 의미하기 때문에 특별한 악재가 출현하지 않는 한 매수신호로 본다. 나중에

■ 차트 27 | 밴드수축에서 확장전환하는 초기단계에서 상한선 돌파시점은 매수신호

호재의 출현이 없는 상황에서 바닥에서 밴드수축 후 상한선 돌파는 밴드확장의 첫 매수신호로 해석한다.

구체적으로 설명할 것이지만 고점에서 저점까지 조정파동을 마무리C파동한 후에 이러한 상황이 연출되면 이는 보다 분명한 상승전환의 신호로 해석한다.

다음으로 볼린저밴드 하락확장의 경우에 대해 살펴보자.

볼린저밴드가 수축 국면을 보이다가 매도세가 힘의 우위를 점하면서 매물을 대거 늘렸음에도 이를 매수세가 받아내지 못한다면 주가는 밴드하한선을 위협하면서 이를 붕괴하게 될 것이다. 힘의 균형이 유지되다가 어느 한쪽방향으로 깨진다는 것은 주가의 진로가 결정되었다는 의미로 이것이 하방으로 깨어진다는 것은 밴드확장이 주가하락을 동반하면서 이루어지는 것으로 해석한다. 그 다음 단계인 수축으로 변화할 때까지는 하락기조에서 벗어나기 어렵다. 매수세가 최후의 보루로 여겼던 하한선을 매도세에 넘겨준다는 것은 이미 봇물이 터진 것이나 다름 없다.

볼린저밴드는 이를 잘 반영하게 되는데 주가의 하락과 함께 밴드중심선과 하한선이 아랫방향으로 꺾이게 되고 상한선은 윗방향으로 꺾이면서 확장 국면으로 이어진다. 이때 우리가 앞서 배운 바와 같이 밴드하한선을 붕괴시킬 확률이 95.44%라는 점에서 일시 반등이 일어날 수도 있지만 중심선을 상승으로 다시 되돌리지 못하는 한 반전은 쉽지 않다. 오히려 반등기를 이용해 매도기회로 삼아야 할 것이다.

특별한 호재가 출현하면 몰라도 그렇지 않은 한 방향을 아래로 잡은 것으로 해석하는 것이 타당하다. 이 경우 파동론 상으로 보면 고점에서 하락 전환할 때나 A파 하락 후 일시 밴드수축이 이루어진 후 다시 하방으로 방향을 잡을 때 흔하게 나타나는 경우이다. 밴드수축에서의 이탈은 방향을 잡는 것으로 해석하여 되돌림의 유무에 관계없이 특별한 재료가 없는 한 중심선의 방향대로 방향을 설정하는 것이 맞다.

주가가 밴드하한선을 붕괴시킬 때의 몇 가지 특징을 요약하면 다음과 같다.

첫째, 중심선의 기울기가 하락방향으로 전환한다.
둘째, 상한선은 일시적으로 상승으로 전환한다.
셋째, 하한선은 하락으로 전환한다.
넷째, 주가는 밴드하한선을 하향 돌파한다.

중심선의 하락은 곧 정규분포도의 평균이 하향 이동한다는 의미이고 주가가 밴드수축 때의 변동성 축소와는 달리 아래로 변동^{하락}한다는 것은 표준편차가 커지면서 정규분포도 곡선의 모양새가 확대된다는 의미이다. 이 때문에 밴드수축

■ 차트 28 | 밴드수축에서 하한선 붕괴 시 대응전략

특별한 호재가 없는 한 밴드수축에서 하한선 붕괴는 밴드확장의 첫 매도신호로 해석한다.

국면에서 주가의 하방이탈에 의한 밴드확장은 그만큼 위험이 커진다는 뜻이다. 결국 주가의 하한선 이탈이 회복될 기미가 없다면 이 순간은 매도로 대처하여 위험을 제거하는 것이 급선무다. 주가는 수축에서 확장으로 전환할 때 큰 손익이 따를 수 있어 확실한 대응을 해야한다.

[차트 28]에서 밴드가 수축된 후 매도세가 매물을 늘리면서 주가가 하한선을 붕괴시키자 하한선은 물론 중심선의 기울기가 꺾이고 상한선은 상승방향으로 전환하는 모습을 볼 수 있다. 이때 하한선 붕괴로 인한 반등확률 95.44%를 의식하여 단타매수를 할 수도 있지만, 이는 밴드수축에서 방향을 잡는 중요한 현상으로 매수해서는 안 되며 실질적인 방향을 고려하여 매도타이밍으로 해석한다. 하한선 이하에서 반등할 확률이 95.44%로, 이 때문에 일시 반등할 경우 매도기회로 삼아야 한다.

앞에서 언급한 상승이든, 하락이든 수축에서 확장할 때 중심선의 기울기가 중요하다. 이의 상승전환과 하락전환에 따라 주가의 방향이 결정되며 주가가 상한선을 돌파하고 거래량이 증가하면 주가의 방향은 상승으로 이어지게 되며 주가가 하한선을 하향돌파하면 주가의 방향은 하락으로 이어지는 것으로 해석하는 것이다. 다만 속임수가 간혹 있을 수 있다는 점과 호재나 악재에 따라 이 같은 분석법에 오류가 가끔은 존재한다는 점은 알아야 한다. 따라서 계속해서 공부를 더 해야 한다.

다음은 상승 국면에서의 대응법에 대해 알아보자. 주가가 바닥을 찍고 상승으로 방향을 잡게 되면 주가는 급등으로 진행되거나 아니면 완만한 상승으로 진행되는 두 가지 패턴 중 하나로 이어지게 된다.

먼저 급등국면에서의 대응기법에 대해 살펴보자.

지금까지는 볼린저밴드 수축에서 확장으로 전환하는 순간에의 매매대응법에 대해 알아보았다. 이를 바탕으로 이제 주가가 방향을 잡고 나가는 경우에 대해 알아보자.

우선 상승의 경우부터 살펴보자. 상승의 과정은 짧지만 강한 급등국면으로 이어지는 경우도 있고 상승의 속도가 느리면서도 장기간에 걸쳐 완만하게 이어지는 두 가지 경우가 있다. 이 중 먼저 급등국면에서의 대응법부터 살펴보자.

급등국면은 짧지만 강한 시세를 형성하는 것으로 상승 도중에 매도하지 않고 매수해 둔 주식을 끝까지 보유하여 결정적인 순간에 매도타이밍을 잡는 것이 목표이다. 우리는 앞서 바닥권에서의 상승진입 초기에 매수하는 법은 이미 공부한 상황이라 이제는 '보유한 주식을 어디에서 정확하게 매도하는가'가 가장 중요한 숙제일 것이다.

물론 상승 진행과정에서 중간에 진입을 시도하고자 할 경우 분봉5분, 30분, 60분봉 등을 통해 앞서 배운 방식과 같은 해석법에 의한 대응으로 가능할 것이다. 목표를 최적의 매도타이밍에 두고 이제부터는 볼린저밴드를 통한 급등국면의 정의를 내리고 동시에 매도타이밍 포착법을 공부해 보자.

우선 볼린저밴드 상의 급등국면에 대한 정의부터 내려 보자. 주가와 볼린저밴드의 각 괘선의 배열상태를 알고 그 괘선의 기울기를 앎으로써 주가패턴의 정의를 명확하게 내릴 수 있고 이를 통해 매도시점을 정확하게 파악할 수 있다. 이는 볼린저밴드의 정수로 특별한 호재나 악재가 없는 한 그 신뢰도는 매우 높으며 그 어떤 지표보다 우월성을 갖는다. 주식이든, 선물이든, 또는 환율이든 모든 것에 적용이 가능하며 주가분석에 있어 이를 모른다면 제대로 된 투자성과를 올릴 수도 없다.

> ○ **급등패턴의 정의**
>
> **급등패턴 = 주가＞상한선＞중심선＞하한선**
>
> (단, 주가, 상한선, 중심선의 기울기＞0, 하한선의 기울기＜0)

급등국면은 주가의 평균적 위치가 상한선 보다 위에 위치하고 상한선은 중심선 보다 위에 위치하며 중심선 역시 하한선 보다 위에 위치하는 배열을 가진 경우를 말한다. 다만 주가, 상한선, 중심선의 기울기는 상승세를 가져야 하고 하한선의 기울기는 하락세를 가져야 한다.

이러한 형식을 갖춘 종목이 왜 급등주인가하면 이러한 종목은 주가가 정규분포도 상 $+2\sigma$ 이상에서 움직이는 권역볼린저밴드 상한선 이상에서 움직이는 것에 존재하기 때문이다. 일반적인 볼린저밴드 확률밴드 상한선을 이탈한 후 반락할 확률 95.44%을 적용해서는 안 된다. 이때는 확률의 개념을 떠나 볼린저밴드의 특성을 고려하여 대응하는 것이 맞다. 이는 특별한 호재가 발생하거나 아니면 시세조작을 위해 강한 수급이 유입될 때 나타나며 주로 중·소형주에서 많이 출현하지만 대형주에서도 나타나는 경우가 많다. 이 때문에 투자자가 이를 모르고 투자한다면 수익극대화는 기대할 수 없다. 투자를 하는 입장에서는 누구나 이러한 패턴을 가진 주식을 보유하는 것을 원한다. 그 수익은 단기간에 상상을 초월할 정도로 클 것이다. 그러고 보니 급등패턴은 너무도 간단하고 단순하다. 왜냐하면 볼린저밴드가 갖는 심오한 내용과 필자의 해석법으로 인해 정형화가 가능했기 때문이다.

그렇다면 이러한 주식을 보유했을 경우 최적의 매도타이밍은 언제일까? 주식투자에서 매도타이밍을 포착하기가 가장 어렵다고 말하는 투자자들이 많다. 일봉의 모양 상 장대음봉하락장악형을 맞거나 꼬리가 긴 유성형별똥별형 등 일봉 캔들

■ 차트 29 | 급등패턴에서의 매매대응법

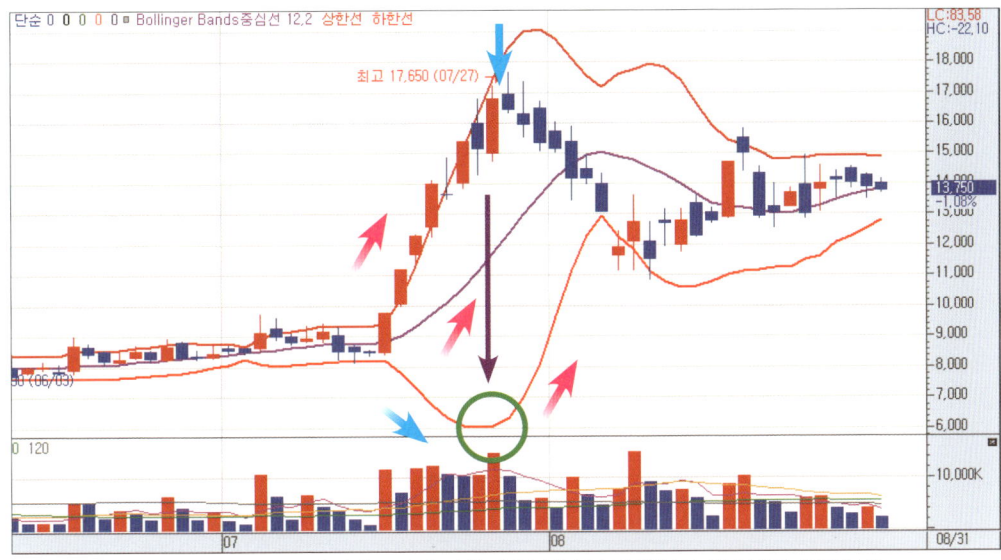

급등패턴에서의 매도신호는 볼린저밴드 수축전환의 첫 신호인 하한선의 상승반전 시점이다.

의 모양새를 보고 매도타이밍으로 삼는 투자자들이 대부분일 것이다. 여러 가지 방법들이 동원되겠지만 이미 고점을 지난 후 대응할 수 있는 것으로 후행성일 뿐이다. 급등한 주식이라면 고점을 찍고 내릴 때는 매도기회를 제공하지 않고 급락함으로써 사실 상 대응하기가 어렵다. 이러한 방식으로는 실전매매에 있어 실효성이 없다. 따라서 우리는 보다 더 실효성이 높은 대응법을 찾아야 한다. 필자는 실제로 매도기회를 놓쳐 좋은 수익을 관리하지 못하고 결국 원점으로 되돌아 가 버리는 투자자들을 수도 없이 많이 보아 왔다. 주가가 오를 때의 좋은 기분이 하루아침에 거품처럼 사라지게 되면 그만큼 낙담도 클 수밖에 없다.

　볼린저밴드를 이용한 매도법은 지극히 단순하다. 원래 좋은 지표일수록 복잡하지 않다. 볼린저밴드 상의 매도는 바로 수축으로의 전환을 갖는 첫 순간이 되는 것이다. 급등으로 밴드확장이 심화된 상황에서 밴드의 수축진입은 주가급등세가 꺾인다는 신호가 된다. 수축국면으로 진입한다는 것은 95.44%의 저항과 지지를 갖는 상한선과 하한선이 각각 하락과 상승을 하는 것이기 때문에 수축이 진행되는 동안에는 원래의 주가방향이 제약을 받을 수밖에 없다.

볼린저밴드 상 수축의 첫 신호는 바로 하한선의 상승반전 시점이다. 이 시점이 바로 급등으로 이어져 온 주가의 매도시점이기도 하다. 이것이 가장 먼저 수축을 알리면서 주가의 하락신호를 보내는 것이다. 특별한 호재가 없는 한 급등주의 대부분은 이를 비켜갈 수 없고 실증적 예를 봐서도 명확한 해법이라고 말할 수 있다. 매도 신호가 주어지지 않는 한 섣불리 매도해서는 안 되며 수익을 극대화시키는 것이 중요하다.

[차트 29]에서는 주가가 맨 위에 존재하고 그 아래로 상한선, 중심선, 하한선의 순으로 배열된 급등국면을 보여주고 있다. 그리고 주가, 상한선, 중심선의 기울기가 상승이고 하한선의 기울기는 하락하는 모습으로 전형적인 급등패턴의 요건을 갖춘 상황이다. 이 패턴은 그야말로 상한선과 하한선이 크게 확장되면서 주가의 급등을 동반하게 된다. 당연히 이러한 주식을 보유했을 경우 성급하게 매도해서는 안 되며 수익을 극대화한 후 매도타이밍을 포착하는 것이 중요하다. [차트 29]에서 볼 수 있듯이 그 매도타이밍은 역시 하한선의 상승반전 시점이 된다는 사실을 알 수 있다.

실제로 필자는 2009년 말과 2010년 초, 당시 테마주를 보유했던 투자자들에게 매도타이밍에 대한 문의를 많이 받았고 원전주와 3D관련주의 매도타이밍을 정확하게 알려준 적이 있다.

매도타이밍을 문의했던 투자자들은 급등패턴의 경우 볼린저밴드 상 매도타이밍이 정확하다는 사실을 알았던 투자자들이었다. 아마도 이들은 또 다른 급등패턴의 종목을 잡았을 경우 다시 매도타이밍에 대해 문의해 왔을 것이다. 하지만 스스로 공부하여 결정하는 것이 최선일 것이다.

이상을 통해 우리는 급등패턴에서의 매도타이밍은 볼린저밴드 상·하한선의 상승전환 시점이 된다는 사실을 알았다. 그리고 그 정확성도 매우 높다는 사실과 함께 사후적인 것이 아니라 선행, 또는 동행하거나 특별한 경우 일반적인 지표의 매도신호와 같은 시점에서 매도할 수 있음을 알았다. 그만큼 이 같은 볼린저밴드 해석법의 우월성을 충분히 인지할 수 있었을 것이다. 지금부터는 또 하나의 상승패턴인 완만한 상승 국면에서의 대응법에 대해 공부해 보기로 하자.

주가가 저점을 형성하고 볼린저밴드 상 수축국면을 완성한 후 상승흐름으로 전환하게 되는 순간은 역시 주가가 밴드상한선을 치고 오르는 순간이며 이때는

■ 차트 30 | 급등패턴의 매도타이밍

역시 급등패턴에서는 하한선의 상승 반전 시점이 매도시점이고 이후 급락세를 피할 수 있음을 알 수 있다.

중심선과 상한선은 상승의 기울기를 가지고 하한선은 하락의 기울기를 갖게 된다. 이 순간 주식을 매수해야 한다.

　방향을 위로 잡게 되면 이제는 앞서 설명한 급등패턴으로 가던지 아니면 완만한 상승패턴으로 진행되든지 둘 중 하나의 길로 가게 된다. 급등패턴은 매수세의 강도가 아주 강하게 영향력을 행사하면서 매도세를 장악하는 모습인 반면, 완만한 상승은 매매 쌍방 간에 공방을 벌이면서 점진적으로 상승하게 된다. 이 때문에 완만상승 국면은 앞서 설명한 급등패턴과는 주가의 움직임도 다를 뿐만 아니라 볼린저밴드 상으로도 스타일이 다르게 나타난다.

　급등패턴은 단순하지만 완만한 상승은 불규칙적인 움직임을 보이는 경향이 크다. 그만큼 해석하기도 까다롭다. 대부분의 주가는 상승 시 완만한 상승패턴을 보이고 급등패턴은 행운이 따르는 경우이다. 하지만 분봉의 경우 수시로 맞이하는 것이 급등패턴이기도 하다.

　완만상승은 상승의 흐름이 단절되었다가 연결되었다가를 반복하기 때문에 매매전략에 있어서도 차이가 나타날 수 있다. 중·장기로 멀리 투자할 경우도 있을 수 있고 단기로 끊어서 적절한 매매를 병행하여 수익을 높여나가는 전략을 고려할 수도 있다. 주로 외국인이나 기관과 같은 우량주 선호의 중·장기 투자자들은 중·장기 투자로 대응할 것이고 일반투자자들은 자금의 한계 때문에 효율성을 높이기 위해 단기투자를 선호하는 경향이 강하다. 물론 일반투자자의 단기투자가 효율성이 높다는 사실에 대해 공감할 수 없지만 대체로 일반투자자들은 단기적 투자성향을 지니는 경우가 많은 것은 사실이다. 물론 일반투자자들이라고 해서 모두가 다 단기투자에만 집착하는 것은 아니며 다수가 그렇다는 이야기다.

　필자의 생각으로는 주도주가 뚜렷한 시기에는 중·장기 투자로 승부하는 것이 효율적이고 그렇지 못한 국면에서는 단기투자를 통해 더 좋은 주식으로 교체하면서 접근해 나가는 것도 무리는 없다고 본다. 그렇다면 볼린저밴드 상으로는 완만한 상승패턴을 어떻게 정의할까?

> **○ 완만상승 패턴의 정의**
>
> **완만상승 패턴 = 상한선 > 주가 > 중심선 > 하한선**
>
> (단, 상한선, 주가, 중심선 기울기>0, 초기 하한선 기울기<0, 초기 이후 하한선 기울기>0)

완만상승 패턴은 바닥에서 수축국면을 완성한 후 초기에 밴드상한선을 치고 나가면서 중심선과 상한선의 기울기는 상승으로 전환하고, 하한선은 아래로 꺾이면서 밴드확장을 보이게 된다. 이때까지는 급등패턴과 거의 유사한 흐름을 보이게 되는 것이 일반적이다. 하지만 이때 주가의 움직임은 급등패턴처럼 수직으로 상승하는 것이 아니고 상승과 반락을 동반하면서 점진적으로 상승기조를 이

■ 차트 31 │ 완만상승 패턴 초기국면에서 각종 보조지표들의 오류

완만상승의 초기국면에서 RSI 스토캐스틱들은 잘못된 매도 신호를 보낸다.

어나가게 된다. 이러한 주가의 등락을 통한 상승흐름은 판단이 어렵고 도무지 종잡을 수 없는 상황에서 잘못된 대응을 하게 되는 경우가 많다. 실제로 대부분의 보조지표들은 상승의 초기단계에서 매도신호를 보냄으로써 좋은 주식을 초기에 매도하는 오류를 범하는 경우가 많다.

[차트 31]에서 보면 상승의 초기단계에서 스토캐스틱과 RSI 등 보조지표들이 과열권 매도신호를 보냄으로써 이후 큰 상승흐름을 수익으로 연결하지 못하는 오류를 보여준다. 이러한 것을 기술적 분석의 한계로 봐야 할 것이지만 실전에서의 이 같은 오류를 잘 판단해내는 것이 중요하다. 그렇다면 볼린저밴드 상에서는 어떻게 해석할까?

볼린저밴드 상 완만한 상승은 상승의 초기에 밴드하한선의 상승전환이 이루어지더라도 앞서 말한 정의에 부합하지 않으면 섣불리 매도해서는 안된다.

앞서 급등패턴에서는 하한선이 위로 치켜들면 매도해야 하는 것으로 배웠지만 그 경우는 '주가＞상한선'의 관계에 있을 때의 대응이고, 완만상승 패턴의 초기국면은 '주가＜상한선'의 관계이기 때문에 하한선이 위로 반전하더라도 매도하는 것이 아니라는 것이다. 그러니까 급등패턴은 주가가 상한선 위에서 연속적으로 유지되어야 하고 완만상승 패턴은 상한선을 돌파하되 그 아래위로 불규칙적인 움직임을 보여 왔을 때는 하한선이 위로 반전하더라도 매도하는 것이 아니라는 의미이다. 물론 모든 것은 종가 기준이다. 좀더 정확성을 기하기 위해 우리가 고려해야 할 것은 이격도이다. 이격이 크게 위로 확대되지 않아야 한다. 이격이 너무 확장되면 이는 급등패턴으로 분류되는 것이기 때문이다. 때로는 주가가 상한선 위로 진입하는 경우도 있는 데 이격이 크게 확대되지 않는다면 매도하지 않는 것이 바람직하다.

초기의 이러한 고비만 넘기면 이후 볼린저밴드 상의 모습은 상한선, 주가, 중심선으로 정배열 상태를 보이고 그 기울기도 상승의 기울기를 갖는 것은 당연하고 하한선마저 상승의 기울기를 갖게 된다. 전형적인 완만상승 패턴인 셈이다. 그러니까 완만상승의 전형적인 모습은 주가와 상한선, 중심선, 하한선 모두 상승 기울기를 갖는 국면이다.

[차트 32]에서 보면 초기 하한선 상승반전 이후 중심선 위에서 조정과 상승을 반복하거나 때로는 상한선을 일시 넘어서기도 하는 등 안정된 상승국면을 보인다. 주가가 진행되는 동안 매수세도 꾸준히 호가를 높여가면서 유입되지만 때로는 매도세의 매물로 인해 반락이 유발되기도 한다. 하지만 기본적으로 중심선은 주가의 방향을 의미함과 동시에 매매 쌍방 간의 힘의 세기를 나타내는 것이기 때문에 이것이 상승 기조를 지속하는 한 일시적 등락에 연연할 필요는 없다.

■ **차트 32** | 볼린저밴드 상 완만상승의 형식

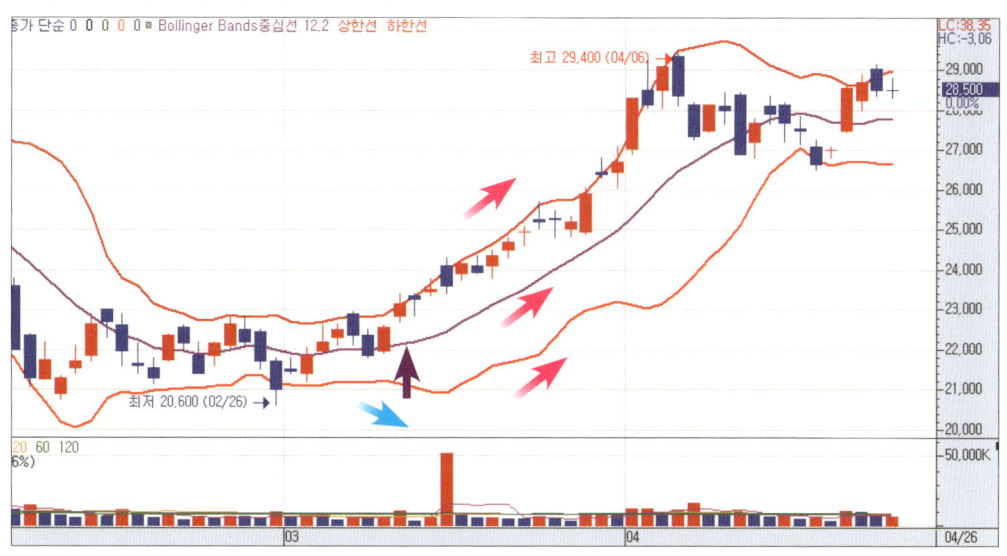

완만상승 패턴은 하한선의 초기하락 후 상승전환하면서 주가와 각 괘선 모두 상승기울기를 갖는다.

이제 우리는 완만상승 패턴의 정의를 내렸으므로 어떻게 대응할 것인지를 공부해 보기로 하자. 먼저 완만상승 패턴의 경우 중·장기 관점에서의 매도타이밍을 포착하는 법에 대해 살펴보자. 중·장기로 대응한다는 것은 지수의 상승은 물론 시장의 여건이 상승모드로 진입했을 때이고 주도주가 부각되었을 때 가능한 전략이다. 주도주는 장기간에 걸쳐 크게 상승하는 종목군이고 이러한 종목군을 보유했다면 쉽게 매도할 상황이 아니다.

과거 IMF 사태 이후 삼성전자는 수년간에 걸쳐 하이테크산업의 급성장과 더불어 20배에 이르는 상승세를 보였고, 2005년 이후 중국경제 특수로 현대중공업 주가 역시 불과 1~2년간에 걸쳐 5배가 오른 사실을 주목한다면 주도주로 부각된 주식을 단기에 매도하는 일은 해서는 안된다. 그렇다면 어디에서 매도로 대응해야 할까?

일봉 상으로는 역시 중심선의 기울기가 하락으로 꺾이는 지점이 매도시점이다. 또한 주봉 상 같은 조건중심선 12주하에서 5주선을 무너뜨릴 때가 매도시점이 되거나 좀더 장기적으로는 월봉 상 5개월 선을 붕괴시킬 때다. 아무리 중·장기로 투자한다고 하더라도 조정기간이 1개월, 또는 수개월이 소요되고 주가 역시 하락한다면 중간에 끊었다가 가는 것이 바람직하다. 그래서 여기서는 일반투자자들을 기준으로 매매를 판단해야 한다는 입장에서 일봉을 기준으로 설명하고자 한다.

중심선은 매매 쌍방 간의 중요한 기준선이며 그 기울기는 주가의 방향이다. 이것이 상승기조라는 의미는 매수세의 힘이 매도세를 압도한다는 것이고, 이의 하락기조는 곧 매도세가 매수세를 압도한다는 뜻이다. 그러니 이것이 상승할 때는 그대로 유지하고 하락으로 꺾이는 순간은 매도세의 힘이 매수세를 압도하면서 지금까지의 방향상승을 꺾는다는 뜻이기 때문에 매도로 대응하는 것이 맞다. 또한 주봉 상으로는 상승할 때는 5주선을 타고 오르는 경향이 강한데 이를 무너뜨린다는 것은 곧 주가가 하락으로 꺾인다는 의미이다.

그러니까 완만상승 패턴에서는 단기적 흐름에 연연하여 볼린저밴드 상한선 아래위의 흐름에 의해 매매하기 보다는 큰 흐름을 보고 나가야 하는 것이며 중심선의 기울기가 꺾이기 전까지는 지속적으로 보유해 나가는 전략이 바람직하다. 대세상승으로 큰 수익을 올리는 것도 이러한 경우에 해당하는 것이며 주도주가 부각 될 때는 멀리 보고 수익을 극대화하는 것이 최선이다.

필자 역시 주도주를 바닥에 사서 멀리 보고 나가야 한다는데 절대 동의한다. 이러한 흐름을 탈줄 모르는 단타투자자는 이익과 손실의 틈새에서 시간만 낭비할 뿐 계좌의 실질적인 증가가 없음으로 인해 정신적으로 황폐해질 것이다. 투자는 오락실의 게임이 아니다. 자본주의 사회에서 살아가는 우리는 인생의 성과물의 일부인 자신의 자산을 어떻게 잘 관리하고 증액시켜야 하는지를 보다 냉정하게 생각해야 한다.

■ 차트 33 | 완만상승 패턴의 중·장기 매도타이밍 포착법

완만상승기 종목을 중·장기 매매할 경우 일봉상 중심선이 하락반전할 때가 매도타이밍이다.

■ 차트 34 | 완만상승의 주도주로 중심선 하락반전 시 매도신호

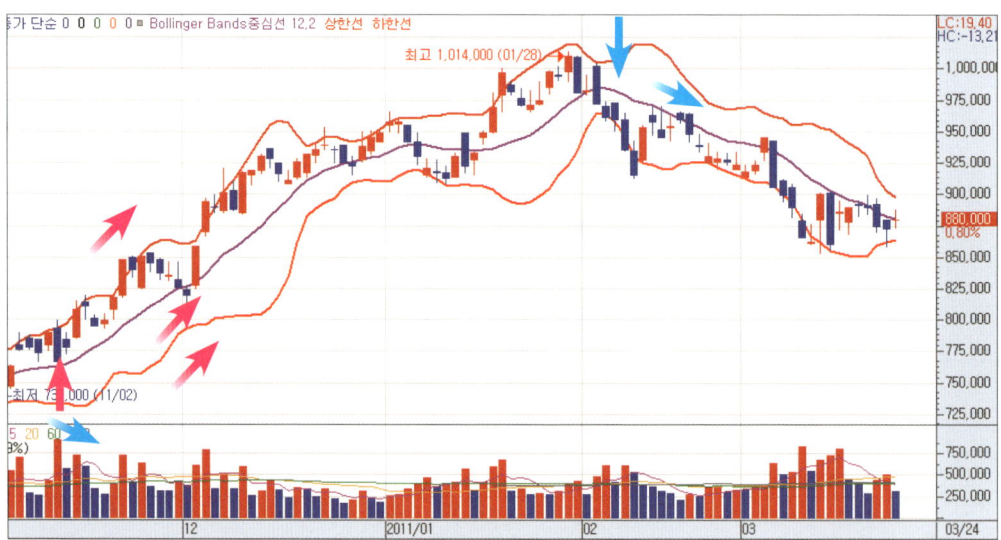

주도주 등 완만상승 패턴의 종목은 일봉 상 중심선이 꺾일 때가 매도타이밍이다.

■ 차트 35 | 주봉 주도주 매도타이밍은 5주선 붕괴시점

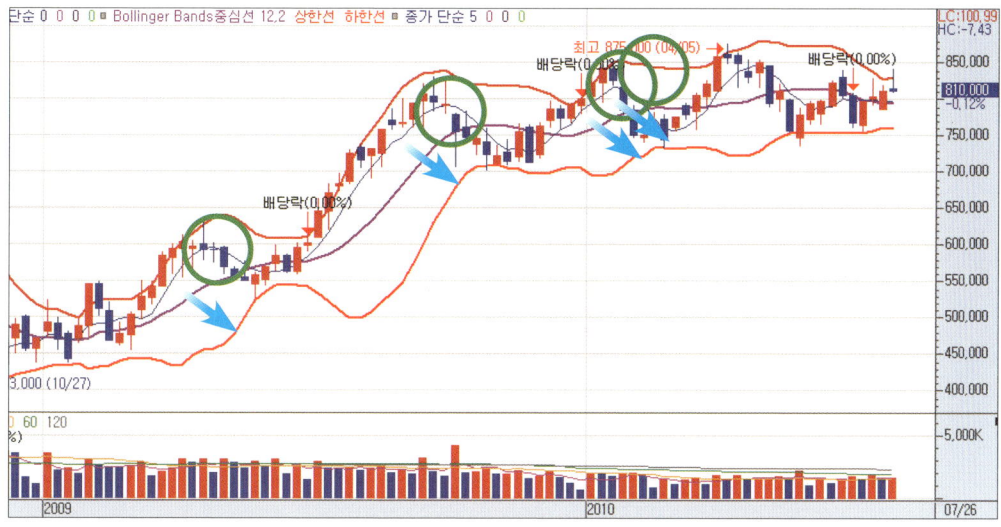

중·장기 관점에서의 상승종목의 주봉 상 매도타이밍은 5주선을 붕괴시키는 시점이다.

[차트 33]은 주도주로 부각된 주식을 중·장기 관점에서 매도 포인트를 잡고자 할 때 상승하는 중심선의 기울기가 하락방향으로 꺾일 때가 적절함을 보여주고 있다. 중심선의 기울기가 상승세를 보이고 있다는 것은 매수세의 파워가 강하다는 뜻이며, 이것이 꺾인다는 것은 곧 매도세가 매수세의 파워보다 강함을 의미하기 때문에 매도타이밍으로 본다. 차트에서는 중심선의 기울기가 꺾인 이후 주가가 급락함으로써 그 유효성을 보여준다.

[차트 34]는 중심선의 굴절은 있지만 상승은 지속되고 결국 중심선의 기울기가 꺾였을 때 하락전환함을 보여주고 있다.

[차트 35]에서 일봉 상 완만상승 패턴은 주봉 상 5주선을 지지로 강세흐름을 이어나가는데 종가 상 좀처럼 이를 붕괴시키지 않는 특징이 있다. 이를 붕괴시킨다는 것은 곧 상승흐름에 균열이 생겼다는 의미이며 상승에 대한 부담을 느끼는

매수세가 매수의욕을 상실하는 시점이며 매도세가 매수세를 압도하는 시점이다. 따라서 5주선을 붕괴시키는 시점이 매도타이밍이다.

그렇지만 이러한 매도법은 사실 고점을 실현 한 후 상당기간이 진행된 후 매도해야 하는 것으로 후행적인 매도법이다. 그렇지만 상승의 출발점에서 매수하여 중·장기로 보유한 상황에서 이 같은 매도법을 고려했을 때 수익률이 높다는 데 만족해야 할 것이다.

통상 그랜빌의 5일과 20일선의 데드크로스 상황에서 매도한다는 의미 수준의 대응법으로 보아야 한다. 완만하게 오르던 주가가 상승의 마무리 시점에 이르게 되면 통상 급등패턴으로 이어지는 경우가 많은데 이때는 하한선이 상승 반전할 때 매도해 주면 효율성은 더욱 극대화 될 수 있다.

다음으로 완만상승 패턴의 단기적인 대응법에 대해 살펴보자.

단기적 관점에의 대응이란 단기적 조정의 마무리 시점에서 매수하고 상승 후 하나의 마디에서 매도한다는 의미이다. 다시 매도 후 다음 단계에서 매수기회를 노리거나 아니면 다른 종목에서 수익기회를 찾게 됨으로써 정확성만 있다면 정말로 효율적인 투자를 할 수 있을 것이다. 하지만 수많은 변수가 돌출되는 상황에서 이 같은 정확성이란 애초부터 희박한 것이며 오히려 그 역효과가 더 클 수도 있음을 잊어서는 안 된다. 매도기회를 놓침으로써 손절매를 고려해야 하고 매수해서 뜻대로 오르지 않으면 기회비용을 지불해야 하는 비효율적인 투자가 될 수 있다.

대다수의 일반투자자들은 타의반 자의반 단기투자를 하고 있고 이 때문에 막대한 손실금을 시장에 지불하고 있는 것이 현실이다. 어떤 투자자들은 고점에서 사고 저점에서 손절 매도하는 현상이 빈번해 자칭 '인간지표'라는 표현까지 쓰고 있는 실정이다.

기관이나 외국인 등 소위 전문투자자들이 왜 우량주로 장기투자를 하고 있고 수많은 애널리스트들이 좋은 주식으로 중·장기투자를 권유하는지 통계를 통해 충분히 알 수 있을 것이다. 대다수의 일반투자자들도 이를 너무도 잘 알면서도 마인드 컨트롤이 제대로 되지 않다 보니 잘못된 관행을 이어나가고 있는 것이 현실이다. 심지어는 상승장에서도 역 사이클에 걸려 오히려 손실을 보는 예도 많은 것으로 알고 있다.

여기서는 상승기조 하에서도 투자자들의 단기적 투자성향을 인식하고 우선 완만상승 시 단기적 매매대응법에 대해 공부해 보기로 하자.

역시 이 경우 매매전략은 볼린저밴드 상의 확률에 근거한다. 밴드상한선을 돌파할 확률은 4.56%이고 돌파하면 다시 밴드상한선 아래로 단기조정을 받을 확률은 95.44%다. 사실 상승세를 보일 경우 상한선이 상승기울기를 가지기 때문에 그 방향대로 나가는 것이 원칙이다. 중기적으로 매수포지션을 지속적으로 유지해 나가면 될 것이지만 단기투자를 하는 투자자들의 입장에서는 좀더 발 빠르게 대응하기를 바라는 입장이다. 완만상승세를 유지하다 보니 답답할 수밖에 없고 상승기조에서도 단기투자를 행하는 투자자들이 많을 수밖에 없다는 점은 한편으로 이해가 되는 부분이기도 하다.

완만상승세를 보이는 국면은 상승과 하락이 교차하면서 점진적인 상승세를 보이는 경우이다. 이 때문에 주가가 오를 때는 가끔 상한선을 돌파하기도 하고 조정을 보일 때는 중심선 부근으로 반락하기도 한다. 상승기조이기 때문에 중심선은 좀처럼 꺾이지는 않는다.

이러한 특징을 고려하여 단기적인 대응법을 살펴보자.

매수는 상승하는 중심선으로 접근할 때 매수를 하되 분할매수로 평균단가를 낮추어 주고 반등이 일어날 때 완료하지 못한 수량을 추가 매수하는 것이 바람직하다. 매도는 상한선을 돌파할 확률이 4.56%에 불과하고 돌파 후 반락할 확률이 95.44%에 이르기 때문에 상한선 돌파시점이 된다.

완만상승 국면이라 중심선의 기울기가 상승하면서 주가는 통상 중심선 위에서 등락을 거듭하면서 오른다. 이 때문에 상승국면에서는 중심선이 곧 지지선이 되는 셈이다. 중심선은 이동평균선이고 이동평균선은 지지와 저항역할을 하기도 하고 중심 추세역할도 한다. 이 같은 중심선의 역할 중 지지역할을 고려하여 매수하는 것이다. 중심선의 기울기가 꺾이지 않는 한 지지역할을 하게 되는 것이고 이에 따라 중심선 부근에서 매수타이밍으로 인식하는 것은 당연하다. 물론 분할매수로 접근하는 것이 바람직하다. 다만 중심선의 기울기가 느슨해질 경우 이때는 매수를 자제하는 것이 바람직하다는 점도 염두에 두어야 한다. 지지역할이 약화되면서 중심선을 무너뜨릴 수 있고 실제 볼린저밴드 하한선에 가서야 지

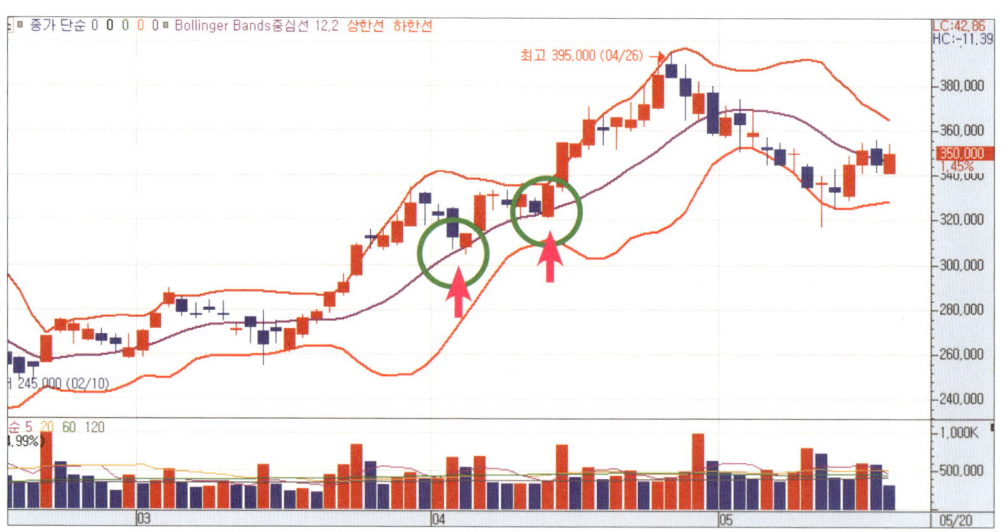

■ 차트 36 | 완만상승 속 중심선 매수의 유효성

완만상승 패턴에서는 기울기가 강한 중심선이 지지역할을 하고 이 선 부근에서 분할매수로 대응하는 것이 효과적이다.

지가 이루어질 수 있다.

　다시 말해 중심선의 기울기가 상승기조를 보다 분명하게 유지할 때 중심선 부근에서 매수기회를 노리는 것이 바람직하다.

　[차트 36]은 완만상승 국면에서 상승하는 중심선 부근이 지지선 역할을 함으로써 매수권이 된다는 점을 보여주고 있다. 중심선의 기울기가 꺾이거나 현저히 느슨해지지 않는 한 매수는 유효하다. 이 경우 조정을 보일 때를 이용해 매수하는 전략이기 때문에 확실한 상승국면임이 확인되어야 하고 이러한 조건이 확인되면 이에 대한 신뢰감을 가지고 매수로 대응하는 것이 바람직하다. 이때는 30분이나 60분봉을 통해 조정파동나중에 공부하기로 함을 완성한 시점이면 매수의 신뢰감은 더욱 커진다.

■ 차트 37 | 완만상승 국면에서의 단기 대응전략

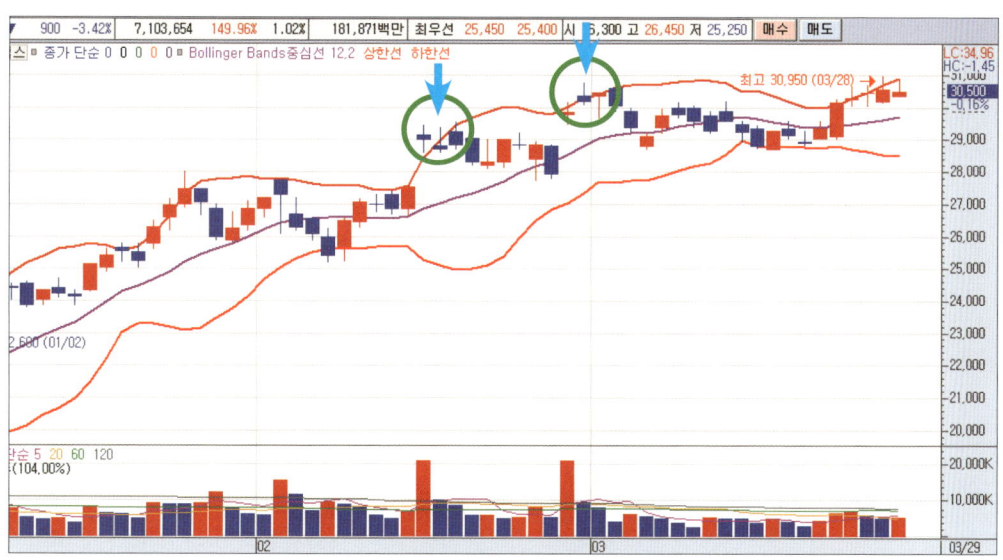

완만상승 패턴에서 단기매도 시점은 상한선을 상향 돌파할 때이며 분할매도로 대응한다.

■ 차트 38, 39 | 앞의 차트 일봉 매도타이밍의 정확성을 높이기 위한 분봉 매매전략

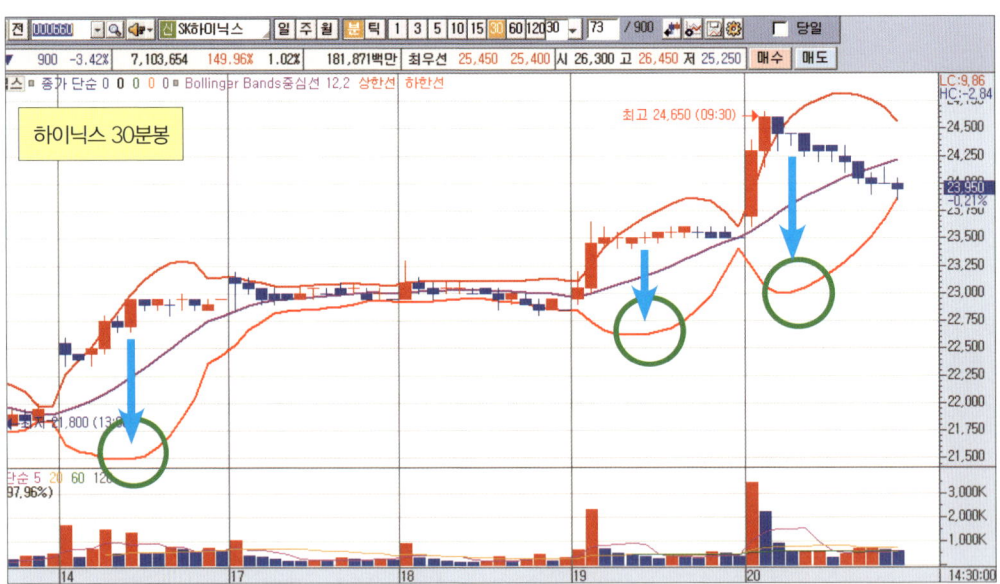

일봉 상 밴드상한선 돌파시점에서 분봉 60분과 30분상 급등패턴에서의 하한선 반전시점은 매도타이밍이며 보다 정교한 매도시점이다.

매도의 경우는 역시 상한선을 상향 돌파하는 순간이 매도시점이 된다. 물론 상한선을 돌파하는 순간 분할매도가 바람직하다. 매도에 보다 정확성을 기하려면 분봉을 활용하는 것이 바람직할 것이다. 그러니까 일봉 상 볼린저밴드 상한선을 상향 돌파하는 즉시 5분봉, 30분봉, 그리고 60분봉으로 옮겨서 이 중 앞서 배운 급등패턴을 보이는 경우를 즉각 확인하고 급등패턴 시의 매도타이밍인 하한선 상승반전시점을 매도타이밍으로 포착하면 된다.

[차트 37]은 완만상승 패턴에서 밴드상한선을 돌파할 때 분할매도의 유효성을 보여주고 있다. 상한선을 돌파하자마자 주가가 반락하면서 볼린저밴드 상 확률적 매도가 효과적임을 알 수 있다. 하지만 좀더 정교함을 기하려면 분봉을 활용하는 것이 바람직하다.

앞에서 제시한 일봉 상 매도타이밍에서 분봉을 적용하는 방법은 5분봉, 30분봉, 그리고 60분봉 중 급등패턴^{주가＞상한선＞중심선＞하한선}의 배열상태이며 하한선은 하락 기울기을 보이는 경우를 선택하여 적용해야 하며 모두가 급등패턴일 경우 60분봉을 우선 적용해야 한다.

[차트 38, 39]는 일봉 상 매도타이밍을 보완하여 분봉을 통해 보다 정교한 매도타이밍을 포착할 수 있음을 보여준다. 중요한 것은 일봉 상 밴드상한선을 돌파할 때 분봉 상 급등패턴을 보이는 것이 무엇인지를 빠르게 판단하여 하한선이 상승으로 전환할 때 매도전략을 단행하는 것이다. 물론 모든 분봉이 급등패턴을 보이게 되면 60분봉을 우선 고려하여 적용해야 한다.

일봉 상 매도권에 진입하는 사실을 확인하고 보다 정확도를 높이기 위해서는 분봉을 통해 효과적인 매도타이밍을 포착하는 것이 바람직하다. 볼린저밴드 상 공부한 내용을 바탕으로 분봉에도 그대로 적용해서 매도타이밍을 포착하면 된다. 분봉이라고 해서 분석기법이 다르고 주봉이나 월봉이라고 해서 다르지 않다. 만약 그것이 다르다면 이는 지표로써의 의미가 없다. 사실 이러한 점이 볼린저밴드의 매력 중 하나다.

그런데 상승기조에서의 단기매매를 고려하는 것인 만큼 매도 후 더 오르는 경우가 많을 수 있다는 사실을 알아야 한다. 정석적인 투자에서는 상승기조이면 중·장기 흐름을 따라 초기 매수포지션을 지속적으로 유지하는 것이 최선이다. 필자 역시 상승기조에서는 단타 보다는 볼린저밴드 중심선을 따라가는 중·장기 투자를 권유한다. 그리고 매도 후 더 오를 수도 있음을 인지하되 매도한 부분에 대해서는 후회 없이 새로운 종목으로 교체하여 더 좋은 성과를 올릴 수 있으면 된다.

따라서 지속적으로 보유하여 투자수익률을 높이는 것이 더 나은지, 아니면 단기투자를 통해 종목을 자주 교체하여 수익률을 높이는 것이 더 나은지를 고려하여 중·장기 투자를 할 것인지, 아니면 단기투자를 할 것인지를 판단하는 것이 바람직하다. 필자의 소견으로는 투자하는 대상이 주도주일 경우 중·장기로 투자하고 비주도주일 경우 단기투자를 고려하는 것이 바람직하다고 본다.

지금까지는 볼린저밴드 확장기 중 주가가 상승기조 하의 두 가지 패턴인 '급등과 완만상승 패턴에서의 매매대응 기법중·장기와 단타 매매법'에 대해 살펴보았다. 상승기조의 경우 파생투자를 하지 않는 한 큰 불안은 없을 것이다. 상승국면에서 소외되지 않도록 관리만 잘 해주면 된다. 하지만 하락패턴에서는 매도할 자리에서 매도하지 못하고 매수할 타이밍을 제대로 포착하지 못할 경우 손해를 볼 수 있다는 점에서 매매에 있어 신중을 기해야 한다.

이제 하락국면에서의 매매대응법을 살펴보자.

볼린저밴드가 변화를 보일 시점에서는 밴드수축 국면을 보였다가 방향을 잡게 되는데 상승 아니면 하락 중 어느 한쪽으로 이어지면서 볼린저밴드 상 확장이 이루어지게 된다. 앞서 상승의 경우를 살펴보았으므로 이제 하락국면으로 방향을 잡았을 때의 경우를 보자. 하락국면은 급락패턴과 완만하락 패턴 두 가지가 있다.

먼저, 급락국면에서의 대응기법을 알아보자.

매수와 매도 간 소극적인 매매대응으로 소강국면, 즉 밴드 수축 국면이 이루어지고 나면 주가는 조만간 방향을 결정하는 밴드 확장 국면이 도래할 것임을 예고한다. 밴드수축 국면에서는 거래가 현저히 줄어들게 되는데 이는 매수와 매도세의 절제된 대응에 의한 것이다. 하지만 이 순간 한쪽에서 조금이라도 강도를 높이게 되면 그 방향대로 일제히 쏠림현상을 보이게 되고 이로 인해 밴드의 급변이 이루어지게 된다. '보합은 무너지는 쪽으로 붙어라'는 전략적 격언이 있듯이 매매 쌍방 간 힘의 세기로 인해 승패가 갈라지는 것이다. 이 때문에 이기는 쪽의 방향대로 주가는 움직이게 마련이다. 하락으로 이어진다는 것은 매도세에 힘의 우위가 확정된 것이기 때문에 하방으로 주가의 방향이 진행된다.

하락국면은 역시 두 가지 진행패턴이 존재한다. 하나는 급락패턴으로 이어지는 것이고 다른 하나는 완만하락으로 이어지는 패턴이다.

이 중 먼저 급락패턴에 대해 살펴보자.

일단 밴드수축에서 하락으로 전환하는 순간에서는 볼린저밴드 하한선을 붕괴시킬 확률이 4.56% 밖에 안 되기 때문에 반등을 기대할 수도 있다. 하지만 이는 방향을 갖는 첫날이기 때문에 반등을 기다리기 보다는 보유한 주식을 처분하는데 초점을 맞추어야 한다. 이후 밴드확장이 심화되면서 정해진 방향대로 주가하락이 동반될 경우 단기에 큰 손실을 입을 수 있기 때문이다.

■ 차트 40 | 밴드수축에서 악재출현 이전에 중심선이 미리 꺾인 경우

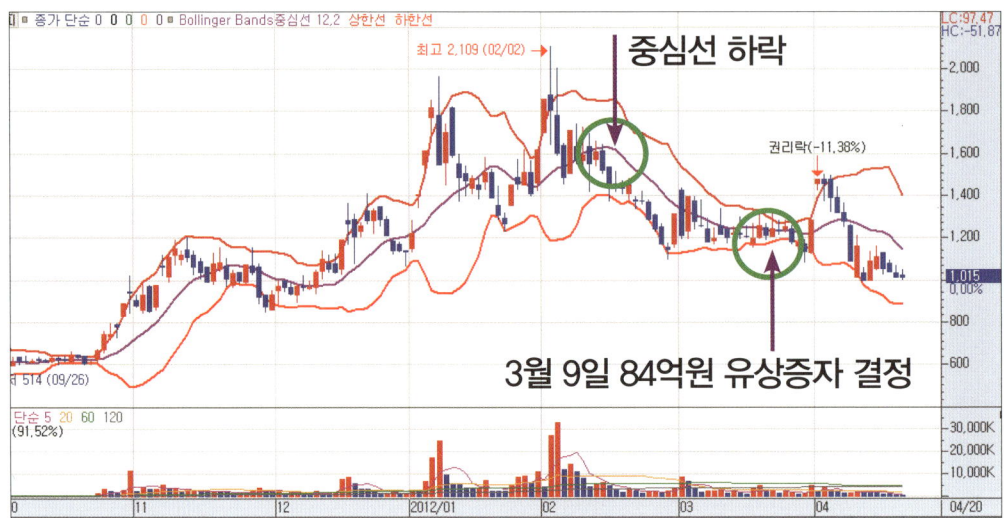

악재출현 이전에 이를 반영하여 중심선이 미리 꺾이는 매도신호를 보내는 경향이 있다.

급락패턴은 해당기업의 존립을 위협할 정도의 악재나 기업의 가치를 크게 훼손하는 불안요인이 출현했을 때 일어나는 경우가 많다. 이때는 당연히 매매의 균형을 단기에 크게 깨는 경우이며 악재의 노출에 의해 매도세가 집중되는 경향을 갖게 된다. 이럴 때는 한 순간을 놓치게 되면 매도할 기회마저 주어지지 않을 수도 있는데 볼린저밴드는 아주 특별한 경우가 아니면 사전에 그 징후가 나타나게 되는 경우가 많다.

이후 중심선에 대해 공부를 하겠지만 묘하게도 13일 전의 주가 보다 현재의 주가가 점차 낮아지면서 마치 악재의 출현을 예고라도 하듯이 중심선의 기울기가 아래로 꺾이는 사전적인 움직임이 나타난다. 이는 아마 이러한 악재를 먼저 접한 일부 투자자들의 행동이 은연 중 반영되는 것으로 해석할 수도 있다.

중심선의 기울기가 꺾인다는 것은 바로 매매 쌍방 간의 균형이 아래로 깨질 조

■ 차트 41, 42 | 볼린저밴드 악재의 사전 인지와 전략 변화

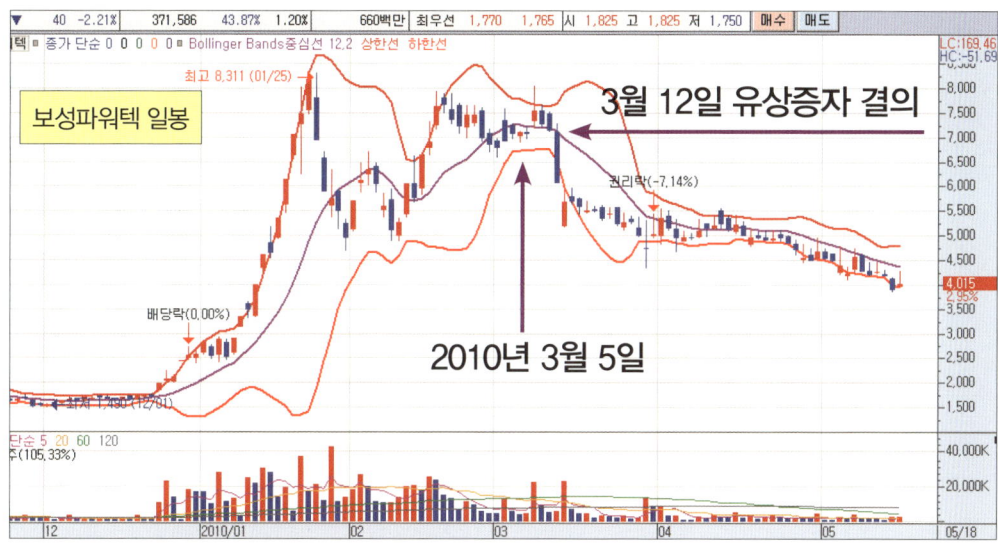

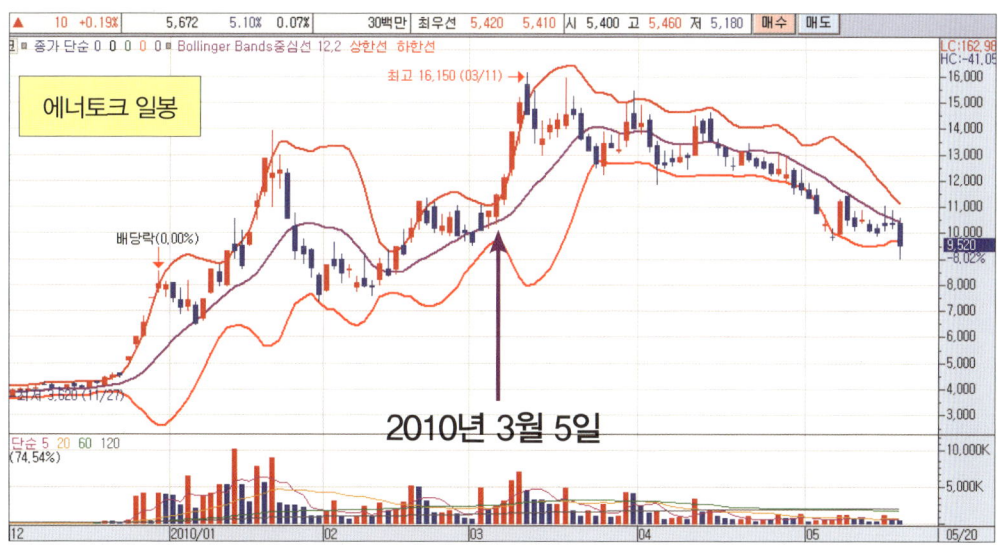

이전 대장주였던 보성파워텍이 3월 5일을 분기점으로 동일한 테마의 한 종목인 에너토크 쪽으로 주도권을 빼앗긴 모습. 숨겨진 악재에 대한 의심으로 보성파워텍 중심선 하락 반전에 의한 매도 후 에너토크로 교체매매가 가능했다.

짐을 보인다는 의미이기 때문에 이를 보고 미리 매도할 수 있다.

[차트 40]에서 보면 악재의 출현이전에 이의 내부유출이나 악재를 탈피하기 위한 일부 매도세의 움직임을 미리 반영하여 중심선이 꺾이면서 매도신호를 보내고 있다. 이후 악재출현과 함께 급락하면서 쇼크를 받는 모습이다.

이 때문에 밴드수축이 심화되는 상황에서 중심선이 사전에 꺾이는 모습이 나타나면 매도전략을 고려해야 한다. 그런가 하면 내재가치 훼손의 유상증자 재료로 급락하는 경우도 있다. 이 경우도 사전에 조짐을 보이는 예가 많고 그 때문에 미리 경계해야 할 때도 있다.

[차트 41]과 [차트 42]에서 보면 이전에 원전관련 테마주에서 보성파워텍의 탄력이 같은 원전관련 테마주인 에너토크 보다 훨씬 강한 탄력을 보이면서 대장주로 군림했지만, 2010년 3월 초를 고비로 에너토크가 더욱 탄력적이고 볼린저밴드 수축권을 먼저 탈출하면서 주도권이 에너토크로 넘어갔음을 알 수 있다.

이는 하나의 테마군에서 대장주가 좀처럼 바뀌지 않는다는 사실에 바탕을 둔다면 이례적인 일이다. 따라서 보성파워텍의 내부에 문제가 있음을 사전에 유추해 낼 수 있다. 특히 과거 줄기세포, 그 이전에 2000년 초 인터넷 사업 붐 등 당시 사업진출을 위해 대규모 증자가 성행했음을 고려하면 보성파워텍의 원전사업 확대를 위한 자금조달 우려를 유추해 낼 수 있다.

이는 곧 사전에 중심선의 하락전환을 통한 매도신호를 보여주고 이후 유상증자로 급락하는 패턴을 보였음을 알 수 있다.

또 한 가지 유의해야 할 것은 조정파동 중 A파 하락^{고점 이후 첫 번째 하락파동}의 마무리 시점에서 밴드수축과 함께 B파 반등이 이루어지면서 차익을 기대할 수도 있지만 밴드수축이 심화되면 이후 C파 하락의 급락이 이루어질 수 있다는 점이

■ 차트 43 | A파 하락 후 밴드수축 시 대응법

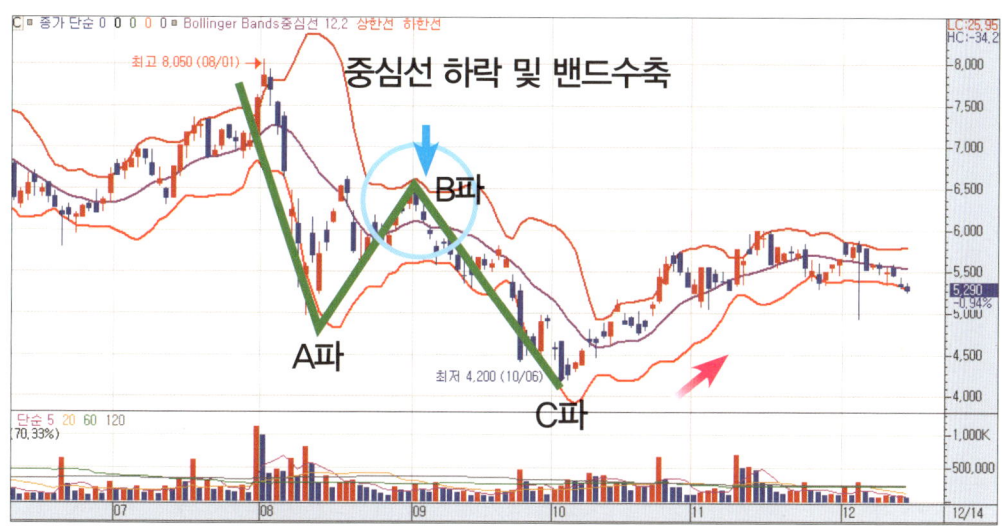

고점 이후 첫 하락 A파 하락한 상황에서 밴드수축 시 미리 매도하거나 중심선 하락반전 시점에서 C파 하락을 방어하기 위해 매도를 고려해야 함을 보여준다.

다. 이때는 밴드수축이 심화되는 것만으로도 적당한 선에서 미리 매도하거나 아니면 중심선이 꺾일 때 즉각 매도해야 한다. 이는 파동에 관한 내용으로 이후 보다 자세히 살펴보기로 하자.

[차트 43]에서 보면 파동 상 고점이후 첫 번째 하락파인 A파 하락 후 밴드수축을 보여주고 있는데 이것이 B파 반등이다. 이러한 경우는 예외적인 경우로 B파 반등 폭이 크지도 않고 그 기간도 길지 않다.

이후 주가는 마지막 하락파동인 C파 하락의 약세를 보이게 되는데 이를 피하기 위해서는 밴드수축기에 미리 매도하거나 아니면 중심선이 꺾일 때는 매도를 완결해야 한다. 파동에 대해 좀더 잘 이해하고 있다면 B파 반등에 대해 기대수준을 낮추어야 함을 알 수 있을 것이다.

파동을 알면 무리해서는 안 될 시점을 알 수 있고 진입할 시점도 대략적으로 알 수 있다. 파동은 볼린저밴드와 상호 보완적인 지표로 꼭 필요하다. 파동은 정교할 수는 없지만 볼린저밴드와 결합하여 보다 정확성을 기할 수 있다. 이제 급락패턴에 대한 정의부터 내려 보자.

> **○ 급락패턴의 정의**
>
> **급락패턴 = 주가 < 하한선 < 중심선 < 상한선**
>
> (단, 주가, 하한선, 중심선의 기울기<0, 상한선의 기울기>0)

급락패턴은 어떤 악재에 의해 주가가 급락하는 경우이고 이때의 주가와 볼린저밴드 상 배열상태는 맨 아래에 주가가 위치하고 그 위에 하한선, 중심선, 그리고 상한선 순으로 이루어진다. 이때 주가와 괘선의 기울기는 매우 중요한데 주가, 하한선, 중심선의 기울기는 하락이고 상한선의 기울기는 상승하는 것이다. 급등패턴과는 정반대의 모습이다.

밴드가 수축상태에 있을 때는 주가가 중심선^{평균}으로부터 밀집된 분포상태^{정적인 상태를 보이는} 국면이고, 급락패턴은 중심선으로부터 분산이 확대^{하방으로 다이나믹하게 움직이는 상황}되는 국면이다. '확장이 아래로 심화 된다'는 것은 그만큼 위험이 따른다는 의미이다.

이때 하락의 과정에서 섣불리 매수해서는 안 된다. 저점에 진입했을 때 비로소 매수가능하다. 이러한 경우는 볼린저밴드의 특성을 활용하는 것이 중요하다. 그러니까 밴드가 확장에서 수축으로 진입하는 초입단계에서 공략하는 시점이 매수타이밍인 셈이다.

볼린저밴드는 수축과 확장을 반복하는 특성을 지니는 것이고 확장이 있었으면 수축으로 변화하는 것인 만큼 그 수축의 첫 신호가 바로 매수타이밍이 된다.

■ 차트 44 | 급락 시 매수타이밍

급락패턴에서의 매수타이밍은 수축전환의 첫 신호이며 이는 상승해 온 상한선이 아래로 꺾일 때이다.

그러니까 급락상황에서의 수축의 첫 신호가 무엇인지가 중요하다. 급락패턴에서 수축의 첫 신호는 상승하는 밴드상한선이 아래로 꺾일 때이며 이와 동시에 주가는 반등하는 순간을 맞는 것이다.

[차트 44]에서 볼 수 있듯이 급락패턴인 '주가<하한선<중심선<상한선'의 배열상태를 보이고 상한선이 위로 진행되는 확장 국면에서 상한선이 꺾이는 순간이 밴드수축 전환의 첫 신호이며 동시에 이 순간이 매수타이밍이다.

그런데 앞에서도 설명했지만 급락패턴은 악재를 동반하는 경우가 대부분이기 때문에 반등세를 보인다 하더라도 큰 반등을 보이기는 쉽지 않을 것이다. 문제가 있는 종목은 매수세가 유입되더라도 경계하는 매도세가 많아 상승에 제동이 걸리는 경우가 많다. 또한 매수세도 악재에 대한 불안 심리로 인해 호가를 크게 높여 매수하지 못하는 경향이 강하다. 이러한 이유로 주가의 상승, 아니 반등은 제한적일 수밖에 없다. 이 때문에 매수를 하더라도 목표치를 낮게 설정하는 것이 바람직하다.

매도타이밍을 고려한다면 미리부터 정하는 것이 바람직하다. 대형주의 경우 5% 전후의 수익률에서 만족하는 것이 바람직하고 중·소형주의 경우 7% 전후의 수익권에서 큰 욕심 없이 차익을 실현하는 것이 바람직할 것이다. 더 오르는 것에 대해 아쉬워한다면 손실위험에 크게 노출되는 셈이다. 물론 이 경우 하위 차트인 30분봉이나 60분봉을 통해 급등패턴에서의 매도타이밍 포착을 고려하는 것도 바람직하다.

한 가지 유의해야 할 것은 파동 상 B파 반등기(급락 후 첫 반등)에서는 앞에서 제시한 수익권에서 절제하는 것이 바람직하지만 C파 조정 후에는 보다 높은 수익을 추구해도 좋다는 것이다. 왜냐하면 A파 반등은 B파 반등을 짧게 한 후 다시 C파 하락을 우려할 상황이기 때문이다. 하지만 C파 종료시점은 하락의 끝을 의미하기 때문에 경계성 매물이 크게 해소된 상황에서는 제법 반등다운 반등을 기대할 수 있고 멀리 보면 보다 큰 수익을 올릴 수도 있다.

급락패턴의 C파 하락 후 단기 매도타이밍에서는 볼린저밴드 중심선에서 1차적으로 50%를 매도하고 나머지는 볼린저밴드 상한선에서 매도하는 전략을 취하는 것이 좋다.

■ 차트 45 | C파에서의 급락패턴 매매법

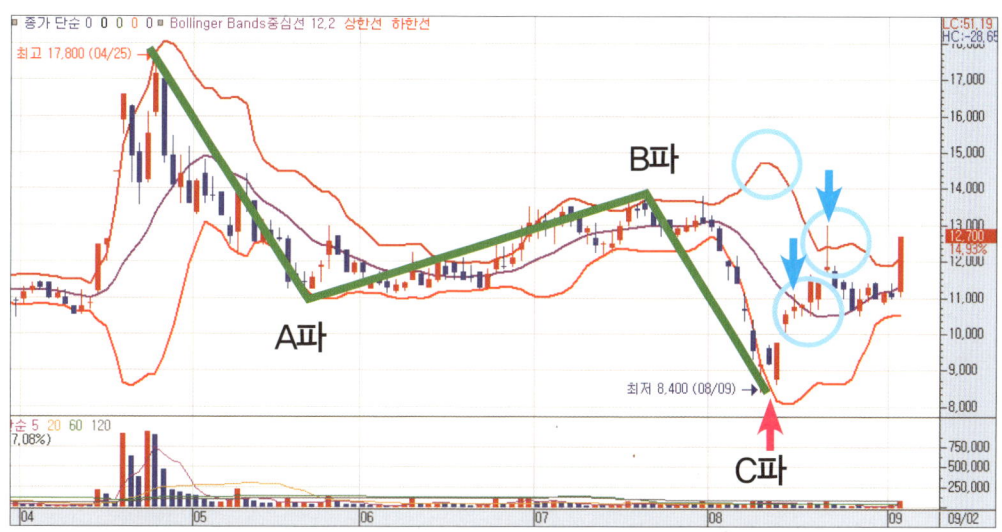

급락패턴의 C파 후 반등 시 매도타이밍은 중심선에서 50%, 상한선에서 50%를 매도한다.

    [차트 45]에서는 파동 상 C파의 급락패턴을 완성하고 나면 어떠한 악재가 영향력을 행사했다 하더라도 악재의 큰 반영에 의해 불안매물이 크게 해소된 상황으로 볼 수 있기 때문에 반등하더라도 A파 하락 후의 B파 반등 보다 주가 회복력이 좋다. 이에 따라 매도타이밍은 하락하는 중심선에서 절반 매도하고 나머지 절반은 밴드상한선에서 매도하는 것이 바람직하다.

    하락진행 중의 반등과 하락의 끝에서의 반등은 다르다. 하락기조가 진행 중일 경우 아직도 악재의 반영이 미흡한 상황이며 이로 인해 추가적인 위험C파 하락이 따를 수 있음을 우려해야 하지만, 하락종료 후에는 더 이상의 매물에 대한 부담도 없고 악재에 대한 위협도 사라진 상황이라 반등세가 강하게 나타나는 것이다.

    하지만 바닥이라고 해서 바로 상승궤도에 진입할 수는 없기 때문에 반등이 이루어질 때는 매도하는 것이 바람직하다. 주가는 바닥에서 바로 치고 오르는 경우는 드물다. '바닥시세 급등 없다'라는 말이나, '천정 3일, 바닥 100일'이라는 격언도 있듯이, 바닥은 그동안 하락을 통해 신뢰감을 잃은 상황이기 때문에 주가가 곧바로 오르는 경우는 드물고 바닥확인 과정을 충분히 거친 후 신뢰감을 축적한 후 오르게 된다.

결국 급락패턴에서는 주가가 A파 하락 후의 반등인지, 아니면 C파 하락 후의 반등인지를 판단하는 것이 매우 중요하다. 파동을 잘 읽고 판단을 제대로 한 후 B파의 경우 보다는 C파 종료시점에서 밴드상한선이 아래로 꺾일 때 매수기회를 노리는 것이 중요하다. 그 매도타이밍은 밴드중심선과 상한선이 된다. 반등을 통해 매도하고 나면 주가는 바닥을 확인하는 절차인 밴드수축 과정을 거치고 중심선의 상승전환을 시도하면서 다시 매수기회가 주어진다. 이에 대해서는 이후 바닥확인 후 매수하는 법에 대해 자세히 설명하겠다.

다음으로 완만하락 국면에서의 대응기법에 대해 살펴보자.

밴드가 수축 국면일 경우 매수와 매도세 간의 소극적인 공방이 이루어지는 순간이고 이후 힘의 균형을 깨뜨리는 매도세가 강화될 경우 주가는 하락으로 방향을 잡게 된다. 이 순간 특별한 여건 악화나 해당 종목의 악재가 있을 경우에는 급락패턴으로 이어질 것이고 그렇지 않을 경우는 완만하락 패턴으로 이어지는 것이다.

그런데 급락패턴의 경우 앞서 설명했듯이 갑작스런 악재로 인해 매도타이밍을 놓칠 수 있는 상황이지만 완만하락 패턴의 경우 조급하게 서둘러서 매도할 필요는 없다. 악재가 없는 상황에서는 주가가 하락세를 보이더라도 반등을 보이면서 단계적으로 하락하기 때문이다.

밴드수축에서 하락으로 전환하게 되면 동시에 중심선의 하락반전이 이루어지고 그 즉시 매도를 고려하는 것이 바람직하지만 중심선이 갑자기 꺾이게 되면 곧바로 매도할 필요가 없다. 그 즉시 밴드하한선을 주가가 붕괴시키게 되고 95.44%의 확률로 일시 반등세를 보일 것이기 때문이다. 이러한 반등이 일어날 때 매도할 수 있는 기회가 주어지면서 보다 더 나은 매도기회를 잡을 수 있다.

악재가 없이 완만하락세를 보일 경우 반등할 자리에서 반등하는 것이고 밀릴 시점이 되면 밀리는 것이다. 악재가 출현했을 때의 상황보다는 좀더 느긋하게 대응할 수 있다. 그 이유는 매도세가 공격적인 매도를 하지도 않고 매수세도 적극적으로 매수할 상황도 아니어서 주가의 하락 진행과정도 완만하게 이루어지기 때문이다.

> **○ 완만하락 패턴의 정의**
>
> **완만하락 패턴 = 하한선<주가<중심선<상한선**
>
> (단, 하한선, 주가, 중심선 기울기<0, 초기 상한선 기울기>0, 초기 이후 상한선 기울기<0)

[차트 46]에서 보면 밴드수축기에 중심선이 다소 꺾이면서 매도할 수 있지만 악재가 없는 완만하락 패턴이기 때문에 급하게 매도할 필요는 없다. 오히려 밴드하한선 하향돌파4.56% 후 반등확률 95.44%를 고려하여 반등을 확인하고 매도하는 것이 효과적임을 보여주고 있다.

하지만 이러한 반등은 중심선을 상승으로 꺾어 돌리지 못하는 한 밴드확장과 함께 하락기조로 방향을 잡은 것인 만큼 앞으로 하락이 마무리되기까지는 매매에 신중을 기해야 한다. 급락이 아닌 완만하락 패턴의 정의부터 살펴보자.

■ 차트 46 | 완만하락 초기 하한선 붕괴 시 단기 대응법

완만하락 패턴 하에서는 중심선이 다소 꺾인다고 급하게 저가매도 할 필요가 없고 하한선 이하에서의 반등확률 95.44%를 고려하여 반등기에 매도하는 것이 효과적이다.

완만하락 패턴은 맨 아래에 하한선이 위치하고 그 위에 주가, 중심선, 상한선 순으로 배열상태를 보인다. 그리고 또 한 가지 유의해야 할 것은 하한선, 주가, 중심선의 기울기는 하락세를 보이고 상한선의 기울기는 밴드확장 초기에는 상승세를 보이다가 일정 기간을 지나면서 다시 하락세로 꺾이게 된다는 점이다.

급락패턴과 유사하게 초기에 상승세를 보이던 상한선이 꺾이는 순간을 매수타이밍으로 볼 수 있지 않느냐는 지적이 있을 수 있다. 앞서 배운 급락패턴에서는 밴드확장 후 상한선이 아래로 꺾이는 순간을 매수타이밍으로 제시했기 때문에 나올 수 있는 의문일 것이다. 하지만 이는 잘못이다.

급락패턴은 '주가＜하한선'의 배열상태이고 완만하락 패턴의 경우 특별한 경우가 아니고서는 대부분 '주가＞하한선'의 배열상태를 보여 두 경우가 각각 다르다. 이 때문에 완만하락 패턴의 경우 상한선이 꺾인다고 해서 매수타이밍으로 봐

서는 안 된다. 상승기조를 마무리 하고 하락기조로 꺾이는 상황에서 이격이 아래로 크게 벌어지지 않는 한 하락전환의 초입단계로 해석하는 것이며 이에 따라 섣불리 매수하는 것 자체가 잘못이다.

[차트 47]에서 보면, 완만하락 패턴의 경우 밴드상한선이 아래로 꺾였지만 이후 주가는 일시 반등 후 계속 하락세를 보여주고 있어 이 순간을 매수타이밍으로 봐서는 안 된다는 사실을 알 수 있다. 그러니까 주가와 하한선 간의 배열상태가 급락패턴과는 다른 완만하락 패턴에서 매수해서는 안 되며 하락포지션을 유지하는 것이 바람직하다.

다만 선물의 경우에는 이러한 대응법은 예외다. 선물은 분봉을 위주로 대응하게 되고 그만큼 시세변동성이 잦고 크게 나타나기 때문에 완만상승, 완만하락 패

■ 차트 47 | 완만하락 패턴에서의 상한선 하락 반전 시 대응법

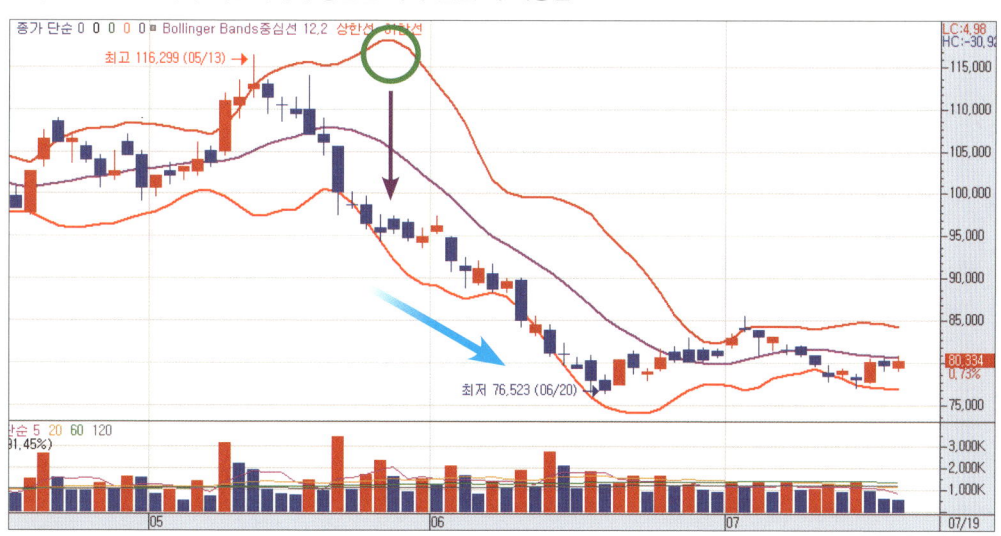

완만하락 패턴의 경우 상한선이 꺾이는 순간은 매수타이밍이 아니며 매도포지션을 취했다면 계속 유지하는 것이 바람직하다.

턴의 구분 없이 급등, 급락패턴으로만 해석하여 매매한다. 그러니까 밴드가 확장할 때 단순하게 상승확장이면 하한선이 상승으로 반전할 때 매도신호로 보고 하락확장이면 상한선이 아래로 꺾일 때 매수신호로 본다.

[차트 48]에서는 선물지수의 경우 완만상승 패턴, 완만하락 패턴의 구분은 없고 급등과 급락패턴의 경우만 고려한다. 그러니까 선물지수가 강세를 보이는 상황에서 밴드하한선이 아래로 이어지진 후 상승으로 반전하면 매도신호로 보는 것이며 지수가 약세를 보이는 상황에서 밴드상한선이 위로 진행된 후 하락으로 반전하면 매수신호로 본다는 의미이다. 이때 주가와 상한선, 주가와 하한선 간의 배열상태는 중요하지 않다. 볼린저밴드로 선물을 매매할 때는 이점에 유의해야 할 것이다. 이러한 대응법은 선물투자에서 단순하면서도 매우 높은 적중률을

■차트 48 | 선물 분봉의 매매전략

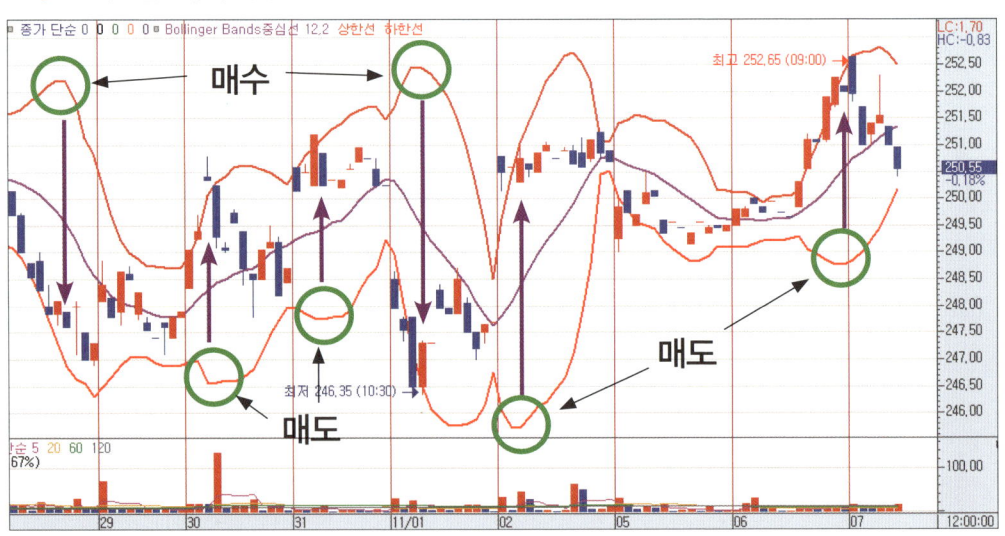

선물은 완만상승, 완만하락 패턴의 구분 없이 급등, 급락으로만 구분하여 선물지수와 반대편에 위치한 상·하한선의 반전 시점이 매매신호이다.

보이게 됨으로써 큰 수익을 안겨주게 되는데, 파생에서도 볼린저밴드는 유용한 기법임이 분명하다.

지금까지 완만하락 패턴의 정의에 대해 살펴보았으므로 이제는 이를 바탕으로 그 대응법에 대해 단기와 중·장기로 나누어 공부해 보자.

먼저 단기 대응법에 대해 살펴보자.

하락기조하에서는 타이밍이 정확하지 않으면 손실위험이 매우 높고 한 순간만 놓치더라도 순식간에 손실이 확대될 수밖에 없다. 이 때문에 정확한 대응이 아니면 섣불리 매수해서는 안 된다. 볼린저밴드는 높은 확률에 바탕을 두고 어떤 지표보다 정확성이 높은 장점이 있다. 따라서 활용만 잘 하면 하락기조에서도 보다 효과적인 투자로 좋은 성과를 올릴 수 있다.

볼린저밴드 상 매매타이밍은 역시 정규분포도 상의 하한선 하향돌파 확률 4.56%와 하한선 위로 반등확률 95.44%에 준해서 매매대응을 할 수 있다. 이러한 확률은 하한선에 한해서 가능한 것이기 때문에 확실히 하한선을 붕괴시킬 때 기회가 주어지는 것이며 다른 위치에서는 이 같은 매매대응은 적합하지 않다(물론 상승기조일 경우에는 상한선 부근에서 매도를 위해 적용할 수 있는 확률이다).

여기서 완만하락의 정의를 다시 한 번 되새겨보자. 주가가 밴드하한선 위에서 하락기조를 유지하는 경우이며 이때 중심선과 상한선도 하락의 기울기를 갖는 것을 말한다. 그러나 이는 '평균적 종가수준이 하한선 위에 있다'는 의미이지 '하한선을 붕괴시키지 않는다'는 뜻은 아니다. 가끔씩 주가가 밴드하한선을 붕괴시키는 경우가 있다. 하한선 위에서 하락세를 보이다가 갑자기 하한선 아래로 밀리는 바로 이 순간이 매수의 기회가 된다.

한 가지 유의해야 할 것은 악재가 출현했을 경우에는 이러한 확률은 의미를 상실한다는 점이다. 어떤 지표든 악재가 덮칠 경우 별 수 없이 무력감을 느낄 수밖에 없다.

악재가 없다는 전제하에서는 밴드하한선을 일시 붕괴시켰을 때 반등할 확률 95.44%를 고려하여 하락이 진행되는 중에 매수기회를 노리면 된다. 물론 평균단가를 낮추어 나가는 분할매수가 바람직하다. 그런데 하락하는 주식을 매수하는 경험이 없는 일반투자자들로서는 이 같은 대응을 하기가 쉽지 않을 것이다. 하지만 볼린저밴드가 확률적 이론을 바탕으로 나온 것이기 때문에 외부적 악재가 없다면 오히려 신뢰감이 더욱 높다.

[차트 49]에서는 완만하락 패턴 하에서 악재가 없는 경우 단기차익을 노리고자 할 때 하한선이 붕괴되는 순간 매수함으로써 일정한 차익을 확보할 수 있음을 볼

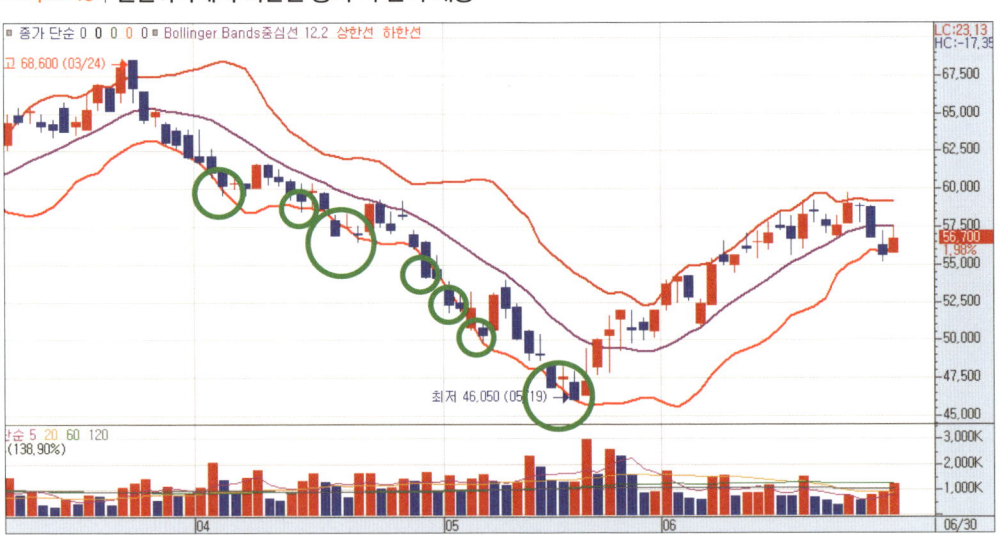

■ 차트 49 │ 완만하락에서 하한선 붕괴 시 단기 대응

악재가 없는 완만하락에서의 단기차익을 위한 매수타이밍은 하한선을 붕괴시킬 때이다.

수 있다. 밴드하한선을 붕괴시킬 확률은 4.56%이고 밴드하한선을 회복할 확률이 95.44%라는 점을 고려하여 주가가 밴드하한선을 붕괴시킬 때를 매수기회로 삼는다. 하락할 때 사전에 매수하는 것이기 때문에 위험하지만 확률이 높은 만큼 신뢰감도 상당히 높다. 다만 하락기조인 만큼 무리하게 많은 금액을 공격적으로 매수하는 것은 바람직하지 않다. 밴드하한선을 붕괴시키는 순간 매수하고자 하는 금액을 3등분 분할 매수하여 평균단가를 낮추는 것이 바람직하다. 아무리 볼린저밴드의 정확성이 높다고 하더라도 하락기조가 이어지는 상황에서의 매수인 만큼 위험성을 감안하면서 대응하는 것이 바람직하다.

[차트 50]을 보면 역시 하락하는 밴드하한선을 붕괴시킬 경우 어김없이 반등세를 보이고 있음을 보여주고 있다.

그렇다면 이렇게 해서 매수했을 경우 매도타이밍은 어떻게 포착해야 할까?

■ 차트 50 | 밴드하한선 진입 시 반등의 예

하락기조하에서의 반등이기 때문에 기대감을 높여서는 안 되고 그야말로 반등수준에서 차익을 실현해야 한다. 따라서 목표치는 높게 잡을 수 없다. 설령 주가가 제법 오르더라도 일정 폭 이상의 수익은 버리는 것이 안전을 위해 필요하다.

어차피 단기차익을 겨냥한 것인 만큼 목표수익률을 정하는 것이 효과적일 수 있다. 대체로 대형주의 경우 3~5%, 중소형주의 경우 5~7%의 차익이면 만족하고 차익실현이 바람직하다. 은행권 정기예금 금리수준이 연 3~4%인 점을 비교해볼 때 이 정도의 수익을 하루 이틀간에 실현할 수 있다는 것은 결코 적은 차익이 아니다. 볼린저밴드를 활용한 매도타이밍은 역시 분봉을 통해 포착하는 것이 바람직하다. 5분, 30분, 그리고 60분봉을 통해 매매할 수 있지만 상황에 따라 각각 다른 대응이 필요하다.

5분봉의 경우 급등패턴을 보이면서 하한선이 상승반전 할 때 매도포지션을 취하는 전략이 효과적이고, 30분봉의 경우 하락하는 밴드중심선 전후에서 50% 매도하고 상한선에서 나머지를 처분하는 것이 바람직하다. 또한 60분봉의 경우 역시 밴드중심선에서 대부분을 처분하는 것이 안전한 투자법이라 할 수 있다.

이 중에서 60분봉을 활용한 매도법에 대해 살펴보자.

[차트 51]은 일봉 상 볼린저밴드 이하로 진입했을 때의 매수타이밍을 표현한 것이고, [차트 52]는 반등한 주식을 60분봉 상 매도타이밍을 설명하고 있다. 하락기조의 경우 중심선은 하락기조 임을 확인하는 지표이기 때문에 주가가 상승하더라도 이 선에서는 저항을 받는 경우가 일반적이다. 설령 이를 돌파한다고 하더라도 곧바로 상승전환하거나 큰 상승기조로 이어지기는 어렵다. 하락기조 하

■ 차트 51 | 일봉 상 하한선 이하 매수타이밍

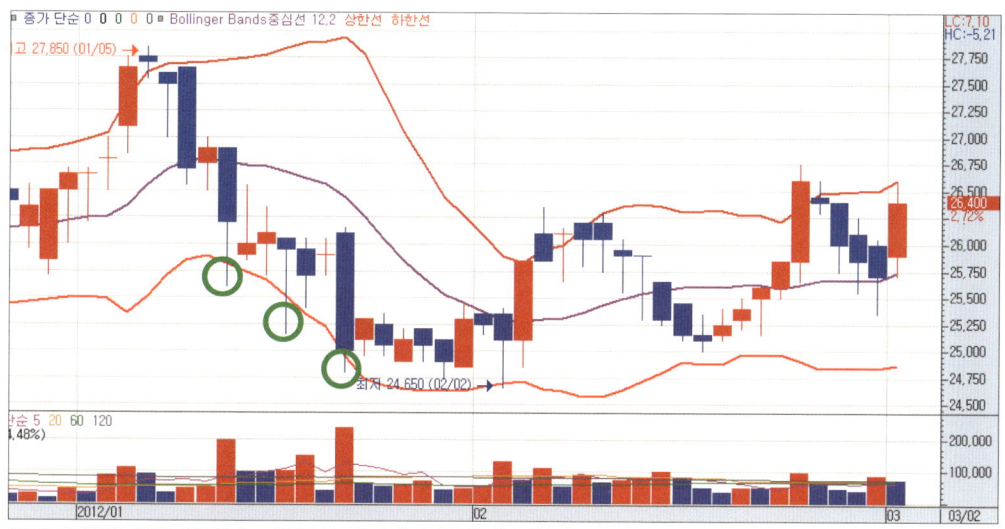

악재가 없을 경우 하락하는 하한선 이하에서 일단 매수한다.

■ 차트 52 | 완만하락 기조에서의 중심선 저항역할

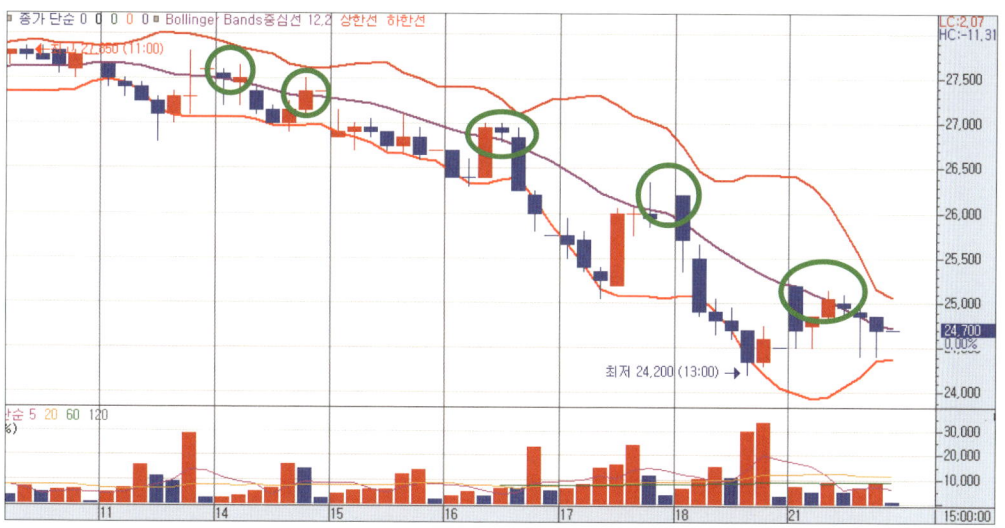

완만하락 패턴의 경우 밴드하한선 이하에서의 반등 시 60분봉을 활용한 매도타이밍은 하락하는 중심선 전후이다.

의 매매이기 때문에 가능한 한 수익폭을 짧게 잡는 것이 기본이다.

지금부터는 '중·장기적 관점에서의 대응법'에 대해 살펴보자.

하락기조에서의 중·장기 대응은 하락이 진행될 때는 매수를 자제하거나 파생의 경우 매도포지션을 취하고 반전시점까지 유지하는 것이 바람직하다. 그런데 주가가 하락을 진행하는 과정에서 고점 이후 계속해서 바로 저점까지 내려가지는 않는다. 일정 수준 하락하면 반등이 이루어지고 반등 이후 다시 하락을 진행하는 식이다. 이 때문에 수익을 기대할 수 있는 순간이 도래하면 매수를 고려하고 주가가 완전한 저점에 이르게 되면 역시 매수타이밍을 잘 포착하여 중·장기 보유전략을 취하거나 파생의 경우 매수포지션을 청산하는 전략을 취해야 한다.

하락기조 하에서 수익을 기대할 수 있는 시점은 엘리어트 파동 상 A파 하락의 종료 시점에서 매수하여 B파 반등의 마무리 시점에서 매도하는 때다. 또한 이후 C파의 마무리 시점에서 바닥을 확인하고 대세전환의 매수기회를 노리는 것이 바람직하다.

볼린저밴드를 설명하는데 파동이론이 왜 나오느냐는 의문을 갖게 될 수 있는데 그 만큼 파동이론이 중요하기 때문이다. 파동을 모른다는 것은 진정한 진입과 탈출시점을 모르고 닥치는 대로 매매한다는 의미이기도 하다. 파동은 국면을 파악하는데 매우 유용한데, 그 중에서도 특히 조정파동은 반드시 알아야 할 중요한 지표이다.

그러면 파동에 대해 잠시 공부하고 계속 이어나가 보자. 파동에 관한 자세한 내용은 별도로 기술하기로 하고 여기서는 기본적인 조정파동의 경우에 한해 간단하게 설명하고자 한다.

[그림 53]에서 보면 파동은 충격파동의 경우 5파동으로 구성되며 조정파동은 3파동으로 구성된다. 상승기조하에서의 충격파동은 1파, 3파, 5파동이 상승이며 2파와 4파는 조정파동이다. 또한 조정파동의 경우 A파 하락 → B파 반등 → C파 하락으로 구성된다.

여기서는 조정파동에 대해서만 언급하고자 함으로 고점 이후 첫 하락을 A파 조정으로 보고 이후 반등의 B파, 그리고 재 하락의 C파 단계를 잘 이해하는 것이 중요하다.

만약 대세하락의 경우 A파동은 충격파동 A하락, B반등, C하락, D반등, 그리고 E하락의 5파동으로 구성되고 그 폭도 크기 때문에 이 또한 분명하게 이해하고 넘어가야 한다. 그리고 B파 반등조정파동의 경우 반등 ①파, 반락 ②파, 그리고 반등 ③파로 구성된다는 점도 알아야 한다. 또한 C파동은 다시 충격파동 A하락,

■ **그림 53** | **엘리어트 파동의 기본적 그림**충격 5파 조정 3파, 하위파동도

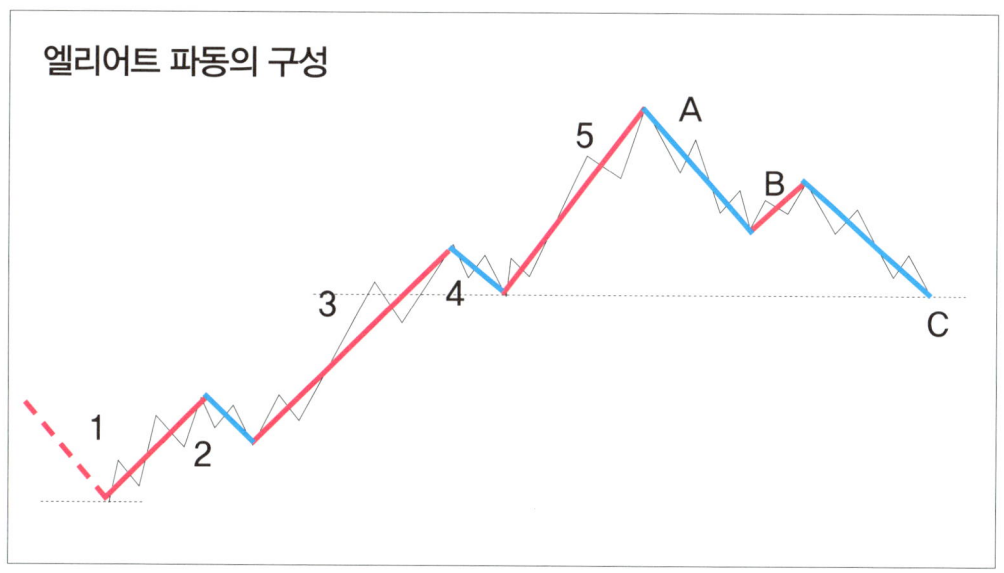

엘리어트 파동은 충격 5파와 조정 3파로 구성된다.

B반등, C하락, D반등, 그리고 E하락의 5파동으로 구성된다.

파동을 제대로 이해하지 못하는 투자자들은 충격파동은 상승기에서만 존재하고 조정파동은 하락하는 경우를 의미하는 것으로 받아들이지만 이는 큰 잘못이다. 충격파동은 상승기조에서도 다섯 파동으로 구성되지만 하락기조에서도 다섯 파동이 전개되며, 조정파동은 상승기조 하에서 세 개의 파동을 그리는 조정일 때도 있지만 하락하는 과정에서의 반등 역시 세 개의 파동을 그리는 조정이다.

[그림 54]에서는 일반적인 유형의 조정파동인 지그재그패턴^{저점과 고점이 낮아지는 패턴}을 예로 들어 설명한 것이고 플랫패턴^{고점과 고점 B, 저점 A와 저점C가 같은 패턴}의 경우 역시 마찬가지로 이해하면 될 것이다. 일반적인 소형파동은 분석에 있

■ 그림 54 │ A파의 하위파동 5파, B파의 하위파동 3파, 그리고 C파의 5파

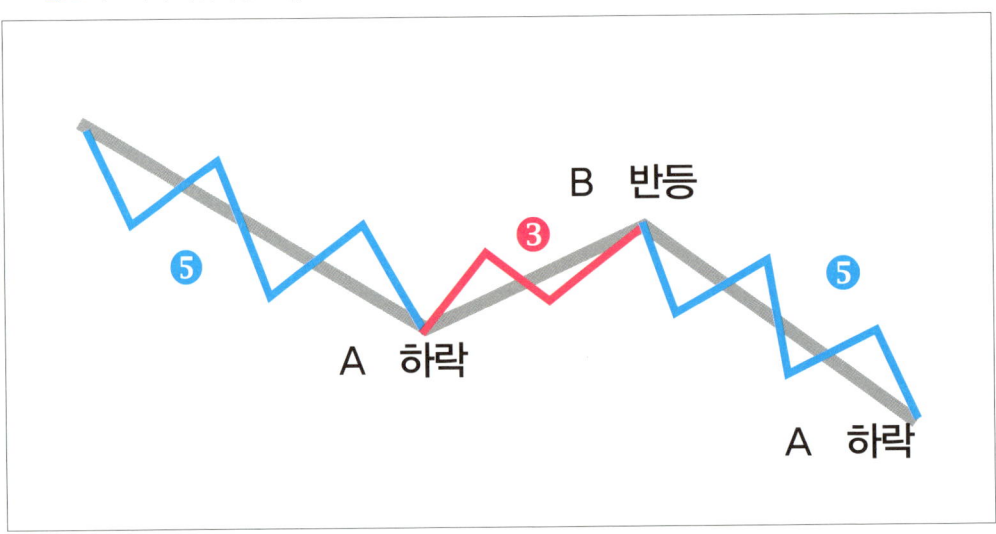

조정파동 중 충격파동의 하위파동은 일반적인 단기매매에서는 중요하지 않지만 대세하락 할 때 아주 중요한 만큼 확실하게 이해하고 넘어가야 한다.

어 A파 하락 → B파 반등 → C파 하락으로 이해하면 되겠지만 대세하락 파동은 하나의 파동에 준하는 하위파동이 강력하기 때문에 이를 고려해야만 한다. A파에 5파동, B파에 3파동, 그리고 C파에 5파동 등의 하위파동으로 구성되면서 하락폭이 크게 나타나기 때문에 이를 고려하여 저점을 찾는 것이 중요하고 매매에 신중을 기해야 한다.

C파동까지 하락하면 하락이 종료된 것으로 봐야지 왜 D반등, E하락으로 계속 추가하락을 지속하느냐고 반문하는 경우가 있는데, 이는 조정파동 중 그 하위 충격파동 다섯 파동에 의해 E파동까지 하락할 수 있다는 점을 염두에 두기 바란다.

물론 하위파동의 진폭이 크다면 당연히 하락파의 저점에서 매수하여 반등파동 때 매도를 고려한 대응전략도 고려할 수 있다. 이때는 어떤 경우에는 급락패턴이

■ 차트 55 | 불경기 하의 대세하락 파동의 예와 대응법

대세하락 파동에서는 하위파동으로써 최저점까지 5파 하락으로 이어질 수 있는데, 그 진폭이 커서 볼린저 밴드의 조정패턴에 따라 각각 매수와 매도 포인트를 포착함으로써 수익을 추구할 수 있다.

있을 수 있고 또 어떨 때는 완만하게 하락할 때도 있어 상황에 맞는 대응법을 지금까지 공부한 대로 적용하여 매매하면 된다.

[차트 55]에서는 대세하락 파동의 진행상황에서 하위파동의 진폭이 커 조정의 패턴에 따라 그에 적합한 매수매도 대응을 통해 수익을 추구할 수 있음을 보여준다. 하락이 볼린저밴드 상 급락패턴이면 상한선이 꺾일 때 매수하고, 완만하락일 경우 밴드수축 후 중심선의 상승전환 시점에서 매수를 고려할 수 있다. 또한 반등도 급등일 경우 하한선이 상승으로 반전할 때 매도할 수 있고 완만상승일 경우 밴드상한선이 꺾일 때 매도하거나 중심선이 꺾일 때 매도할 수도 있다.

이제 파동을 개략적으로 알았다면 이제 그 하락파동의 종료시점을 공략하는 것이 중요하다. 하락파동의 종료시점은 바로 소파동의 경우 C파의 마무리 시점이 될 것이고 대세하락 파동일 경우 역시 C파의 저점이지만 그 하위파동인 E파의 저점을 노려야 할 것이다. 엘리어트는 하락의 마지막 파동인 C파는 충격 5파동으로 이어지며 그 5파의 저점인 파동 E파가 완성됨으로써 비로소 저점을 확인할 수 있다는 것을 알려준다.

E파의 하락이 급락패턴일 수도 있고 완만하락 패턴일 수도 있다. 급락패턴일 경우 상한선이 아래로 꺾일 때가 매수타이밍이고 완만하락 패턴일 경우 주가가 하한선을 일시적으로 붕괴시킬 때 매수하여 반등과 함께 단타매도전략을 구사하면 된다.

하지만 이러한 내용은 단기관점에서의 이야기이고 대세하락을 마감하고 바닥을 확인한 후 본격적인 상승을 노리고 매수할 경우 좀더 깊이 있는 해법이 필요하다. 격언에 '천정 3일, 바닥 100일'이라는 말이 있듯이 바닥에 진입했다고 해서 곧바로 상승전환하지는 않는다. 바닥에 진입했다고 성급하게 매수했던 주식이 한 세월 등락혼조 속에 답보상태를 벗어나지 못하고 허송세월만 보낸다면 기회비용만 지불하게 될 뿐이다.

그러면 바닥을 어떻게 명확하게 이해하고 또 포착할 것인가?

바닥은 그동안 일방적으로 매도했던 매도세가 더 이상 크게 매도할 물량이 없는 상태이고 조급한 매물신용, 주식담보대출 등은 정리된 상황이다. 매물이 남아있다면 이는 더 이상 현재가격에서는 매도할 의사가 없음을 의미하는 것이며 매도를 포기하고 중·장기로 보유할 수밖에 없는 경우이다. 이때 매수세는 저점진입에 따라 조금씩 매수하는 경우도 있지만 저점에 대한 신뢰성이 없다 보니 공세적인 매수를 단행하지 못하게 된다. 다소 매수를 해보더라도 빈번한 손실로 자신감이 떨어지게 마련이고 그러다 보면 공격적인 매수는 더욱 할 수 없게 되는 것이다. 이러니 주가가 움직임이 없는 장기간의 지루한 과정을 거칠 수밖에 없다.

주가가 상승으로 전환하려면 스마트 머니의 유입이나 외국인, 또는 기관의 매수가 개입해야 한다. 시세를 움직일 수 있는 영향력 있는 주체의 등장이 있어야 장기간의 지루한 과정의 종료가 이루어진다. 이때는 일반투자자들의 경우 해당 종목에 대해 관심도 갖지 않으며 주가가 올라도 인지하지 못하는 경우가 많다. 보유하고 있다면 조금만 올라도 매도하기에 급급하게 된다. 따라서 일반투자자들의 매도주식은 영향력 있는 매수주체로 넘어가게 되고 이를 통해 주가는 기나긴 조정을 조금씩 벗어나게 된다.

바닥의 이 같은 국면은 단타매매를 하는 대부분의 일반투자자들에게는 지옥과도 같은 시기이며 신경을 집중할수록 스트레스는 더욱 커지고 조금이라도 오르면 매도하고자 하는 심리적 불안에 휩싸인다. 상승초기에 매도하는 이유도 바로 이 때문이다.

따라서 바닥의 마무리 국면을 알려면 '주체세력의 동향을 파악하는 자세'가 중요하다. 힘을 가진 매매주체의 매수 움직임이 포착되면 성급하게 매도해서는 안 되며 지금의 순간이 대세하락 파동을 마무리한 후의 상승이라는 사실을 잊지 않도록 한다. 그리고 주봉도 살펴야 한다. 주봉 상 볼린저밴드 확장에서 수축으로 진행되는 초기의 경우는 안 되고 확실하게 수축이 심화 상한선과 하한선 간의 괴리가 축소되는 모습이어야 하며 밴드하한선이 지지역할을 확인시켜야 한다.

또한 중요한 사실은 중심선의 기울기가 상승으로 전환을 시도하는 순간이나 수축된 밴드상한선을 치고 나갈 때 매수시점으로 봐야 한다는 점이다.

■ 차트 56 | 주봉 상 대세바닥과 매수타이밍 포착

대세바닥은 주봉 상 밴드수축이 분명해야 하고 하한선의 지지역할이 분명해야 한다. 밴드수축이 완성됨과 동시에 중심선의 상승전환 시 1차 매수하고 이후 밴드상한선 돌파 시 2차 매수를 고려하는 것이 바람직하다.

[차트 56]에서는 주봉을 통해 바닥을 확인하는 경우를 설명하고 있다. 3중 고점 이후 2007년 11월에 A파 저점을 이룬 후 2008년에 B파 고점을 이루었고 이후 다시 하락파동인 C파에 의해 2008년 11월에 저점을 이루었다. 하지만 이때는 밴드수축 진행과정이라 매수할 시점으로 봐서는 안 된다. 이후 바닥을 확인하는 절차를 거치면서 중심선의 기울기와 상·하한선의 기울기가 수평으로 이어지는 볼린저밴드 상 수축의 완성패턴을 보여주고 있다.

이 과정에서 중심선이 상승으로 전환하면서 매수신호를 보냈고 이후 다시 밴드상한선을 돌파하면서 추격매수 신호를 보냄과 동시에 밴드확장의 급등세를 확인할 수 있다. 그러니까 대세적 전환점을 파악하려면 C파동을 완성한 후 중심선의 기울기가 상승으로 전환하고 밴드상한선을 돌파하면서 차례로 매수를 고려해야 한다. 물론 악재가 출현할 경우 이 같은 상황이 일시적으로 왜곡될 수 있기 때문에 타이밍을 늦춰야 할 것이다.

만약 주봉 상 저점 확인이 불분명할 경우 월봉으로 저점 권을 확인할 수도 있다. 월봉 상 저점 확인 역시 밴드수축이 완성되어야 하며 중심선의 전환이 이루어질 순간이 저점탈출의 순간으로 확인할 수 있다. 하지만 월봉은 워낙 장기적인 관점에서 분석하는 것인 만큼 일반적으로는 잘 사용하지 않는다. 주로 기관이나 외국인의 경우 장기투자를 고려하는 입장에서 월봉을 참고하는 경우가 많다.

■ 차트 57 | 월봉 대세바닥 후 매수타이밍

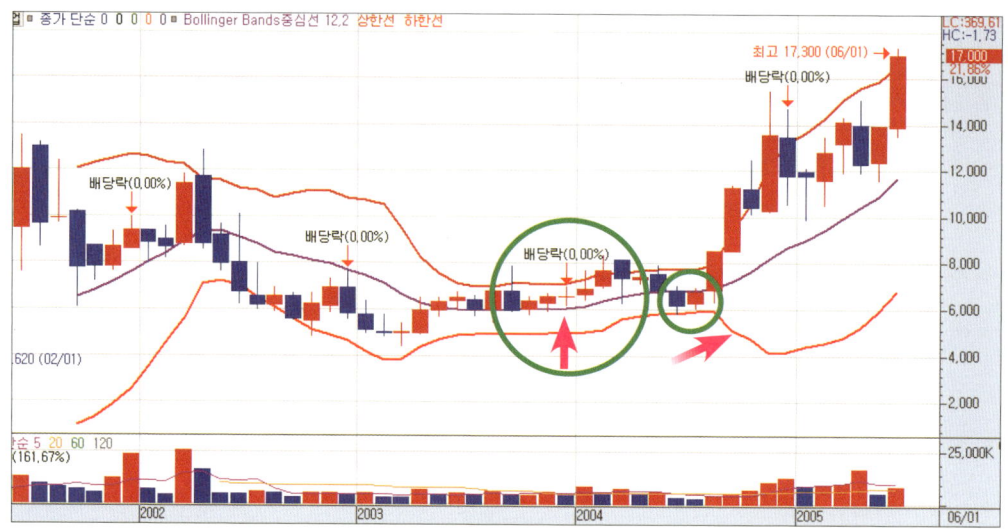

월봉 상 밴드수축이 이루어진 경우 중심선의 상승전환 시점과 상승하는 하한선에서 매수 포인트를 잡는다.

[차트 57]에서는 월봉 상 중심선, 상한선, 그리고 하한선의 기울기가 거의 수평상태로 저점을 확인할 수 있다. 이때의 매수 포인트는 중심선이 상승으로 전환하고 하한선에서 지지가 이루어질 시점이다. 그리고 이후 상승세로 전환하는 모습을 확인할 수 있다.

주봉과 월봉을 보는 것은 이를 통해 매수 포인트를 포착할 수도 있지만 더 중요한 것은 주가의 저점을 확인하기 위함이다. 그런데 주봉이나 월봉 상 대세바닥을 확인한 후 매수시점을 보다 정확하게 포착하는 방법은 조정파동의 마무리와 함께 중요한 전환점을 아는 것이다.

필자는 오랫동안 시장의 궁금증에 대해 많은 연구를 해왔고 이러한 저점을 비교적 쉽게 찾는 방법을 알고 있다. 대세전환점을 찾으려고 하다 보니 세력의 활동이 본격화되는 시점을 파악하게 되고 그러다 보니 이들의 활동을 알리는 매매

■ 차트 58 | 주봉 상 파동을 통한 저점 확인과 매수타이밍

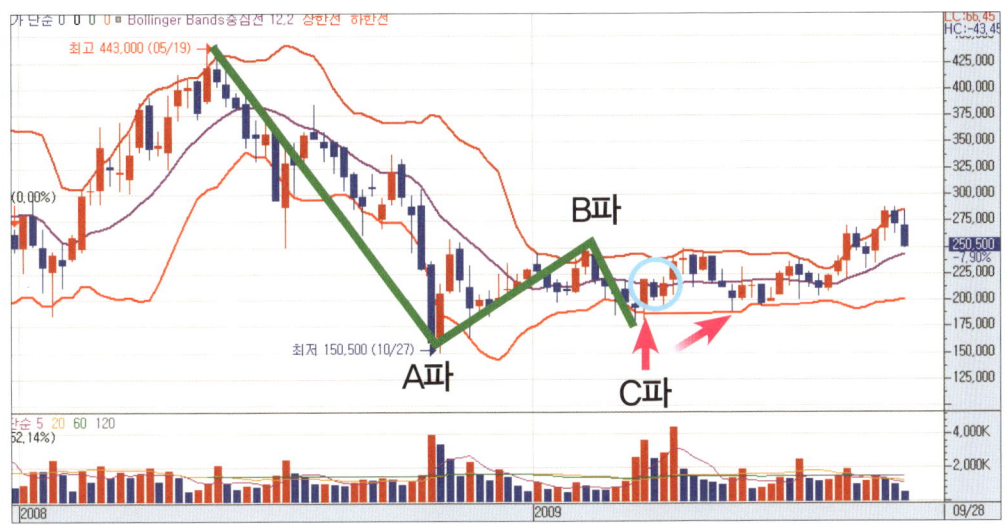

주봉 상 대세의 저점확인과 매수 포인트는 2008년 후반 강세구간인 녹색바탕의 종료지점에서의 세력선의 하락반전을 하락파동의 출발점으로 인식하고 이후 A → B → C파동을 종료한 후 주가의 세력선 돌파 시점이 된다.

시그널 프로그램인 〈옥석가리기〉를 개발하게 되었다. 그중 세력의 동향을 파악하고자 개발한 지표인 '세력선파워를 가진 외국인, 기관, 큰손 등의 일정기간 동안의 주가연동성에 대해 가중치를 부여하고 시세주도권을 가진 세력의 방향대로 구현한 선'을 활용하는 것이 최선임을 알게 되었다.

그러니까 주봉이나 월봉으로 〈옥석가리기〉 주가분석용 프로그램 상 녹색바탕에서의 세력선 하락전환은 매도신호임과 동시에 엘리어트 파동론 상 하락 A파에 해당하고 이후 세력선의 반전을 B파 반등으로 보며 이후 세력선이 다시 꺾이는 시점을 C파의 하락으로 본다. C파 하락의 진행이 이루어지는 동안 주가가 세력선을 회복하게 될 경우 이때는 중요한 전환점이 되는 것이며 본격적인 바닥탈출 신호가 된다여기서는 이 책과는 상관없는 것인 만큼 간략히 다루고자 한다.

독자들은 이러한 분석용 프로그램이 없기 때문에 대안으로 스토캐스틱Slow 10,

5, 5 80% 위에서의 첫 번째 하락을 A파, 이후 반등을 B파, 그리고 다시 하락을 C파로 해석하여 저점을 찾고 지표의 상승반전 시점을 전환점으로 봐도 문제는 없을 것이다. 다만 한 가지 고려해야 할 사항은 볼린저밴드가 충분히 좁혀지지 않은 상태에서 이 같은 세력선 돌파는 반등 후 다시 한차례 후퇴하면서 이중바닥을 확인하고 상승하거나 아니면 N자형의 저점 상향조정 후 상승기조로 진입하는 경우가 일반적이라는 점이다.

〈옥석가리기〉프로그램 상 OCI 주봉차트를 보면 녹색 바탕을 강세구간으로 표시하고 있고 약세구간을 흰색 바탕으로, 연한 하늘색 바탕을 반등구간으로 표현하고 있다. 2008년 9월, 녹색 바탕이 종료되면서 세력선^{파랑색선}이 꺾이면서 하락파동이 시작된 것이다.

이후 12월 세력선이 돌기 직전저점이 하락 A파이며 세력선의 상승전환이 있고 난 후 고점이 바로 B파 반등이다. 이후 다시 세력선의 하락과 함께 C파의 조정을 보였는데, 파동론 상 C파동은 마지막 하락파동인 만큼 주가가 세력선을 돌파하는 2월 하늘색 바탕의 시작점^{매수신호}이 매수타이밍이자 하락에서 대세상승 전환의 중요한 신호가 된다.

월봉 상으로도 대세의 조정파동을 읽을 수 있는데 차트에서 보면, 세력선이 녹색 바탕의 마무리 국면에서 꺾이면서 A파 하락의 조정파동이 이루어진 후 2009년 중반 세력선의 반전으로 B파 반등, 이후 다시 C파동으로 전환한 후 주가가 이를 돌파하면서 대세의 상승전환이 이루어지는데 이 순간이 대세 상 매수 포인트가 되는 것임을 알 수 있다.

하지만 주봉과 월봉은 파동을 구분하는데 유용한 지표일 뿐이며 실질적인 매매타이밍 지표로 삼는 데는 효율성이 떨어진다. 그 하위차트인 일봉을 활용하여 보다 정확한 타이밍을 포착하는 것이 중요하다. 따라서 주봉과 월봉을 통해 마지

■ 차트 59 | 월봉 조정파동과 매수타이밍

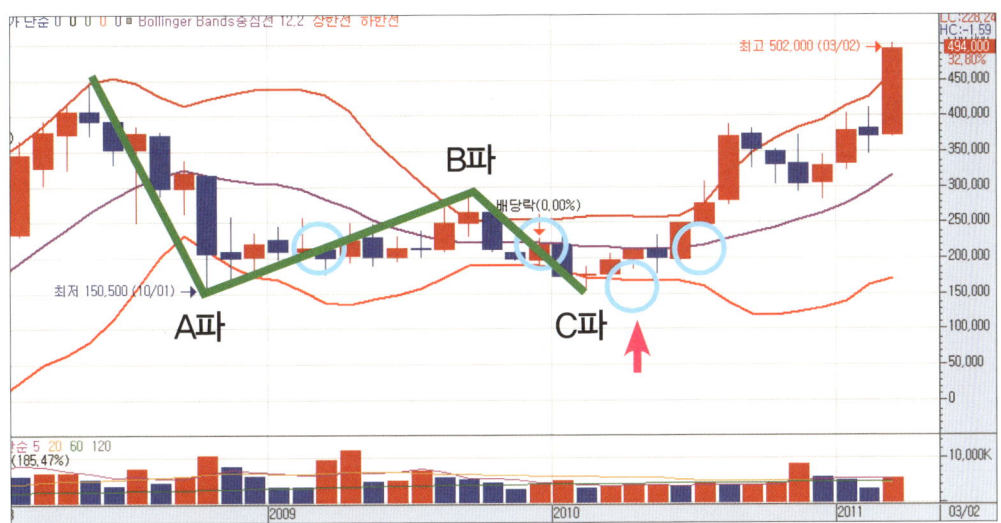

월봉 상 2008년 고점부근에서의 세력선 하락반전 이후 세력선의 상승과 재 하락으로 A파 조정, B파 반등, 그리고 C파 조정을 거치고 주가가 세력선을 상승 돌파하는 순간 바닥 탈출 시점임과 동시에 매수타이밍으로 본다.

막 파동인 C파동을 확인하고 일봉을 통해 보다 정확한 타이밍을 포착하는 상호보완적인 지표로 활용하는 것이 바람직하다.

　파동 상 반드시 저점이 높아지고 조정의 기간이 길고 짧아야 되는 것은 아니다. [차트 59]에서 보면 C파동의 저점은 A파에 비해 너무 짧고 저점의 위치 또한 높은 수준이지만 그래도 하나의 파동으로 간주한다.

　주가가 결국 세력선을 돌파하는 순간인 3월 4일 매수신호가 중요한 매수타이밍이자 대세전환점이 된다. 일봉 상으로 이러한 저점을 확인한다는 것은 주봉이나 월봉상의 저점확인 보다 훨씬 빠르다. 이 때문에 매매타이밍의 결정에 있어서는 일봉으로 보고 주봉과 월봉은 현재의 파동이 A파인지 아니면 C파동의 진행

■ 차트 60 | 주봉이나 월봉 상 바닥권에서 일봉 C파 저점의 의미

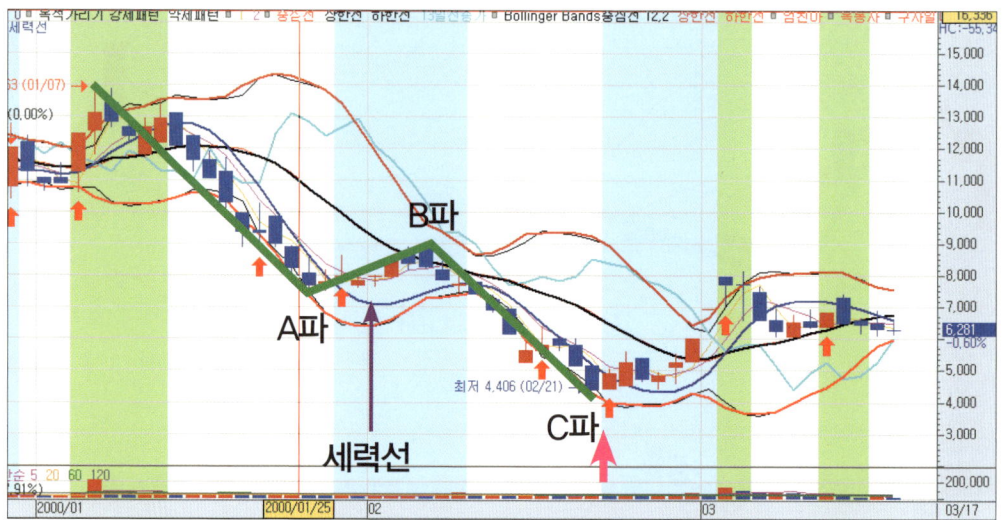

일봉으로도 파동의 출발점은 <옥석가리기> 프로그램 녹색바탕의 고점 부근에서 꺾인 세력선을 A파 하락으로 봐야 하며 이후 세력선의 상승전환을 B파 반등, 그리고 다시 하락으로 꺾인 세력선을 보고 C파동으로 진입한 것으로 파악한다. 이후 주가가 세력선을 상향 돌파하는 순간 매수신호가 표출되는데 이때를 조정의 마무리 시점C파동의 마무리 시점인 매수타이밍이자 대세전환의 신호로 해석한다. 주봉이나 월봉 C파에서 일봉들보다 정확하게 저점을 찾을 수 있다.

인지를 파악만 하면 된다.

A파의 진행형이면 섣불리 매수하는 것은 위험하고, C파동의 진행형이면 마무리 파동인 만큼 일봉 상의 매수신호에 신뢰성을 부여하여 대세전환으로 인식하는 것은 물론 매수타이밍으로 수용하면 된다.

이상과 같이 대세바닥을 확인함에 있어서 여러 가지 방법을 사용할 수 있다. 역시 중요한 것은 엘리어트 파동론을 통해 C파 조정파동을 잘 읽고 타이밍을 포착하는 것이다. <옥석가리기> 프로그램 상 세력선을 통해 비교적 쉽게 국면을 파악할 수 있으며 전환점, 또는 매수타이밍도 보다 쉽게 알 수 있다.

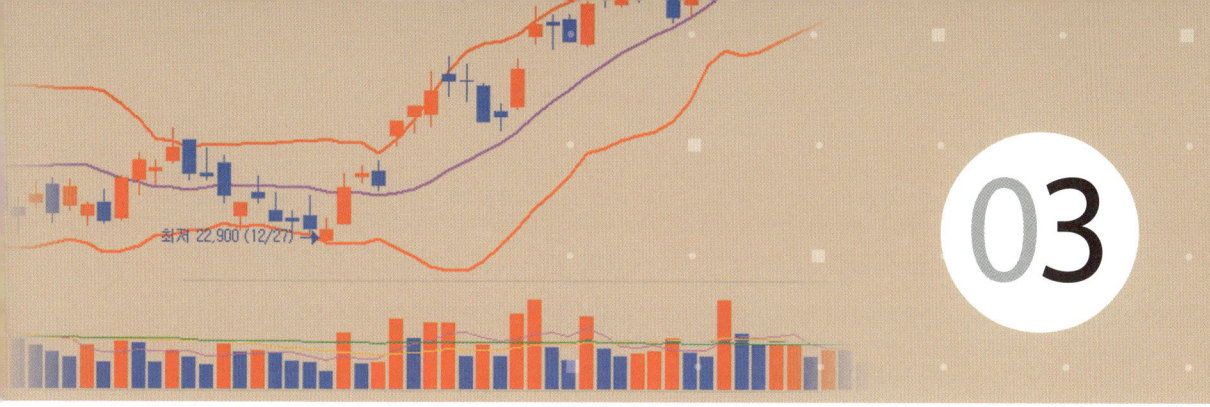

03

중심선에 대한 이해와 그 활용법

앞서 중심선에 대해 개략적인 설명이 있었지만 여기서는 좀더 구체적으로 살펴보고 그 활용도까지 알아보고자 한다. 중심선은 비록 이동평균선이지만 볼린저밴드 상에 있어 이것이 갖는 의미는 매우 크며 특히 주가의 방향을 결정하는데 중요한 지표이기 때문에 이에 대해 별도로 공부해야 한다.

먼저, '왜 중심선은 12평균선인가?'에 대해 살펴보자.

필자는 한국의 코스피, 코스닥, 해외증시, 현물의 주요종목, 선물, 심지어는 환율까지 데이터를 확보하여 통계적 검증을 거친 결과 '12'의 중요성을 알게 되었고 더 나아가 미국의 주요종목이나 지수 등 다양한 부문에 걸쳐 적용한 결과 더욱 신뢰감을 갖게 되었다.

앞에서도 말했듯이 특히 12라는 숫자는 인류역사와 함께 해왔다는 점을 굳이 설명하지 않더라도 알 것이다. 1년이 12달이고 볼펜 한 다스도 12자루이며 종교적으로도 예수의 제자, 부처의 제자 수 등을 안다면 12라는 숫자가 결코 우연은 아니라는 것임을 알 수 있다. 12지신의 경우도 마찬가지다. 결코 우연하게 탄생한 수치가 아니며 인간의 삶이나 자연의 법칙과 연계된 숫자임을 알 수 있다.

12는 하나의 마디이며 시세를 분석함에 있어서도 그 어떤 수치보다 의미를 크게 내포하고 있는 중요한 숫자라고 볼 수 있다. 볼린저밴드의 중심선은 바로 이 '12 평균선'이 되어야 하며 그것이 분봉이든, 일봉이든, 주봉이든, 또는 월봉이든 한결같이 12 평균선을 사용하는 것이 바람직하다.

다음으로 중심선은 주가의 방향이다. 중심선은 이동평균선이다. 이 선위에서의 매수자는 평균치 이상에서 주식을 매수하게 됨으로써 매도세의 적진에서 매수한 격이고, 이 선 이하에서 매수한 경우는 시장평균 이하로 매수함으로써 효과적인 공략을 한 것으로 볼 수 있다. 중심선은 매수와 매도간의 균형선이며 양자 간의 치열한 싸움에 의해 결정된 이동평균선이다. 이 선의 상승전환은 곧 매수세의 힘의 우위를 의미하는 것으로 매수세가 매도세를 따라가는 형국이며 하락전환은 매도세의 힘의 우위를 의미하는 것으로 매도세가 매수세를 따라가는 경우로 볼 수 있다.

흔히 호가 창에서 매수세가 호가를 높여 가면서 공세를 강화하면 매도 대기했던 주문을 취소하는 경험이 있을 텐데 이러한 경우가 초단기 지표로는 이동평균선의 상승을 유발하게 된다. 반대로 매도세가 호가를 낮추면서 공세를 강화하게 되면 매수 대기했던 주문을 취소하는 경우가 있는데 이 경우는 초단기적으로 이평선의 하락을 유발하는 것과 같은 이치이다.

중심선12의 방향이 위로 이루어진다면 이는 곧 매수세의 공세가 이루어지면서 매도세가 도망가는 형국이며 아래로 전환한다면 이는 역시 매도세의 공세가 이루어지면서 매수세가 도망가는 형국과 같다. 따라서 중심선의 방향은 매우 중요할 수밖에 없으며 이의 방향에 따라 주가의 진로가 결정된다. 따라서 중심선의 기울기의 전환점을 안다는 것은 매우 중요한 일이며 그 전환점이 곧 매수시점이나 매도시점이 된다. 상승전환이면 매수타이밍이 되는 것이고 하락전환이면 매도타이밍이 된다.

다음으로 중심선의 전환점을 파악하는 방법을 알아보자.

중심선은 평균선이라는 것은 이미 아는 사실이고 그 값도 12라는 사실을 알았으니 이제는 상승반전과 하락반전 시점을 미리 파악하는 방법을 살펴보자.

> **○ 중심선의 전환시점 파악법**
>
> - 금일의 중심선12 값 = 금일을 포함한 과거 12개의 주가의 합÷12
>
> - 전일의 중심선12 값 = 전일을 포함한 과거 12개의 주가의 합÷12
>
> - 금일의 중심선 값 > 전일의 중심선 값
>   - 중심선의 기울기 상승지속, 또는 상승전환
> - 금일의 중심선 값 < 전일의 중심선 값
>   - 중심선의 기울기 하락지속, 또는 하락전환

앞에서 굳이 공식을 나열한 것은 우리가 알고자 하는 중심선의 기울기를 쉽게 파악하고자 하기 위함이다. 일봉을 예로 든 것일 뿐 분봉, 주봉, 월봉에서도 같이 적용할 수 있다.

우리가 알고자 하는 것은 바로 '전일 대비 금일의 중심선 값이 전일의 중심선

값보다 높으냐, 낮으냐'이며, 높으면 중심선은 상승전환이거나 상승지속일 것이고 낮으면 하락전환이나 하락지속일 것이다. 즉 중심선의 기울기를 알고자 하는 것이다.

중심선의 기울기만 보면 될 것이지 굳이 이렇게 장황하게 설명할 필요가 있느냐고 항변할 수도 있다. 하지만 우리는 다른 사람들 보다 좀더 앞서가야 하기 때문에 미리 중심선의 전환점을 파악할 필요가 있고 그것을 위해서는 이러한 절차상의 이해가 필요하다.

중심선이 상승으로 전환하면 주가의 방향이 상승 방향으로 전개되는 것이고 하락으로 전환한다면 주가의 방향 또한 하락으로 전환하는 것이기 때문에 중심선의 기울기의 전환점을 알아야 하는 것은 당연하다. 그리고 중심선은 이동평균선이므로 이에 대한 이해를 통해 같은 방식으로 모든 이동평균선의 전환점을 미리 파악할 수 있다는 점에서 다른 투자자와는 비교가 되지 않을 정도로 유리한 고지를 선점하게 되는 것이다.

마지막으로 중심선의 기울기전환점를 미리 파악해 보자. 사실 우리가 지금까지 이동평균선에 대해서는 '상승일 때 지지하고 하락일 때 저항한다'는 식의 아주 기초적인 개념 외에는 제대로 공부한 것이 없다. 중심선의 변화시점을 미리 파악할 수 있다는 것은 어려운 것도 아니지만 조금만 응용하면 투자에 아주 유용한 지표로 활용 가능하다. 이것을 이해한다면 일반적인 기술적 분석가들 보다 확실히 우위에 서게 될 것이다.

전일대비 금일의 중심선의 값이 높아진다는 것은 앞에서 제시한 공식에서 보면 쉽게 이해가 될 것이다.

기준은 금일이니까 분자의 수치에서 전일 중심선의 값과 금일 중심선 값의 차

■ 차트 61 | 중심선 상승전환일 미리 예측하기 (단위 : 월 / 일, 원)

이점이 있다면 이는 오로지 금일 주가와 금일을 포함한 13일전전일 계산공식에서의 12일전 주가 주가의 차이일 뿐이다.

13일 전의 종가와 금일의 종가를 기준으로 비교하는 것은 기본적으로 사후적 중심선의 변화를 읽는 것일 뿐 큰 의미는 없다. 하지만 시간은 계속 흐르는 것이고 이에 따라 13일전의 주가도 시간의 경과와 함께 하루씩 이동하게 된다. 여기서 우리는 13일전의 주가는 이미 알고 있는 상황이고 그 방향도 알고 있다. 이미 주가가 진행되어 왔으니까 내일에 해당하는 13일전의 주가, 모레에 해당하는 13일 전의 주가, 그 다음 날에 해당하는 13일전의 주가 등을 알고 있는 셈이다. 그래서 중요한 것은 13일전의 주가의 방향이 이후 하향인가, 횡보인가, 아니면 상승인가에 초점을 맞추고 현재의 주가가 비슷한 위치에서 향후 특별한 변화가 없이 횡보한다는 가정 하에서 보면, 중심선의 기울기가 상승으로 전환하거나, 아니면 횡보하거나, 또는 하락 전환하는 시점을 어느 정도는 예측할 수 있다. 예를 들어 우선 현재의 주가와 13일전의 주가가 비슷하고 주가의 큰 기복이 없는 주식의 경우를 살펴보자.

[차트 61]은 13일 전의 종가가 큰 변화가 없고 앞으로도 주가의 변화가 없는 경우 중심선은 횡보한다는 점을 보여주고 있으며 또한 13일전의 종가를 돌파하는 시점이 중심선의 반전시점 임을 보여주고 있다.

금일이 2010년 7월 21일이라고 가정하면 태광의 종가는 21,000원이고 13일 전의 종가는 7월 5일 21,050원이다. 매일 시간이 흐르게 되면 13일 전의 날짜에 해당하는 주가도 달라진다.

즉, 7월 22일에 해당하는 13일 전의 종가는 7월 6일 20,600원, 7월 23일에 해당하는 13일 전의 종가는 7월 7일 20,550원, 7월 26일^{주말}에 해당하는 13일 전의 종가는 7월 8일 20,500원, 7월 27일에 해당하는 13일 전의 종가는 7월 9일 20,250원, 7월 28일에 해당하는 13일 전의 종가는 7월 12일^{주말} 20,900원이 된다.

7월 21일이 기준이므로 그 기준 종가인 21,000원과 13일 전 이후 전개되는 주가의 등락폭이 1,000원 이내에서 움직이는 미미한 등락을 보이고 있음을 알 수 있다. 이 때문에 이 경우 약간 하락하는 중심선의 기울기는 최소한 이 기간 내의 13일 전 최고치인 20,900원을 돌파할 때 비로소 중심선의 기울기가 상승으로 전환한다고 보고 그 이전에는 중심선의 기울기가 횡보한다고 보면 된다. 물론 이 기간 동안의 낮은 주가수준인 20,250원을 하향 돌파한다면 이때는 중심선의 기울기가 하락으로 꺾이는 모습이 구체화된다는 사실도 알 수 있다.

물론 이것은 정교한 분석이 아니다. 바로 각각의 해당 일자의 13일전 주가를 상향돌파 할 때가 실질적인 중심선의 전환시점이 된다.

결국 중심선은 7월 28일, 그 13일 전의 종가인 7월 12일 20,900원을 돌파하는 순간에 상승으로 전환하면서 이후 주가의 방향을 상승으로 뒷받침한 것이다. 이후 중심선은 상당기간 동안 그 방향성과 지속성을 반영하여 이어지고 있음을 알 수 있다. 따라서 현주가의 횡보세가 13전에도 횡보이고 이후에도 횡보일 것으로 보인다는 가정 하에서 보면 중심선의 상승전환이나 하락전환 시점을 알 수 있으며, 그 순간이 어쩌면 우리에게 중요한 매수시점이 될 수도 있다. 중심선은 이동평균선으로 상승으로 방향을 가지면 그 방향을 지속하려는 성향이 강하기 때문이다. 물론 짧게 등락이 심화되는 파행적 시세에서는 이 같은 분석은 한계성을 지닌다는 점을 알아야 한다.

같은 이치로 이제는 13일전의 주가가 시간이 경과하면서 상승하거나 하락하고 있는 경우의 현실적인 움직임에 대해서도 살펴보자. 앞으로의 주가가 횡보한다고 가정한다면, 13일 전의 주가방향이 상승할 경우 시간의 경과와 함께 조만간 중심선은 하락반전할 것임을 예상해 볼 수 있고 또한 13일 전의 주가 방향이 하락할 경우 반대로 중심선은 상승전환할 것임을 예상해 볼 수 있다.

앞으로 주가가 횡보한다는 전제를 가정했지만 실제로 주가는 변동성을 보이는 것이기 때문에 정확한 판단을 할 수는 없다. 하지만 특별한 호재나 악재가 출현하여 현재주가의 큰 변동성을 초래하는 이변이 없다면 실제 투자에서 이 같은 방법은 앞으로의 중심선의 방향을 미리 판단하는데 아주 유용하게 쓰일 수 있다.

중심선의 전환시점은 주가의 방향이기 때문에 실제투자에 있어 매매타이밍과 직결되는 만큼 이에 대한 이해가 충분히 뒤따라야 한다. 그래야만 다른 경쟁자 보다 한발 먼저 주가의 방향을 읽을 수 있고 행동할 수 있을 것이다.

실제 사례를 통해 13일전의 주가가 하락하고 현재가 이후 주가의 변동성이 적은 경우, 중심선의 방향이 어떻게 전개되는지를 살펴보자.

■ 차트 62 | 13일 전의 주가 방향이 하락할 경우 중심선 기울기 예측법

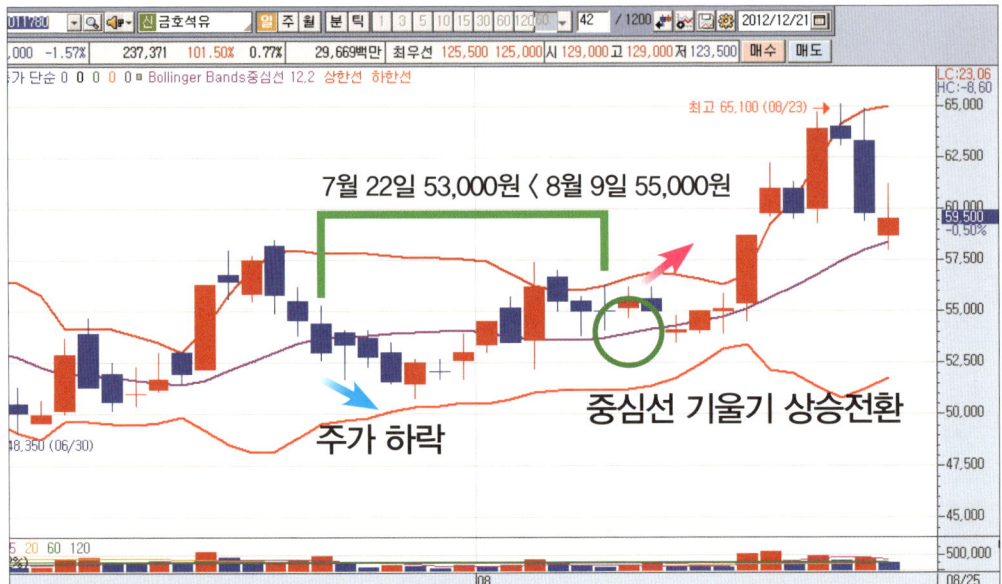

13일 전의 주가가 하락하는 경우 현 주가가 특별한 변화가 없더라도 자연스럽게 상승전환한다.

　　[차트 62]에서 보면, 현재시점인 8월 5일 이후 주가는 알 수 없지만 특별한 변화가 없다는 가정 하에서 현재가로부터 13일 전의 주가가 시간이 지나면서 하락을 보인다는 사실은 이미 알고 있다. 따라서 자연스럽게 중심선의 기울기가 상승전환하게 된다는 것을 8월 5일 현시점에서 추측할 수 있다. 물론 현재가 이후 주가가 어떤 악재로 인해 13일 이전보다 빠르게 하락세를 보인다면 예상은 빗나갈 것이다. 특별한 모멘텀이 없고 매매 쌍방 간의 균형이 성립하는 국면에서는 이 같은 분석이 상당히 유효성을 갖게 되며 이에 따라 향후 주가의 방향도 예측할 수 있다.

　　중심선의 기울기가 상승할 것이기 때문에 주가는 이를 지지로 상승흐름을 타게 될 것임을 현시점인 8월 5일에는 미리 예측할 수 있는 것이며, 실제로 차트에

■ 차트 63 | 13일 전의 주가가 상승할 경우 중심선 기울기 예측법

13일 전 주가 방향이 하방일 경우 현 주가의 변동이 없더라도 중심선의 기울기는 하락할 가능성이 높다.

서도 이후 주가의 움직임은 그렇게 진행된 것으로 나타나고 있다. 이를 바탕으로 한 매매전략은 당연히 중심선이 상승으로 전환하는 시점을 매수시점으로 봐도 무리는 없다고 판단할 수 있다.

다음으로 13일전의 주가가 상승세로 이어지고 현 시점 이후 횡보가 이루어질 것으로 예상되는 경우를 살펴보자. 물론 이 경우 13일전의 주가가 하락할 경우와는 반대로 현시점 이후 중심선의 기울기는 자연스럽게 하락 반전할 것임을 예상할 수 있다.

[차트 63]에서 볼 수 있듯이, 3월 10일 현재시점으로부터 13일 전인 2월 19일의 주가는 비슷하다. 하지만 2월 19일 이후의 주가가 상승세를 보이고 있다는 사실을 알고 있기 때문에 현재시점 이후 주가가 횡보한다는 전제하에서 보면 중심선의 기울기는 하락반전할 것임을 미리 예측할 수 있다. 물론 횡보하지 않고 강

하게 오르거나 내리면 중심선의 기울기도 각각 오르거나 내릴 것이다.

이러한 방식에 근거하여 현시점 이후 중심선의 하락이 예측된다면 당연히 중심선을 저항으로 주가 역시 하락세를 보일 것이다. 중심선은 주가의 방향이며 이의 하락은 곧 주가의 하락을 의미하기 때문이다.

[차트 63]에서는 이후 중심선의 하락과 함께 주가 역시 이를 저항으로 하락 기조로 진입한 사실을 알 수 있다. 따라서 중심선의 하락전환이 이루어지는 시점을 매도타이밍으로 삼아도 좋다.

지금까지 중심선에 대해 보다 구체적으로 살펴보았다. 중심선은 이동평균선이라는 점에서 다른 이동평균선의 변화를 미리 읽는 법도 같다는 사실도 알았을 것이다. 즉 20일 평균선의 상승전환점을 미리 알려면 현재가로부터 21일 전, 60일 평균선의 상승전환점을 알려면 현재가로부터 61일 전, 그리고 120일 평균선의 전환점을 알려면 121일 전의 주가 동향을 파악해야 한다. 다만 볼린저밴드 중심선을 12일선으로 정하여 분석하는 것은 그만큼 12일선이 우리나라 증시는 물론 세계 증시에서도 그 어떤 수치보다 정확성이 높고 실용가치가 높기 때문이다.

존 볼린저는 20일선을 토대로 분석하지만 그 보다 더 실효성을 갖는 것은 12일선으로 필자가 수없이 많은 지표와 종목들에서 검증을 거쳐 제시한다. 그리고 중심선은 볼린저밴드를 구성하는 요소 중 가장 중요한 부분이고 이를 통해 중요한 매매타이밍이 표출되는 것임에도 불구하고 깊이 다루는 전문가가 없다. 이는 볼린저밴드의 중요성을 인식하지 못하고 있거나 그 깊이를 제대로 파악하지 못한데서 비롯된 것이다.

일부에서는 일봉 상 볼린저밴드의 중심선을 초장기 평균선으로 삼고 분석하기도 하지만 애써 그럴 필요는 없다. 주봉이나 월봉에서 12를 사용하면 더욱 더 효과적인 매매타이밍을 포착할 수 있기 때문이다.

이후 우리는 '볼린저밴드를 이용한 주도주 포착법'에서 주봉과 월봉 상 볼린저밴드가 파동이론과 결합하여 어떠한 매수타이밍이 제시되는가를 공부하게 될 것이며 이 부분까지 확실히 이해한 후에야 비로소 볼린저밴드의 중요성을 깨닫게 될 것이다.

볼린저밴드, 파동, 스토캐스틱을 활용한
단·중·장기 매수타이밍 포착법 살펴보기

PART 4

❶ 스토캐스틱에 대한 간단한 이해
❷ 다이버전스를 이용한 확률 높은 매매전략
❸ 스토캐스틱 이중바닥에 의한 매수타이밍
❹ 볼린저밴드, 파동, 그리고 스토캐스틱의 접목에 의한 매수타이밍

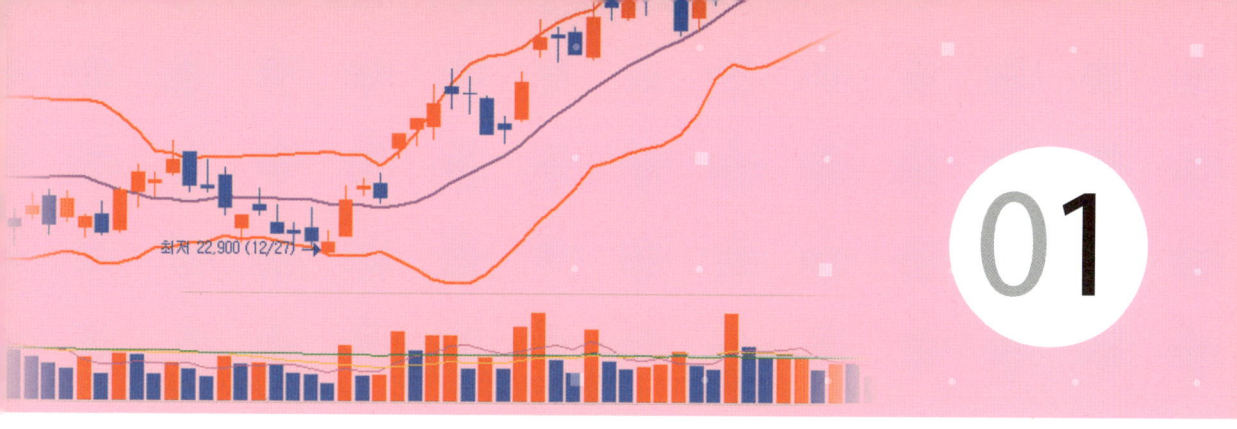

01

스토캐스틱에 대한 간단한 이해

지금까지 시장에 알려진 기술적 분석지표는 수도 없이 많지만 사실 어느 하나도 제대로 우리의 욕구를 충족시켜 주는 것은 없다. 볼린저밴드라고 해서 완벽한 것은 아니고 파동론이라고 해서 정확하게 저점을 찾아주는 것도 아니다. 스토캐스틱이라고 해서 해답이 될 수는 없으며 다른 지표라고 해서 예외가 될 수는 없다. 사실 이러한 보조지표들이 완벽하다면 시장에서는 오로지 승자만 남게 될 것이다.

우리는 이러한 수많은 기법들을 완벽하게 해독하고 이를 잘 활용해야 하는 기술을 터득해야 한다. 어쩌면 이러한 기법들을 개발한 전문가들 보다 더 우월한 능력을 가져야 할지도 모른다. 그리고 이 같은 지표들은 각각의 중요성이 충분히 있으므로 자신의 해석능력을 탓하기 전에 지표의 중요성을 가볍게 여겨서는 안된다.

볼린저밴드의 단점을 이해하고 이를 보완하는 지표로써 중요성을 갖는 파동론과 스토캐스틱의 핵심적인 요소만을 선택하여 매수타이밍을 포착하는 것이 중요하다. 파동론은 주가의 위치, 또는 국면을 파악하는데 매우 중요하고 스토캐스틱 또한 매매타이밍이나 국면을 판단함에 있어 중요한 요소가 있어 이를 볼린저밴드의 보완지표로 삼는 것이 필요하다.

볼린저밴드를 설명하면서 '파동론은 왜 필요하며 스토캐스틱이 왜 필요한가'라는 질문을 한다면, 필자는 '상호 보완적이며 분석의 정확성을 높이기 위함'이라고 말하고 싶다.

앞서 볼린저밴드에 관한 이론적 배경과 실전적 대응 전략에 대해서는 자세히 설명하였다. 지금은 파동이론과 스토캐스틱의 중요한 부분을 이해하고 이를 접목하는 것이 필요하다. 파동이론과 스토캐스틱 역시 활용만 잘 하면 볼린저밴드 못지 않는 지표이기 때문이다.

파동론은 앞서 잠시 다룬 바와 같이 역시 조정파동, 스토캐스틱은 역시 다이버전스에 주목하는 것이 중요하다. 조정파동은 특별한 경우가 아니고서는 C파의 저점 이후가 중요하며 다이버전스는 좀더 공부가 필요하다.

스토캐스틱에 관해 대략적인 설명과 더불어 핵심부분인 다이버전스에 대해 설명한 후 이들 지표들의 핵심적인 요소만을 접목시켜 매매타이밍을 포착하고자 한다. 매수타이밍이 좋으면 손절매도 없다.

투자의 첫 단추는 매수이다. 투자에 있어 가장 중요한 것이 매수라고 할 수 있다. 매도는 자신의 투자성향에 달려 있는 만큼 주로 매수타이밍에 중점을 두어야 한다. 그럼 스토캐스틱에 대해 간단히 설명하겠다.

■ 차트 64 | 스토캐스틱을 이용한 일반적인 매매대응법

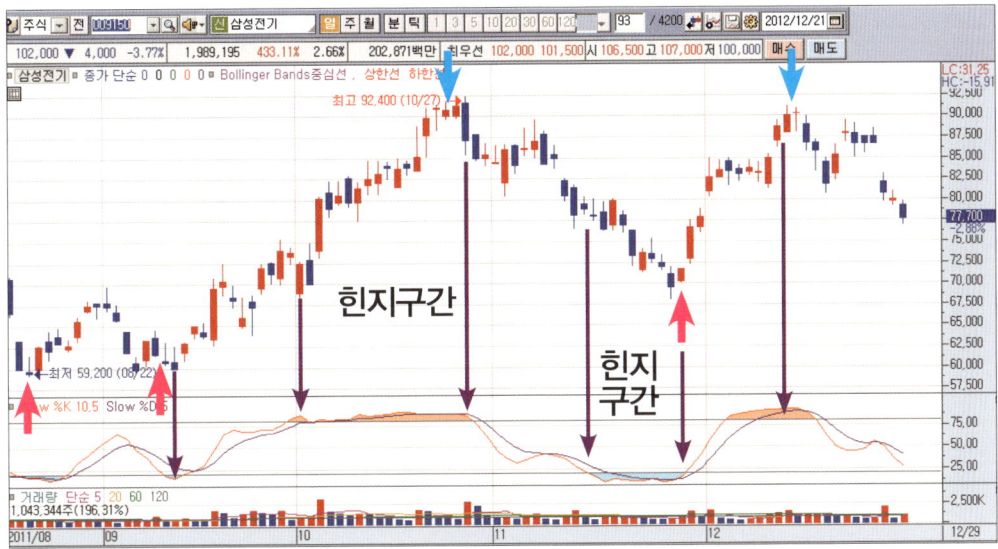

[그림 64]는 스토캐스틱에 관한 기본적인 내용을 설명해 주고 있다. 일반적으로 20% 이하 매수, 80% 이상에서 매도하는 전략을 구사할 수 있지만 힌지현상이 나타날 경우 이러한 정확성은 떨어진다는 점도 동시에 보여준다.

우리는 스토캐스틱을 통해 일정기간 동안의 고가와 저가 사이에서 현재의 주가가 어느 위치에 있는가를 알 수 있다. 주로 80% 이상이 과열권이며, 20% 이하가 침체권으로 하여 각각 매도와 매수전략으로 삼는 것이 일반적이다. 그렇지만 80% 이상에서도 지속적으로 오르고 20% 이하에서도 지속적으로 하락하는 소위 힌지Hinge현상80% 이상의 과열 속에서도 주가는 상승을 강화하거나 20% 이상의 침체에서도 하락을 심화하는 현상이 있고 매매전략에 한계성이 있음을 인지해야 한다.

스토캐스틱의 기준을 어떻게 설정할 것인가가 중요하다. 필자의 경험으로 보면 역시 기본 K와 %K를 보는 Fast보다는 %K와 %D를 보는 Slow가 합당하며, 또한 기간을 10으로 두고 %K와 %D를 각각 5로 두는 것이 바람직하다. 물론 (5, 3, 3) 또는 (5, 5, 5)로 두고 보는 이들도 있지만 일반적인 분석에 준하는 것이 좋다.

[차트 64]에서와 같이 스토캐스틱은 일반적인 국면에서는 매수·매도타이밍이 비교적 잘 나타나지만 과열의 지속이나 침체의 지속이 이루어질 경우 힌지현상 때문에 그 정확성은 떨어지게 된다. 이로 인해 잘못된 신호를 받아 추가적 수익기회를 놓치거나 잘못된 매수로 손실을 보게 되는 단점도 있다. 따라서 문제점을 인식하고 그 장점을 살려 활용도를 높이기 위해서는 신중한 해석을 하여 정확한 시점을 찾아 타이밍을 포착해야 한다.

02

다이버전스를 이용한 확률 높은 매매전략

어느 지표든 단점이 있게 마련이다. 따라서 지표를 분석하는 사람은 그 지표의 단점을 충분히 알고 활용하는 것이 매우 중요하다. 스토캐스틱 역시 단점이 있다는 점을 알았다. 이제 우리는 실패의 확률을 줄이고 보다 정확성 높은 타이밍을 포착하는데 필요한 내용을 인지하고 해법을 찾아야 한다.

필자는 '정확성을 높인다'는 표현을 쓰지만 '정확하다'는 말은 쓰지 않는다. 주식에 투자하는 투자자들의 입장은 굳이 해명을 하지 않더라도 충분히 이해할 수 있을 것이다. 스토캐스틱의 정수는 역시 다이버전스Divergence다. 다이버전스란 무엇인가?

글자 그대로 해석하면 '일탈, 차이'라는 의미를 가지고 있다. 그러니까 주가의 기존추세가 바뀐다는 뜻이다. 스토캐스틱의 추세가 반전하면서 주가의 기존 트렌드가 바뀌는 이른 바 반전을 제시해 준다는 것이다. 주가의 방향이 바뀌는 시점을 알려주는 것이니 당연히 이 지표의 중요성은 높다고 볼 수밖에 없다. 다이버전스에 대해 요점 정리하면 다음과 같다.

첫째, 주가의 고점이 하향하고 스토캐스틱의 저점이 상향하면 주가의 방향은 스토캐스틱의 방향대로 상승반전매수시점한다다이버전스.

둘째, 주가의 저점이 상향 이동하는 과정에서 스토캐스틱의 고점이 하향이동하면 주가의 방향은 스토캐스틱의 방향대로 하락반전매도시점한다역다이버전스.

■ 차트 65 | 스토캐스틱 다이버전스를 이용한 매수전략

주가 트렌드가 하락하고 스토캐스틱 트렌드가 상승하는 상황에서 주가의 방향은 스토캐스틱의 방향대로 상승 반전하는 다이버전스를 보여준다.

이러한 해석법에 대해 보다 자세히 설명하겠다. 우선 다이버전스를 통한 매수시점부터 살펴보자.

[차트 65]에서는 주가의 고점이 하락하고 스토캐스틱의 저점이 상향하는 모습으로 다이버전스의 전형을 보여준다. 주가는 하락추세를 그려 왔지만 스토캐스

■ 차트 66 | 스토캐스틱 역 다이버전스의 예

주가의 트랜드가 상승하고 스토캐스틱 트렌드가 하락하는 상황에서는 주가가 스토캐스틱의 방향대로 하락 반전하는 역 다이버전스를 보여주고 있다.

틱의 저점이 상향 이동하면서 결국 주가의 방향도 상승으로 추세전환을 하게 된다. 스토캐스틱의 저점이 높아지는 시점인 3월 4일이 매수시점이 되며 이후 급등세를 보이고 있음을 알 수 있다. 스토캐스틱의 다이버전스의 정확성을 설명해 주고 있지만 100% 옳은 것은 아니라는 점을 염두에 두어야 한다.

하지만 특별한 변수가 영향을 미치지 않는다면 그 신뢰성은 꽤 높은 편이다. 이러한 매매타이밍에서 다른 지표와 병행하여 정확도를 높인다면 더욱 효율적일 것이다.

다음으로 역 다이버전스에 의한 매도타이밍에 대해 살펴보자.

[차트 66]은 주가가 상승추세에 있고 스토캐스틱이 하락추세를 그리는 과정에서 주가의 방향이 스토캐스틱의 추세방향으로 전환한다는 사실, 즉 역 다이버전

스를 설명해 준다. 매도타이밍은 7월 21일 다이버전스가 확인되는 순간이며 이후 주가는 급락세로 이어지고 있음을 알 수 있다. 이 역시 마찬가지로 100% 정확할 수는 없지만 큰 호재가 없다면 그 신뢰성은 어떤 지표에 견주어도 뒤지지 않을 정도로 매우 높다. 따라서 다른 지표와 같이 병행하여 타이밍의 정확성을 높인다면 더욱 효과적일 것이다.

03

스토캐스틱 이중바닥에 의한 매수타이밍

스토캐스틱이 80% 이상에서 하락으로 진입한다는 것은 조정을 보인다는 의미이다. 지표가 20% 이하로 진입한다는 것은 분석기간 중 가장 낮은 수준으로 주가가 하락하고 있다는 뜻이다. 80% 이상에서 하락을 지속해 20% 이하로 밀리게 되면 기술적 반등이 이루어질 수는 있지만 그렇다고 주가가 본격 상승궤도에 진입하는 것은 아니다.

스토캐스틱도 파동이 성립한다. 이는 주가의 흐름과 관련한 지표이기 때문에 주가의 변곡점을 어느 지표 보다 잘 표현해주기 때문이다. 스토캐스틱이 과열권인 80% 위에서 첫 번째 하락은 A파 조정에 해당하는 것이며 이후 반등을 하는 것은 B파 반등에 해당한다.

반등 이후 스토캐스틱이 50%를 넘지 않은 상황에서 다시 반락하여 20% 이하로 밀린 후 반전하기 시작하면 이때는 C파동의 종료를 의미하며 이후 상승세로 진입하게 되는 경우가 많다. C파동의 저점이 20% 이하의 이중바닥이 아니고 저점의 수위가 높고 주가가 그 이전에 고점을 낮추어 왔다면 이때는 앞에서 이야기한 다이버전스가 되는 것이다. 결국 20% 이하에서 두 번의 바닥을 이룬다면 하락의 종료인 C파동을 완성함과 동시에 이중바닥이 형성된 것으로 보고 주가의 조정도 마무리 되는 것으로 해석하는 것이 바람직하다.

앞서 〈옥석가리기〉 프로그램을 통해 조정파동을 판단하는 설명을 했다. 이를 접할 수 없는 투자자들 입장에서는 스토캐스틱을 통해 파동을 판단하는 것도 타당한 방법이다.

이중바닥을 형성했다고 무조건 주가가 오르는 것은 아니며 시장의 여건이 비교적 안정되어 있을 때 가능하다. 어떤 지표든 시장의 분위기가 좋지 않은 상황에서는 그 정확도가 떨어질 수밖에 없으며 이럴 때는 펀드멘탈이든, 기술적 분석이든 분석의 의미가 퇴색한다.

기술적 분석이란 주가의 움직임을 반영한 것이다. 주가의 움직임은 역시 시장의 여건을 반영한다. 시장의 여건은 출현하는 변수에 의해 변화할 수 있다. 따라서 기술적 분석은 '시장의 분위기가 바뀌지 않는 한~'이라는 단서, 즉 세트리스 파리부스Cetris Paribus, 여타조건이 일정한 한~, 여건의 변화가 없는 한~라는 전제하에 신뢰성을 가진다. 물론 이는 기술적 분석에 한해서만이 아니라 펀드멘탈 분석 역시 마찬가지다.

[차트 67]에서 보면 주가가 고점에서 저점으로 진입하는 과정을 스토캐스틱이 잘 설명해 주고 있다. 80% 이상에서 고점을 형성한 후 첫 번째 하락에 의해 20% 이하로 진입하면서 A파 하락을 보여주고 있고 이후 B파 반등을 하고 있지만 이는 하락 이후 기술적 반등에 불과한 것뿐이다. A파 하락폭이 깊은 경우 B파 반

■ 차트 67 | 스토캐스틱 C파 매수타이밍의 예

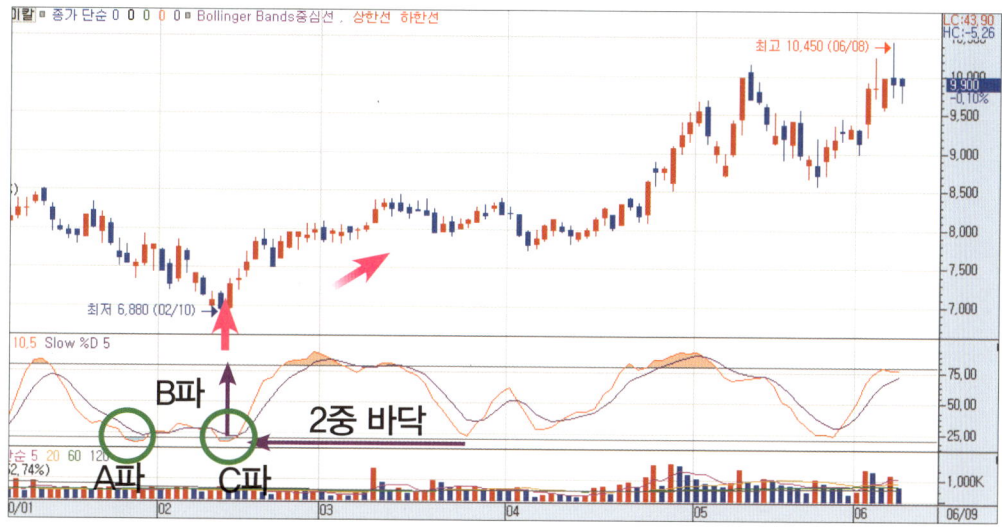

스토캐스틱이 80% 위에서 정점을 이룬 후 20% 이하에서 이중바닥A파 하락 → B파 반등 → C파 하락을 마무리하면서 급등세를 보이고 있음을 보여주고 있다.

등이 제법 강하게 나오는 경우도 있지만 반등기간은 짧고 반등폭이 미미한 경우가 많아 주의가 요구된다.

B파 반등이 이루어진 후 다시 C파의 하락으로 이어지게 되는데 이때 다시 20% 이하로 진입해 이중 바닥을 형성한 후 스토캐스틱이 상승반전하게 되면 파동의 완성으로 볼 수 있다. 주가는 이후 강세흐름을 이어가는 경우가 많다.

다이버전스든, 이중바닥이든 이러한 패턴이 잘 이루어지면 그만큼 좋은 매수타이밍이 된다는 의미이지 이것이 100% 정확성을 가지는 것은 아니다. 시장의 여건이 긍정적이냐 아니면 부정적이냐에 따라 그 정확도도 높낮이가 생긴다.

이 정도로 스토캐스틱에 대한 공부를 했다고 해서 완벽하게 이해한 것은 아닐 것이다. 앞서 설명했던 대로 분석의 정확도를 높이는데 필요한 일부분만 살펴본 것이라는 점을 잊어서는 안된다.

분석의 정확성을 높이기 위해서는 각 지표의 장·단점을 이해하고 필요한 핵심내용을 상호보완적으로 활용하는 것이 바람직하다. 따라서 볼린저밴드, 조정파동, 그리고 스토캐스틱을 활용하여 매수타이밍의 교집합을 찾아 그 정확성을 높이는 것이 관건이다. 지금부터는 이에 대한 이해력과 활용도를 높여보자.

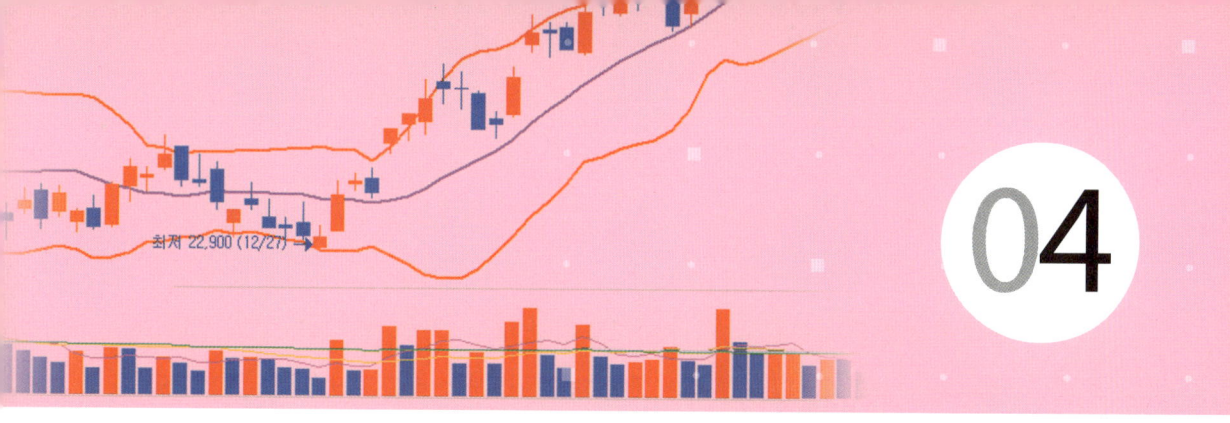

볼린저밴드, 파동, 그리고 스토캐스틱의 접목에 의한 매수타이밍

지금 우리는 기술적 분석의 지표를 공부하고 있으며 이를 통해 효과적인 매매 타이밍을 찾고자하는데 목적을 두고 있다. 그리고 기술적 분석을 하는 입장에서 펀드멘탈 분석가들인 워렌 버핏이나 존 템플턴과 같은 유명한 투자자들의 투자 스타일을 따를 수는 없다.

분석의 도구에 따라 좀더 멀리 보고 투자할 것인가, 아니면 단기 대응전략을 구사할 것인가는 분석자의 판단기준에 따라 매매하면 된다. 주봉이나 월봉을 활용하여 중·장기로 보고 매수타이밍과 매도타이밍을 결정하면 된다. 일봉, 분봉을 활용하여 초단기로 매매할 수도 있고 스윙으로 대응할 수도 있다. 분석의 도구를 주봉과 월봉으로 할 것인가, 아니면 일봉과 분봉으로 할 것인가는 전적으로 투자자가 선택할 몫이다. 그렇지만 분석의 도구가 어떤 것이든 분석법은 같다. 자신에게 적합한 기법을 확립하고 이를 원칙으로 삼는 것이 중요하다.

우리는 앞서 볼린저밴드에 의한 매매타이밍에 대해서는 충분히 공부했고 또 앞서 엘리어트의 조정파동에 대해서도 개략적으로 살펴봤으며 또한 스토캐스틱의 중요한 부분도 공부했다. 이제 어떻게 활용하느냐의 문제만 남아 있다. 그리고 엘리어트 조정파동의 구분이 모호할 경우 스토캐스틱을 보면 더욱 분명해질 수 있다는 점도 참고하면 분석에 도움이 될 것이다. 지금부터는 이들 지표들의 조합을 통해 매수타이밍을 포착하는 법을 공부하자. 우선 조정파동에 대해 한번 더 살펴보자.

[차트 68]에서 주가가 천정을 치고 볼린저밴드의 중심선이 아래로 꺾이면 시세의 방향이 하락으로 꺾였음을 볼 수 있다. 이때 세력선주체세력의 움직임을 그 각각의

■ 차트 68 | 주가분석 프로그램 〈옥석가리기〉를 통한 조정파동

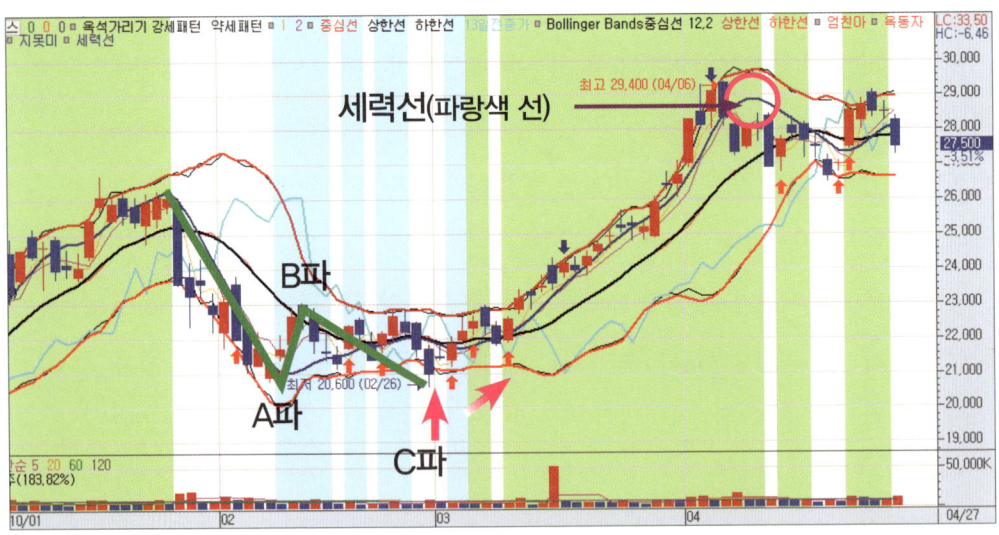

파랑색 선은 〈옥석가리기〉 지표의 세력선으로, 이 세력선의 하락전환이 뚜렷하게 이루어지는 시점으로부터 조정파동이 시작된다. 이후 이 선의 상승전환 이전 저점에서 A파 저점이 이루어지고 상승전환 후 직전 고점에서 B파 반등이 이루어진다. 다시 꺾이면서 C파동의 하락이 이루어지면서 상승전환을 예고한다. 그리고 2월 26일 이후 세력선을 돌파하면서 조정의 종료와 함께 새로운 상승전환을 보여준다.

주가에 대한 영향력을 고려하여 가중평균하고 이를 다시 주가와의 함수관계를 설정하여 구현한 선은 시세 주도세력의 동향과 파동을 읽는데 매우 중요하다. 또한 이 선의 상승과 하락에 따라 시세의 단기적 방향을 파악할 수 있다. 세력선은 〈옥석가리기〉 프로그램에서만 존재한다. 따라서 이를 접할 수 없을 경우 대략 9일 평균선을 활용하는 것이 바람직하다. 세력선은 이동평균선이 아님을 분명히 알아야 한다. 세력선이 꺾인 상황을 A파 하락의 진행과정으로 해석하며 이후 세력선의 상승전환 직전 저점을 A파 저점으로 인식한다. 또한 세력선의 상승전환이 있을 경우 그 시점의 고점이 바로 B파 고점이며 이후 세력선이 다시 꺾일 때 비로소 C파동으로 진입한 것으로 해석한다. C파동에서 세력선의 상승전환은 곧 새로운 상승의 시작을 알리는 것으로 이후 주가의 강세전환으로 보는 것이 타당하다.

결국 C파의 저점에서 세력선의 반전시점이 매수타이밍이 된다. 바로 [차트 68]은 이를 잘 설명해 준다.

주가 분석에 있어 파동은 대단히 중요하다. 파동을 제대로 읽어야 주가의 위치를 파악할 수 있으며 이에 따라 대응전략도 제대로 세울 수 있다. 무조건적인 기술적 분석을 통한 매수매도로 대응한다면 문제가 생기기 쉽다. 높은 수익을 올릴 수 있는 위치에서 잘못된 매도로 투자성과를 제대로 올리지 못하게 되고, 잘못된 위치에서 매수하여 여유를 부리다가 매도시점을 놓쳐 손해를 입게 된다. 조정 파동의 끝에서 매수한다면 전략에 있어 여유를 가지고 투자수익률도 높게 잡는 것이 바람직하다. A파 조정 후 B파에 해당하는 수익을 추구한다면 이는 시세폭을 짧게 가져가거나 손절가격을 미리 정하고 발 빠르게 대응할 수 있을 것이다.

이제 우리는 볼린저밴드와 스토캐스틱에 의한 다이버전스도 알았으며 또한 조정파동에 대해서도 알았다. 필자가 이들 지표를 중요시하는 것은 그만큼 주가의 매매시점과 방향을 판단하는데 없어서는 안 될 최고의 지표이기 때문이다.

■ 차트 69 | 볼린저밴드, 스토캐스틱, 그리고 주체별 동향을 통한 분석

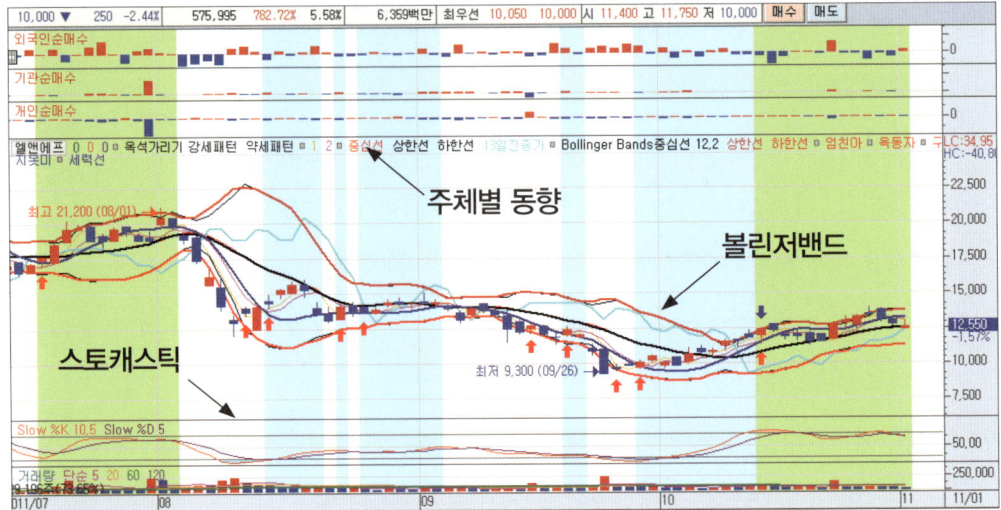

매수타이밍의 정확성을 높이기 위해서는 한 화면에 주체별 동향, 스토캐스틱, 그리고 볼린저밴드로 구성하는 것이 효율적이다. 이를 한눈에 보고 매매타이밍을 포착하는 것이 바람직하다.

수많은 기술적 지표를 공부해 왔지만 100% 완벽한 것은 없다. 지금까지 나와 있는 각종 지표들을 상호보완적인 것으로 활용하는 것이 가장 중요하다. 주가 분석에 있어 각각의 지표들은 그 배경이 달라 상호 배타적일 수도 있지만 주가의 흐름을 통해 구현된 것이기 때문에 보완적인 경우가 많다. 이러한 지표들의 조합을 통해 최적의 매수시점을 찾는 작업이 중요하다. 따라서 보조지표들을 한 눈에 볼 수 있도록 한 화면에 셋팅하는 작업이 우선되어야 한다.

파동은 우리가 제대로 이해해야 할 숙제이고 우선 화면 구성에 볼린저밴드와 스토캐스틱을 구현하는 것이 중요하다. 물론 주체별 동향도 같이 보는 것은 기본이며 이는 주가를 이해하는데 반드시 필요한 수급동향이다. 그리고 세력선을 구성할 수 없는 한계성이 있지만 9일 평균선을 뚜렷하게 표시하여 파동을 읽는 데 문제 없도록 해야 한다. 이렇게 구성한 화면의 예를 보면 [차트 69]와 같다.

[차트 69]에서와 같이 볼린저밴드와 스토캐스틱을 설정하고 이를 통해 한눈에 매수타이밍을 포착하는 것이 중요하다. 이를 위해 우리는 각 지표의 중요한 매수 타이밍을 포착하는 법에 대해 공부해 왔던 것이다.

우선 파동 상 주가의 위치를 파악하고 A파 → B파의 과정을 거쳐 C파의 진행과정에 있는 주식을 추적하고 관찰해 나가야 한다. 스토캐스틱 상 다이버전스나 이중바닥의 완성시점, 그리고 볼린저밴드 상 수축 후 중심선의 상승전환 시점을 확인하는 것이 중요하다. 이 시점들이 주가 바닥에서 매수할 타이밍이 되기 때문이다. 그렇다면 바로 직전 살펴본 엘앤에프의 경우를 예로 들어 최적의 타이밍을 찾아보자.

■ 차트 70 | 조정파동, 스토캐스틱, 볼린저밴드를 통한 매수시점 포착

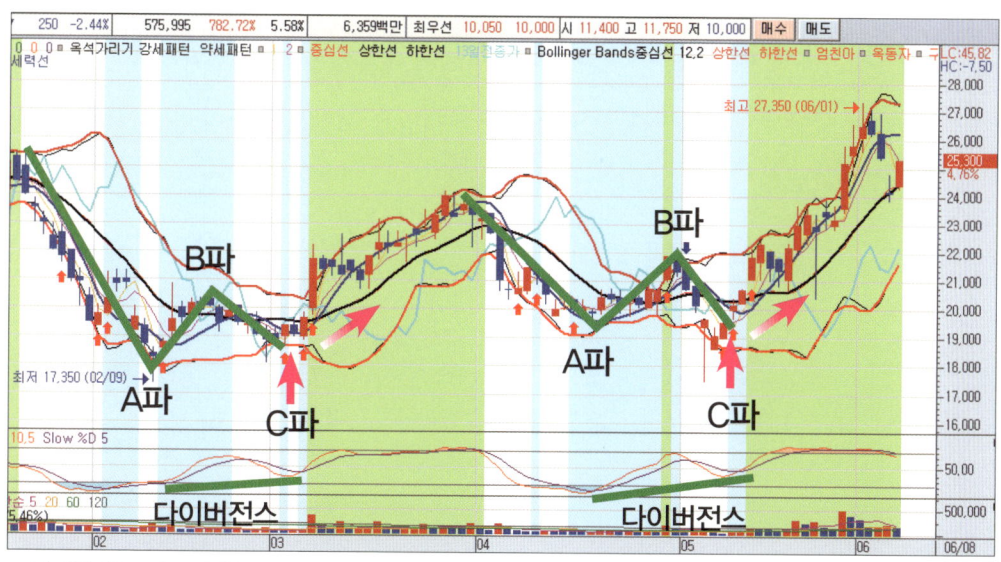

조정파동 상 C파동의 완성이 이루어지고 볼린저밴드 수축이 심화되면서 중심선의 기울기가 상승전환을 모색하고, 스토캐스틱 상 다이버전스가 발생하게 되면 이 시점이 매수타이밍이며 이후 주가는 본격적인 상승세를 보여주고 있음을 알 수 있다.

[차트 70]에서는 파동의 완성국면인 C파동을 잘 표현해 줌과 동시에 볼린저밴드의 수축과 그 중심선의 상승전환 시점, 그리고 스토캐스틱 상 다이버전스를 동시에 보여주는 이 시점이 매수시점이며 이후 주가가 강하게 오름으로써 매수타이밍의 정확성을 보여주고 있다. 물론 스토캐스틱 상 반드시 다이버전스가 되어야 하는 것은 아니며 이중바닥의 모습을 취하는 경우도 매수타이밍으로 간주한다. 다만 이중바닥 보다는 다이버전스일 때가 더욱 신뢰성이 높다.

이러한 분석법이라고 해서 무조건 다 옳은 것은 아니다. 내용이 부실한 것은 시장기능을 상실한 것이기 때문에 적용해서는 곤란하다. 어디까지나 시장기능이 제대로 작동하는 대상을 전제로 이 같은 기술적 분석이든 펀드멘탈적 분석이든 통하는 것이지 이러한 범위를 넘어선 대상은 분석의 의미가 없다. 그리고 갑작스런 시장여건의 변화에 의해 과민한 변동성을 보이는 상황에서는 그 신뢰성이 떨어지는 경우도 종종 있다.

이러한 분석기법을 중·장기적 관점에서 대응하려 하는 투자자가 있다면 이 때는 당연히 주봉과 월봉을 이용하여 타이밍을 포착해야 한다. 먼저 주봉의 예를 살펴보자.

■ 차트 71 | 주봉 상 C파 저점과 다이버전스의 유용성

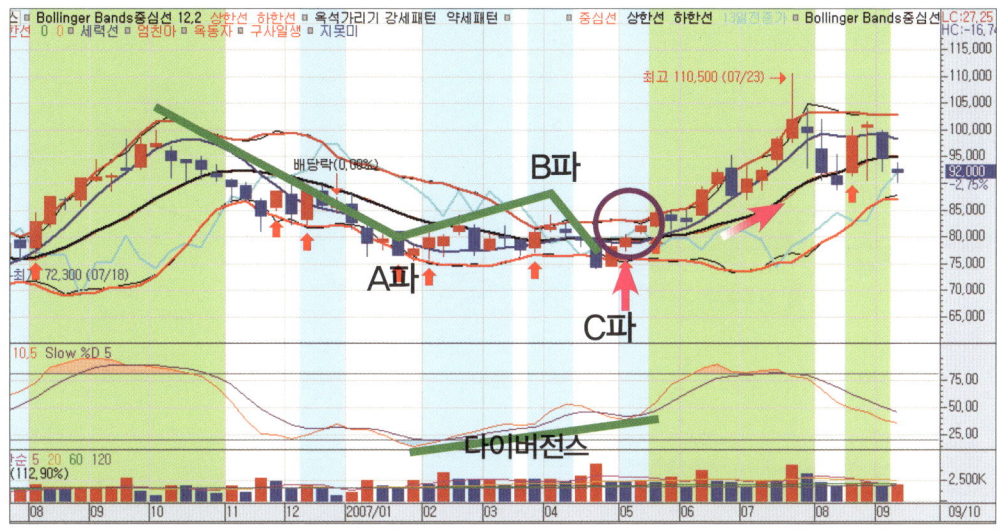

주봉으로도 C파동을 완성한 후 스토캐스틱 상 다이버전스가 나타날 경우 그 시점이 매수타이밍이며 이후 주가가 강세를 보인다. 다만 주봉으로 타이밍을 포착한다는 것은 그 만큼 중·장기적인 투자를 통해 큰 수익을 목표로 하는 투자자들에게 적합한 전략이다.

[차트 71]를 보면 역시 조정파동이 뚜렷한 모습이며 C파동을 완성할 때까지 스토캐스틱을 보면 다이버전스가 뚜렷하게 나타나고 있음을 알 수 있다. 매수타이밍은 역시 스토캐스틱 상 다이버전스가 확인되는 시점이며 이 시점을 노려야 한다. 이후 주가는 급등세를 보이면서 매수에 임했던 투자자는 큰 수익을 확보할 수 있었을 것이다. 주봉으로 투자를 한다는 것은 그 만큼 대형우량주로 큰 수익을 목표로 멀리 보고 투자한다는 의미이다.

우리는 주도주에 대해 관심을 많이 갖게 된다. 주도주도 이러한 분석을 통해 주봉 상의 매수타이밍을 포착할 수 있다. 다만 주도주는 역시 '그 시대에 걸 맞는 대의명분이 갖추어진 업종이나 테마에서 부각된다'는 사실을 염두에 두고 그 시기에 가장 이슈가 무엇인지를 냉철하게 판단하고 임하는 자세가 중요하다.

■ 차트 72 | 월봉 상 조정파동 완성과 다이버전스의 유용성

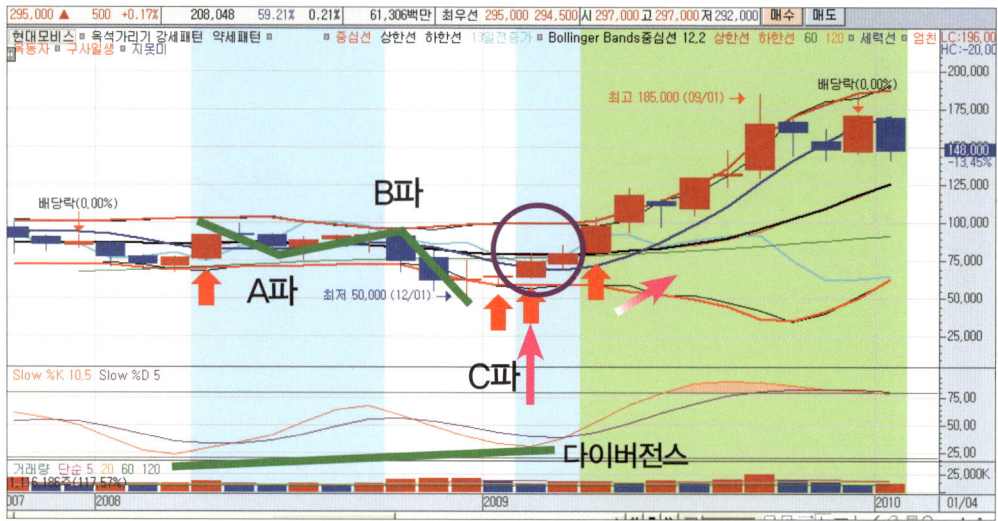

월봉으로도 파동이 성립하고 스토캐스틱 상 다이버전스나 이중바닥이 확립, 그리고 볼린저밴드 상 중심선의 상승전환 시점은 매수타이밍이며 장기적으로 대응할 경우 큰 수익을 확보할 수 있음을 보여준다.

다음으로 월봉의 경우도 살펴보자. 월봉은 한 달이 지나야 월봉하나가 완성되는 것인 만큼 장기적인 관점에서 타이밍을 포착하는 것이다. 하지만 이러한 투자를 하는 투자자가 얼마나 될 지 의문이기도 하다. 하지만 만약 대형우량주 중 매수타이밍에 진입한 투자대상이 발견되었다면 이는 장기적으로 대응해야 함은 물론 이를 매수했을 경우 대어를 낚았다고 보면 된다.

[차트 72]에서는 월봉 상 조정파동을 잘 마무리하였고 스토캐스틱 상 이중바닥이나 다이버전스가 확립되었다. 동시에 볼린저밴드 상 중심선이 상승으로 전환하는 국면에서는 아주 중요한 매수타이밍이며, 이때는 단기적 관점에서 대응할 것이 아니라 장기적 대응을 통해 큰 수익을 확보할 수 있음을 보여주고 있다. 주봉이나 월봉은 매수타이밍 상 완전한 저점에서 매수하기는 어렵다. 이미 봉 하

나가 구축되려면 일주일이나 한 달이 걸려야 하기 때문이다. 그렇지만 이러한 과정을 통해 저점 탈출에 대한 신뢰성은 매우 높아 필자가 제시한 조건을 충족시킬 경우 적극적으로 매수에 임하는 것이 바람직하다.

주봉이나 월봉을 등한시해왔다면 이는 잘못이다. 실질적인 주도주를 놓치는 것은 최고의 수익기회를 잃는 것과 같다. 따라서 관심을 갖는 종목이면 월봉과 주봉을 항상 살피는 것이 중요하다. 주봉이나 월봉 상 매수타이밍이 도래한 종목이라면 적어도 단기적 관점에서 대응할 상황이 아니면 시야를 넓고 크게 가져가야 한다. 수익폭 역시 높게 잡는 것이 바람직하다. 좋은 주식을 매수해 두고 주봉이나 월봉을 보지 않아 초기에 매도함으로써 큰 수익기회를 잃는 투자자들이 많다. 지금까지 공부한 내용을 확실히 정립하여 실수 없도록 하는 것이 중요하다.

투자는 실전이다. 전쟁터가 피를 흘리는 처절한 전투가 이루어지는 곳이라면 주식시장 역시 승자와 패자로 극명하게 나누어지는 냉혹한 곳이다. 이곳에서는 패배자가 될 수도 있다. 공부하는 내용이 터무니없는 것이라면 이는 무용지물이며 공부를 한들 하나도 도움이 될 수 없다. 차라리 공부하지 않는 것이 더 나을지도 모른다. 하지만 공부한 내용이 타당성이 있고 실질적인 효력을 갖는다면 이는 완벽하게 자신의 것으로 만드는 것이 중요하다.

필자는 26년간 주식투자를 해왔고 강산이 4번이나 바뀔 때까지 실효성있는 분석법을 찾아 헤매었다. 지금도 이러한 과정은 계속되고 있다. 돌이켜보면 시행착오도 많았지만 이번에서야 비로소 볼린저밴드의 완결편을 내놓게 된 셈이다. 보다 정확성을 기하기 위해 다른 보조지표와 접목을 강화함으로써 볼린저밴드가 갖는 약점을 최대한 보완하는 것은 물론 볼린저밴드의 원본과는 다른 관점에서 분석의 체계화를 이루는 과업을 이루어 냈다는 점에서 자부심을 느낀다. 필자는 매도보다 매수가 더 중요하다고 본다. 매수하는 순간 이미 주사위는 던져진 셈이며 이후 이익과 손실로 이어지게 된다. 매수타이밍이 좋다면 이익을 챙길 수 있다는 점에서 부담이 없겠지만 매수타이밍이 좋지 않다면 이는 손실의 원인이 된다. 문제가 발생하기 전에 매수타이밍에 신중해야 하는 것은 당연하다. 매수가 좋았다면 수익기회를 갖는 셈이다.

물론 매도 또한 수익이나 손실관리 차원에서 아주 중요하다. 다만 매도는 자신의 심리적 욕구탐욕와 직결된 문제가 분석기법 보다 우선하는 경우가 많아 기법에 앞서 절제가 필요하다는 점에 유의해야 할 것이다.

다음 장에서는 역시 실전에서 소외되지 않는 투자, 다시 말해 적극적인 대응이 필요한 경우를 살펴보고자 한다. 소외되지 않는다는 것의 의미는 현재 인기주의 흐름에 편승하여 매수와 매도를 통해 수익을 취한다는 것으로 해석해도 좋다.

투자를 하다 보면 자신도 모르게 자신이 미리 정한 테마, 주도주, 또는 종목에 지나치게 집착한 나머지 시장의 인기와는 상관없이 아집을 부리는 경우가 있다. 이는 자신의 처지를 어렵게 할 뿐이다. 자신의 소신대로 중·장기적으로 소외주를 매수하여 오를 때까지 승부를 펼치는 것은 바람직한 행동으로써 높이 평가받아야 할 일이다.

하지만 대다수의 일반투자자들은 단기투자에 집중하는 경향이 강하고 시세흐름에 편승하기를 바라는 경우가 많다. 시장 인기에 지나치게 빠져들게 되면 손실과 이익이 반복되고 결국은 원금은 자신도 모르게 줄어들게 되고 나중에 가서는 걷잡을 수 없는 지경에 이르게 되는 경우가 많다.

이 같은 손실을 계속 당하다 보면 나중에 가서는 심리적 중압감에 시달리게 되고 결국 투자에서 가장 중요한 자신에 대한 컨트롤 부재 때문에 서서히 자멸의 상황으로 내몰리게 되는 것이다.

  투자는 실력도 중요하지만 심리적인 요인이 더 중요한 만큼 상황의 악화를 스스로 차단하고자 하는 사전적인 노력, 또는 훈련도 필요하다. 시세의 흐름에 휘둘려 분별없는 투자를 하는 자신을 발견하고 조치를 취할 수 있는 것도 중요한 능력이다.

강세종목 편승과 수익전략 알아보기

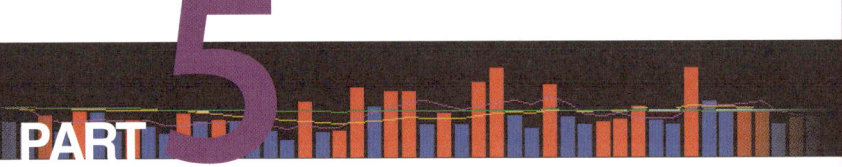

PART 5

❶ 시장 인기주와 필요한 도구
❷ 분봉의 활용방법

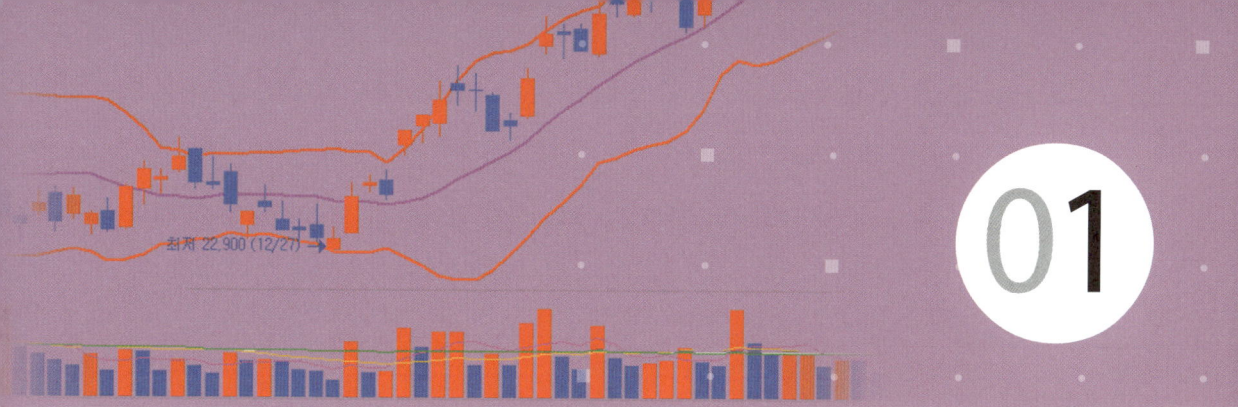

시장 인기주와 필요한 도구

가장 좋은 투자란 최저점에서 매수하여 가장 높은 곳에서 매도하는 것이겠지만 이러한 완벽한 투자를 하기란 쉽지 않다. 수많은 투자기법들이 나와 있지만 이 역시 완벽할 수는 없다. 너무 일찍 매수하여 상당기간을 기다려야 하는 고충이 있을 수도 있고 또는 타이밍이 늦어 추격 매수하다가 단기상투에 걸려 고생하는 경우도 많다. 이러한 경험을 많이 해 본 투자자라면 시행착오를 줄여 경제적인 투자를 하고자 하는 욕구가 강할 것이다.

다시 말해 기다려야하는 시간비용을 최소화하고 투자의 효율성을 높이고자 하는 것이 대부분의 투자자들의 바람일 것이다. 이러한 투자를 위해서는 역시 시장의 인기주를 따르는 것이 좋다. 하지만 아무리 인기주가 좋다 하더라도 타이밍을 제대로 맞추지 못할 경우 매매가 어려워지고 수익은 초라해질 수밖에 없다. 투자는 역시 타이밍의 예술이며 이러한 타이밍이 잘못 되었을 경우에는 그만큼 희생이 따라야 하는 것이기 때문에 만만치가 않은 것이 현실이다. 여기서는 투자의 과정에서 누구나 할 수 있는 시장 인기주, 또는 강세종목에 편승하는 방법과 그 이익실현매도 전략을 다루고자 한다.

투자를 위해 시장에 뛰어들었다면 이미 자신은 악마처럼 검고, 지옥처럼 뜨거우며, 키스처럼 달콤한 영화의 주인공이 되는 셈이다. 정신을 바짝 차리지 않으면 인생의 성과물이 일순간 연기처럼 사라진다는 점을 명심해야 한다. 성공한 주인공이 되느냐, 아니면 패배자가 되느냐는 얼마나 다방면에서 실력을 잘 갖추었느냐에 달려 있다.

'시장의 인기주'란 당시 여건에서 가장 이슈가 되는 내용과 연관된 종목군이다. 여기에는 상승을 이끄는 주도세력이 존재하고 이를 추종하는 일반투자자들이 줄기차게 매수에 참여한다. 뒤늦게 소외된 투자자들이 참을 수 없는 유혹을 이기지 못하고 어쩔 수 없이 기존의 손실 종목을 매도하여 교체매수를 할 정도로 투자자들의 많은 관심을 받는 대상이다.

상승의 초기에는 일반투자자들이 인지하지도 못한 상황에서 점진적인 상승을 이어나가지만 상승이 진행되는 동안은 끈질긴 생명력도 있다. 상승의 진행과정은 조정과 상승을 반복하는데 상승의 폭과 기간이 길며 조정의 폭과 기간이 짧게 이루어지는 것이 특징이다. 이러한 인기주는 다른 소외주와는 대조적일 수밖에 없다. 투자자들 간에는 인기주와 비인기주의 선택에 따라 희비의 쌍곡선이 그려지게 된다.

인기주는 개별종목별로 선별적인 상승세를 보일 수도 있고 테마군을 이루면서 강세행진을 이어갈 수도 있다. 또한 주도주로 부각되면서 장기적인 상승 기조를 이어나갈 수도 있다. 어떤 것이든 우리에게 중요한 것은 이러한 강세종목을 찾는 것이다. 그러기 위해서는 항상 차트를 살피면서 상승모드에 위치한 종목을 확인하는 것이 중요하다. 또한 테마 역시 수시로 살펴야 하고 업종의 소속 종목 중 대표적인 것들의 움직임도 놓쳐서는 안 된다.

우리의 전략은 상승기조에 있는 종목을 적절한 타이밍을 포착하여 매수하고 상승세를 보이면서 올랐을 때 하나의 마디에서 수익을 실현하는 것이다. 따라서 주봉이나 월봉의 분석은 필요하지 않다.

기본은 일봉차트이며 5일선을 타고 오르거나 아니면 볼린저밴드 중심선을 타고 오르는 대상이 유리하다. 그 인기주의 중간차익을 얻고자 하는 것이기 때문에 일봉의 조정과정을 이용하여 매수타이밍을 노려야 한다. 또한 강세를 보였을 때는 이익을 챙기고 나오는 전략을 구사할 수 있다. 이때 중요한 것은 일봉의 하위 평균선을 활용하는 것이다. 일봉의 하위 평균선은 60분봉, 30분봉, 또는 5분봉이 활용된다. 이러한 분봉들은 인기주의 매수타이밍을 포착하기 위해 필요한 도구이며, 이를 잘 활용하여 좋은 시점에서 매수와 매도를 잘 하는 것이 중요하다.

02

분봉의 활용방법

 분봉은 사실상 데이트레이딩의 초단타나 2~3일스윙간의 대응전략을 구사하려는 투자자들에게 필요한 지표이다. 물론 분봉은 2~5일의 단기투자를 구사하고자 할 경우 보다 정교한 매수와 매도타이밍을 결정할 때도 유용하게 활용된다.
 앞서 언급했지만 분봉을 활용하고자 할 경우 역시 일봉의 하위평균선인 5분, 30분, 그리고 60분봉이 주로 사용된다.
 데이트레이딩의 경우에는 5분봉이 주로 활용된다. 하루 이틀의 단기투자에서는 30분봉이나 60분봉이 유용하게 쓰이는 경우가 많다. 투자자 각각의 취향에 따라 3분봉을 활용하는 경우도 있고 10분, 20분 등 다양한 지표를 사용하는 경우가 있다. 하지만 주로 사용하는 지표는 역시 앞서 제시한 5분, 30분, 60분봉이다. 그렇다면 5분이나 30분, 60분을 어떻게 활용해서 매수타이밍을 포착할 것인가? 먼저, 데이트레이딩의 경우부터 살펴보자.

데이트레이딩의 경우 역시 5분봉을 사용하는 것이 유용하며 이를 이용하여 매수타이밍을 포착하는 것이 효과적이다. 물론 그 이전에 일봉 상 좋은 패턴을 갖추는 것이 중요하다. 일봉으로 좋은 패턴이란 역시 5일 평균선을 지지로 상승하는 경우이다. 특히 조정과 상승을 반복하면서 오르는 것이 좋은 패턴이라 할 수 있다. 또한 조정을 어느 정도 거치는 경우 볼린저밴드 중심선으로 수렴한 후 이에 대한 지지가 이루어지는 것이 이상적인 패턴이라 할 수 있다.

하지만 이격도가 위로 너무 지나치게 확대되어 있는 경우나 저점 대비 지나치게 오른 때에는 그만큼 위험성이 높아진 것으로 볼 수 있다. 따라서 좋은 매수타이밍으로 볼 수 없다.

[차트 73~76]은 데이트레이딩이나 스윙 투자대상 중 좋은 것과 좋지 않은 것을 예로 든 것이다. 다음 차트에서 이후 주가의 움직임이 어떻게 변화했는지를 잘 보여준다. 같은 5일 평균선 지지가 이루어진 종목이라 할지라도 이격도가 크

■ 차트 73 | 이격도가 낮은 효성오앤비의 매수타이밍

이격도가 높지 않은 시점에서의 매수는 성공가능성이 높다. 그 결과는 [그림 75]에서 보여준다.

■ 차트 74 | 이격도가 높은 위치에서의 매수의 위험성

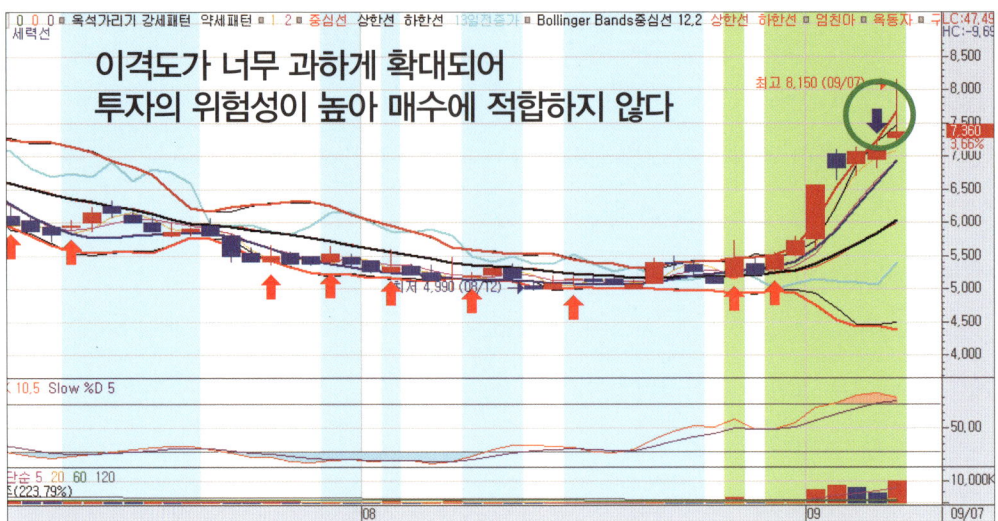

이격도가 높은 지점에서 추격 매수를 할 경우 손실위험이 클 수밖에 없다. [그림 76]에서 그 결과를 알 수 있다.

■ 차트 75 | 앞서 매수한 효성오앤비의 주가 흐름

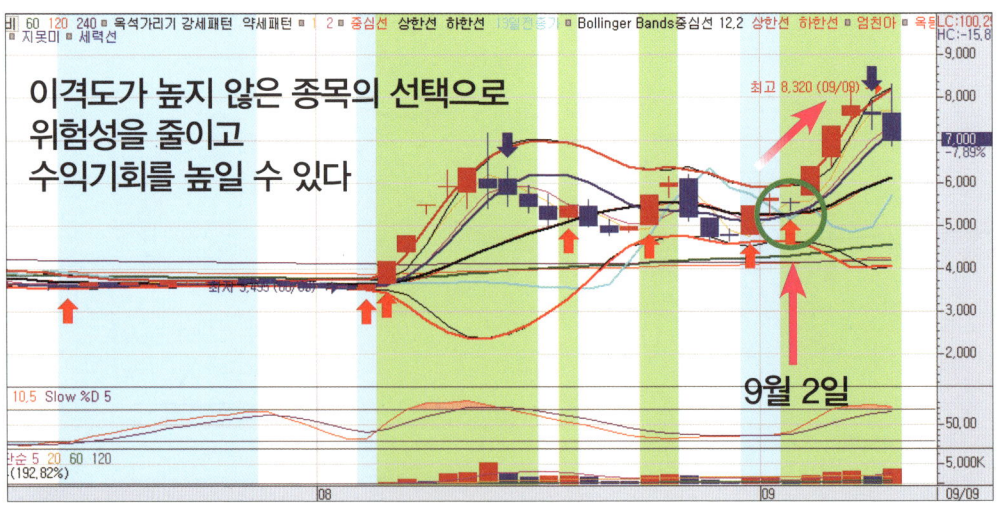

이격도가 낮은 시점에서의 매수 결과는 성공적이었음을 보여주고 있다.

■ 차트 76 | 앞서 매수한 세명전기의 투자 결과

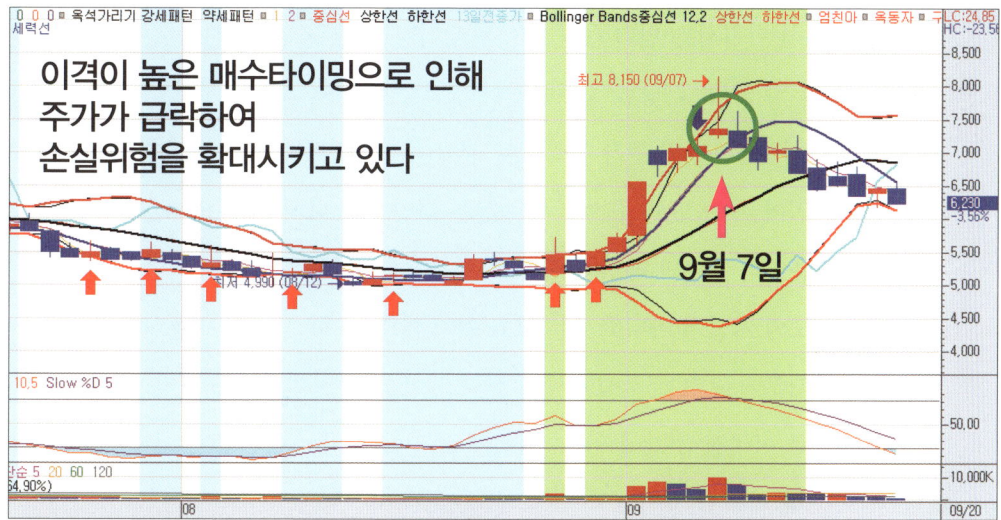

5일선을 지지로 상승하는 인기주이지만 결국 이격도가 과도하게 상승확장된 주식을 추격 매수해서는 안 된다는 사실을 보여주고 있다.

지 않은 대상은 적절한 조정을 거친 후 상승세로 이어졌다. 하지만 이격도가 지나치게 벌어진 주식은 이후 급락세로 이어지면서 큰 손실을 유발한 경우를 보여준다. 아무리 좋은 투자대상으로 보여 지더라도 위험성이 높아진 대상을 선택해서는 안 된다. 이전의 성공적인 투자성과물을 단 한 번에 날려버리는 우를 범할 필요는 없을 것이다. 좋은 투자란 '위험을 최소화하고 투자의 효율성을 높여 지속적인 성과물을 쌓아 나가는 것'이라 할 수 있다.

투자를 하다 보면 예상보다 좋은 성과물에 자신감이 넘쳐나게 되고 이로 인해 자신도 모르는 사이에 분별없는 매수를 감행하는 경우가 생긴다. 결국 큰 손실을 입게 되는 경우가 흔한데 이를 막기 위해서는 지켜야 할 원칙을 확실히 지켜주어야 한다.

그러면 데이트레이딩을 하는 투자자의 입장에서는 이상에서 지적한 내용을 바탕으로 어떤 타이밍에서 매수하는 것이 바람직할까? 이에 대해 구체적으로 살펴보자. 우선 여기서는 인기주 중 데이트레이딩의 경우를 고려하는 것이라는 점을 염두에 두자. 이에 타당한 지표는 역시 5분봉이다.

5분봉이란 5분간의 주가 등락으로 캔들 하나가 만들어지는 지표다. 이 때문에 하루에 일어날 수 있는 주가의 변동성은 다양하게 나타날 수 있다. 이러한 변동성을 활용하여 매수와 매도타이밍을 포착하여 수익을 실현하는 기술을 갖는다는 것은 고도의 기법이 아니고서는 결코 쉽지 않다. 또한 하루의 변동성을 활용하는 것이기 때문에 오르는 주식을 매수했다가 이후 어떤 이유든 하락해 버리면 곧바로 손실로 이어질 수밖에 없다. 따라서 조정을 거치는 순간을 잘 포착해 매수하여 오를 때 차익을 챙기고 나오는 것이 중요하다.

결국 앞서 공부한 조정파동의 완성시점을 노리는 것이 중요하다. 즉 5분봉 상 C파동의 조정을 완성한 시점에서 볼린저밴드의 중심선이 상승으로 전환할 시점이나 그 이전에 하락폭이 클 경우 급락패턴하에서 볼린저밴드 상한선의 하락 반전 시점을 노리는 것이 핵심이다. 물론 일봉으로는 5일선 지지가 이루어지면서 상승하는 추세에 있고 5분봉으로 매수타이밍을 노리는 날은 주가가 조정을 보이는 시점이어야 한다. 시장 인기주가 일봉 상 5일선을 지지로 상승한다는 것은 그만큼 일시 조정을 거친 후 다시 상승흐름을 이어나갈 가능성이 높다. 또한 이격이 크게 위로 확대된 것이 아닌 한 부담이 없기 때문에 이러한 대상과 시점을 매수기회로 삼는 것이다.

하지만 주가란 우리의 판단만큼 순리대로 움직이지 않는다. 5분봉의 조정파동을 잘 완성C파동하면서 오른다면 더할 나위 없이 좋겠지만 대부분은 고점이후 단 한 번의 반락A파 조정으로 조정을 마무리하고 오르는 경우가 많다. 이러한 이유는 강세종목의 경우 일봉 상 5일선을 지지로 조정을 거치는 듯 마는 듯 오르기 때문이다. 그래서 5일선을 지지로 강세기조를 이어나가는 대상에 대해 하루 정도 확실한 반락을 굳힌 경우에는 5분봉 상 C파동의 조정을 완성할 경우 매수기회를 노린다. 그렇지 않은 경우에는 한 번의 반락 이후 볼린저밴드의 중심선을 상향 돌파할 경우 곧바로 매수에 임하는 것이 바람직하다. 앞서 지적했듯이 일봉 상 이격이 크게 확대되지 않은 종목을 선택한다는 것은 그만큼 위험한 투자를 피하기 위함이다.

■ 차트 77 | 앞서 종목의 5분봉차트의 조정파동을 통해 저점 진입의 기회 포착

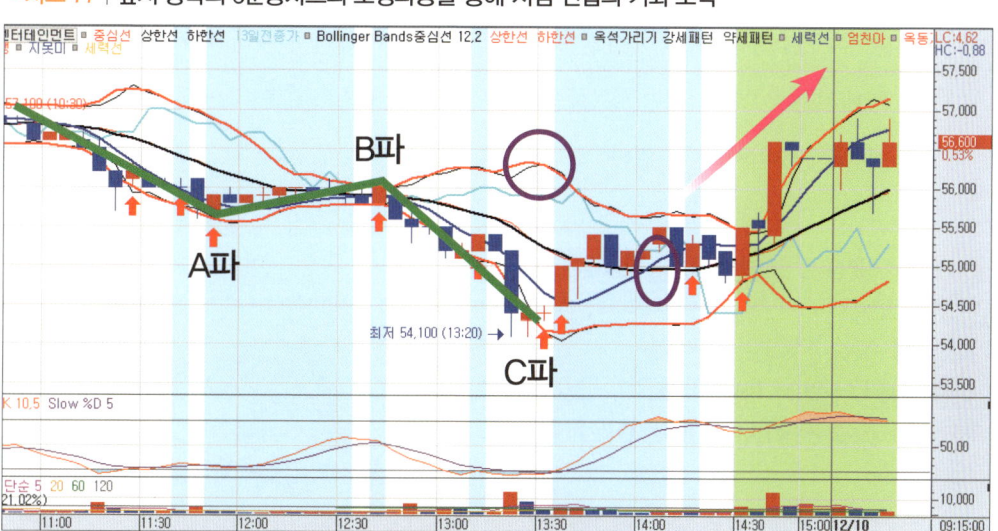

5분봉에서도 C파 저점 매수로 데이트레이딩을 통한 차익실현이 가능하다.

[차트 77]은 일봉 상 데이트레이딩의 대상시장 인기주이며 일봉 상 과열상태가 아니고 5일선 지지 속에 상승흐름을 이어나가는 과정에 있는 종목이 선정된 후 5분봉을 통해 매수타이밍 포착방법에 대해 설명하고 있다. 역시 조정파동은 이변이 없다면 C파동으로 구성되며 차트에서와 같이 C파동을 완성한 후 볼린저밴드가 일정수준으로 수축

되고 중심선이 상승으로 전환하는 시점에서 매수타이밍이 주어지는 것이다. 주가는 이후 강세를 보이면서 데이트레이딩을 통한 적절한 차익실현 기회를 제공해 준다. 또한 일봉 상 5일선을 타고 오르면서 장중 조정을 가볍게 거치고 오르는 경우 파동은 의미가 없으며 한 번의 조정으로 바로 오르는 경우가 많다. 대부분은 이러한 경우에 해당된다고 볼 수 있다. 이때의 매수타이밍은 5분봉 상 주가가 볼린저밴드의 중심선을 상향 돌파하는 시점이나 5분봉의 5선이 상승 전환하는 시점이 된다.

데이트레이딩을 함에 있어 더 많이 접하는 경우가 역시 조정파동C파 없이 오르는 후자의 경우이다. 하지만 이 역시 일봉 상 이격이 지나치게 확대된 경우를 선택해서는 안 되며 일봉 상 상승전환의 초기, 또는 중간단계에서 매매에 활용해야 함을 잊어서는 안 된다. 물론 이후 매도시점은 두 가지 모두 급등패턴일 경우

■ 차트 78 | 5분봉 상 5선과 중심선의 상승전환 시 매수시점

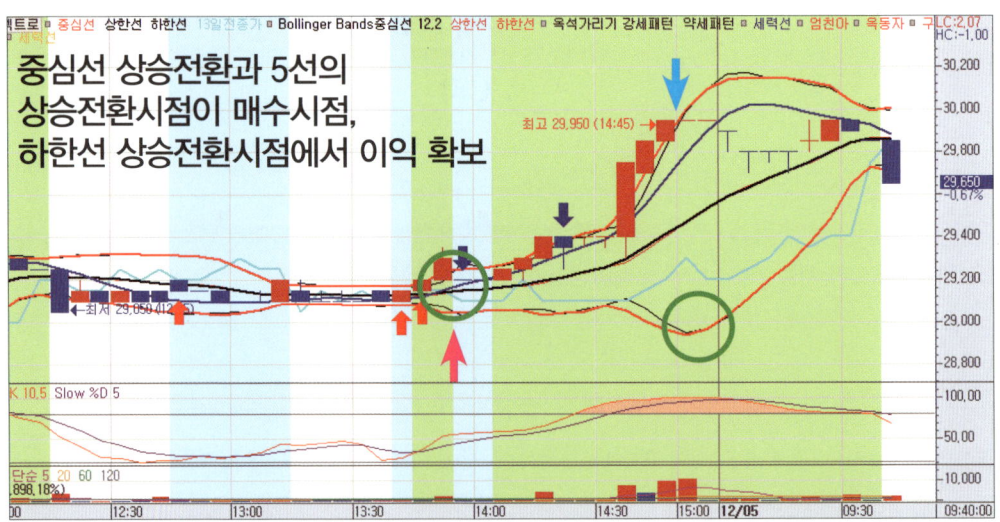

일봉 상 5일선을 지지로 가볍게 조정을 거치고 오르는 경우 5분봉 상으로는 조정파동을 무시하고 오르게 되는데, 이때 매수타이밍은 5분봉 5선의 상승전환이나 볼린저밴드 중심선의 상승전환 시점이 된다.

하한선이 위로 반전할 때 매도하거나 아니면 자신의 매매기준에 따라 3~5%의 차익설정데이트레이더들의 일반적인 하루 중 차익실현 수익률으로 대응할 수 있을 것이다. 데이트레이더들은 대부분 손절을 철저히 지키는 것을 기본원칙으로 삼는다. 매수한 주식을 제대로 처리하지 못할 경우 다음 투자를 할 수 없기 때문이다. 손절원칙과 차익원칙을 확실히 할 결단력이 없다면 데이트레이딩을 해서는 안된다.

사실 필자는 데이트레이딩이 트레이더들에게 노력만큼 결과물을 안겨다 주고 있는지에 대해 의문이 많다. 많은 프로들의 도전이 이루어지고는 있지만 매수한 후 기다리기가 쉽지 않다 보니 추격매수에 집중하게 되고, 돌발적인 시장의 변화로 인해 충격을 받는 과정에서 손절매를 제대로 이행하지 못하는 경우를 수없이 많이 봐왔기 때문이다. 하물며 프로의 경지에 올라 있지 않은 일반투자자들은 어떻겠는가.

시장 상황이 좋든 좋지 않든 상관없이 오르는 종목은 많다. 손실은 스트레스로 이어지고 당장의 이익은 만족도를 높이게 되는데, 이러한 행위는 마치 오락실의 게임에 임하는 사람들처럼 희열과 실망감에 의한 일종의 중독성과 비슷한 것일 뿐이다. 이러한 행위를 지속한 후 나중에 정신을 차리고 보면 계좌를 들여다보기가 두려울 정도로 손실이 누적되는 것이 일반투자자들의 모습이다. 이러한 투자를 하는 투자자들은 이를 자각하지 못한다. 이미 상황이 크게 악화되면 마음으로는 깨닫지만 잃은 손실에 이성을 잃은 나머지 기존의 행위를 또다시 반복하는 경우가 많다. 상황이 더욱 악화되면 정신과 치료를 받아야 할 만큼 심각한 상황에 직면하기도 한다.

한 달 목표수익률이 있다면 좋은 주식을 한 달간 지속적인 홀딩으로 수익률을 달성할 수도 있고 데이트레이딩이나 단기매매를 통해 이룰 수도 있다. 선택의 길은 여러 가지가 있겠지만 일반 투자자들의 대부분은 제대로 데이트레이딩을 할 수 있는 능력을 갖춘 경우가 드물다. 따라서 투기보다는 투자를 함으로써 수익률을 높여나가는 것이 최선책이다. 당장 목전의 오르내림에 너무 매달리다 보면 손실은 물론이고 정신적 건강과 육체적 건강 등 잃는 손실이 너무도 크다.

목전의 손익에 연연한 단기투자가 100미터 단거리 육상종목이라면 우량주로 여유 있게 중기 투자를 하는 경우는 마라톤 육상종목에 비유된다. 주식투자는 100미터 달리기가 아니라 마라톤이다. 단타에 치중하는 한 수익을 내도 낸 것이 아니고 지속하다 보면 결국 수익 보다 거래수수료 비용이 더 많을 수 있다. 계좌를 들여다보기도 두려울 정도로 심각한 상황에 처하게 될 수도 있다. 필자는 단타로 수익을 낸 투자자도 봤지만 일정기간이 지난 후 절망에 빠진 투자자들을 더 많이 봐왔다. 진정한 실력가는 펀드멘탈이 좋은 주식, 양호한 수급, 기술적 지표상 저점을 확인한 매수타이밍, 그리고 희망을 갖고 기다릴 줄 아는 여유로움을 갖춘 투자자일 것이다.

다음으로 스윙투자의 경우에 대해 살펴보자.

하루 이틀, 또는 2~5일간으로 대응하는 것을 우리는 흔히 스윙전략이라고 말한다. 투자를 하다보면 하루가 여삼추같이 느껴질 때가 있다. 시세에 집착하다 보면 인내심은 이미 바닥나고 정상적인 사고의 틀을 벗어나기 쉽다. HTS를 통한 매매주문의 발 빠른 움직임이 가능해지다 보니 일반투자자들은 진득하게 기다릴 줄 모른다. 심지어는 투자 대상의 내용조차 제대로 판단해 보지도 않고 맹목적으로 급등주만 추격 매수하는 투기적 성향으로까지 바뀌기도 한다. 이에 따라 투자자들은 대부분 중·장기 투자를 배제하는 경향이 짙어졌고 스윙전략으로 대응하는 투자자들이 다수를 점하고 있는 것으로 보인다.

사실 정석적인 투자란 이전에 언급한 데이트레이딩이나 지금 이야기하고자 하는 스윙전략이 아니고 좋은 주식을 긴 안목에서 보유하면서 수익을 추구하는 것이다. 하지만 여기서는 최근 투자자들의 성향을 고려하여 스윙전략으로 대응할 때의 성공방법을 제시하고자 한다.

데이트레이딩은 그야말로 글자 그대로 하루에 매수와 매도가 이루어지는 것이지만 스윙전략은 '매수 후 주가가 어느 정도 오를 수 있는 하나의 마디를 수익으로 챙긴다'는 뜻으로 이해하는 것이 바람직하다. 데이트레이딩이 주로 5분봉을 통해 매매타이밍을 포착하는 것이라면, 스윙은 30분봉이나 60봉을 통해 타이밍을 포착한다. 물론 일반적인 분석법이 그렇다는 것이고 이전에 언급한 데이트레이딩도 30분이나 60분봉을 필요에 따라 이용할 수 있다. 스윙 역시 5분봉이나 일봉을 통해 타이밍을 포착할 수도 있다. 그렇다면 30분봉이나 60분봉을 통해 어떻게 타이밍을 포착할 것인지에 대해 지금부터 살펴보자.

30분봉이나 60분봉은 하루 중에 그릴 수 있는 캔들이 각각 13개와 7개로 스윙전략에 가장 적합한 분석도구라 할 수 있다. 이러한 분석도구를 통해 볼린저밴드 상 2~5일간에 걸쳐 그려내는 수축과 확장은 중요할 수밖에 없다. 강세종목이란 오르다가 일시 휴식을 취하기도하고 다시 오르기도 하는데, 그 주기가 대체로 이러한 스윙의 기간과 유사하다는 점에서 30분봉과 60분봉의 유용성이 높다. 우리는 강세종목의 조정과 상승을 통해 스윙전략을 구사하고자 하는 것인 만큼 기본적으로 일봉도 분석도구로 활용해야 한다.

분석의 방법은 앞서 공부한 볼린저밴드를 활용한 매매법을 충분히 활용하는 것이다. 다만 인기주를 공략하여 시간 비용을 아끼기 위해서는 기본적으로 일봉 상 강세권에 있는 대상을 중심으로 종목선택의 범위를 축소하는 것이 중요하다.

여기서 강세권 종목이라는 것은 역시 일봉 상 볼린저밴드의 중심선인 12일선을 타고 오르는 대상으로 정의한다.

결국 우리는 스윙전략인 만큼 12일선을 타고 오르는 종목이 한시적으로 휴식을 취할 때를 이용하여 매수한 후 강하게 솟아오를 때 매도하여 수익을 추구하는 전략을 구사해야 한다. 이때 매수 역시 30분봉이나 60분봉 상 밴드수축이 심화된 후 중심선의 상승전환이나 밴드확장의 초입단계에서 매수를 고려한 후 밴드확장과 함께 급등패턴이 나타나면 급등패턴의 매도전략을 구사할 수 있다. 급등패턴에 국한해서 설명하는 것은 강세종목이기 때문에 수일 내에 강세가 이루어지면서 30분봉이나 60분봉 상 강세패턴을 뚜렷하게 거치게 될 것이며 이를 통해 수익전략을 구사할 수 있기 때문이다.

결국 요점정리를 하면, 〈스윙전략의 매수법〉은 다음과 같다.

첫째, 일봉 상 12일선을 타고 상승이 진행 중인 종목 중에서 선택한 후

둘째, 조정기에 30분봉이나 60분봉을 통해 조정을 거치면서 밴드수축과정을 보일 때

셋째, 30분봉이나 60분봉 상 급락패턴이 이루어지면서 상한선이 아래로 꺾이거나 볼린저밴드의 중심선이 상승으로 전환하는 순간 가능한 한 C파에서 매수를 고려한다.

〈스윙전략의 매도법〉은 다음과 같다.

첫째, 30분, 또는 60분봉 상 급등패턴의 경우 확장된 밴드에서 하한선 상승반전 시점에서 매도한다.

둘째, 혹시라도 급등패턴이 나타나지 않고 완만상승세를 보일 경우 30분이나 60분봉 상한선의 하락반전시 매도를 고려한다.

물론 이러한 방법 외에도 여러 가지 보조지표를 동시에 고려하여 분석의 정확성을 기해야 하는 것은 당연하다. 여기서는 필자가 이야기 하고자 하는 핵심 부분을 중심으로 설명하고 있다. 이제 예를 통해 이해력을 높여 보자.

[차트 79]에서 보면 일봉 상 상승기조에 있는 강세권 종목을 조정기를 이용해 60분봉을 활용하여 매수타이밍을 포착한 후 급등과 동시에 스윙전략의 차원에서 매도하여 수익을 올릴 수 있음을 보여준다. 매수타이밍은 역시 급락의 경우 밴드상한선이 꺾이는 시점에서 매수하거나 아니면 조정파동의 완성A파 하락 → B파 반등 → C파 조정 시점을 노려 매수한다. 파동의 흐름을 읽는 것은 역시 필자가 개발한 세력선을 통해 가능하다. 이 종목의 경우 녹색바탕에서의 고점에서 세력선파 랑색선이 상승 반전한 직전의 저점이 A파 하락, 이후 반전한 후 직전 고점이 B파

■ 차트 79 | 60분봉 급락패턴과 C파 매수의 유효성

60분봉 급락패턴에서 상한선의 하락반전이나 아니면 조정파동 완성 후 중심선의 상승전환 시점에서 매수하여 급등과 동시에 하한선의 상승반전 시점에서 이익을 확보할 수 있음을 보여준다.

반등, 그리고 이후 세력선이 다시 꺾인 이후의 하락과정이 C파동의 진행과정이다. 이러한 C파의 하락이 종료되는 시점이 주가의 저점권이 된다. 이익의 실현 시점은 역시 급등패턴으로 하한선이 상승으로 반전하는 시점이 된다. 다만 완만 상승일 경우 상한선의 하락반전 시점에서 매도할 수 있다. 읽는 법이나 대응법은 이미 앞서 공부한 내용을 그대로 적용하면 된다. 일봉이든, 분봉이든, 주봉이든 읽는 법은 똑같다.

   30분봉을 활용할 것인가 아니면 60분봉을 활용할 것인가에 대해서는 그 순간보다 볼린저밴드 상 명확한 패턴을 나타내는 것을 우선하여 반영하면 된다. 예를 들어 30분봉으로는 볼린저밴드 상 뚜렷한 특징이 없지만 60분봉에서 조정파동이나 급등·급락패턴이 잘 구축되고 있다면 당연히 60분봉을 우선하여 매매대응하면 되고 그 반대면 30분봉을 토대로 대응하면 된다. 이상 60분봉을 통해

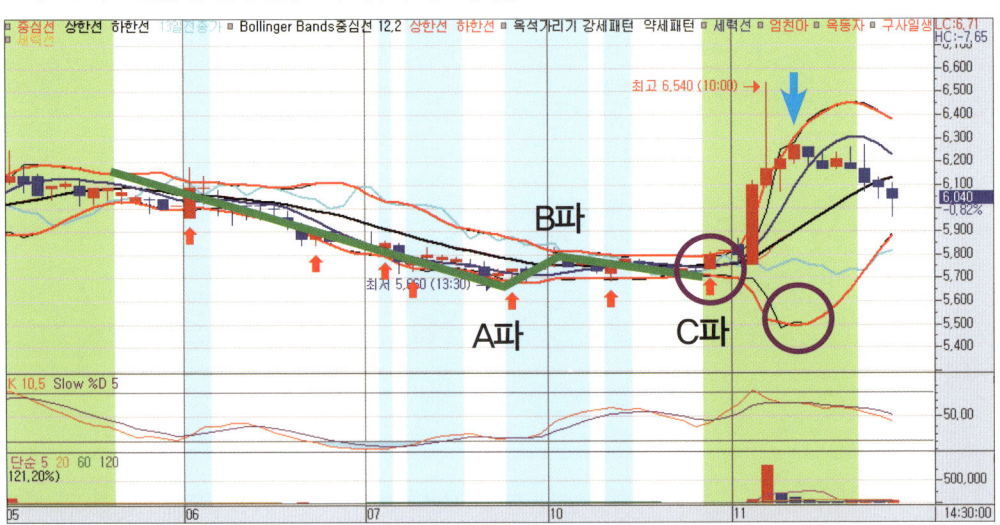

■ 차트 80 | 30분봉 상 급락패턴. C파 매수와 매도타이밍

30분봉을 통해서도 파동이 성립하며 조정파동이 마무리 되는 시점, 즉 세력선의 상승전환점이나 중심선의 상승전환점에서 매수한 후 급등으로 하한선이 상승 반전할 때 일부 매도하거나 상한선의 하락반전 시점에서 매도하는 전략을 구사할 수 있다.

매수타이밍을 포착하는 법에 대해 예를 들었다. 30분봉을 통해 매수하는 경우도 살펴보자.

[차트 80]에서와 같이 강세기조 하에 있는 종목은 30분봉을 통해 조정파동을 잘 읽어야 하며 파동의 절차를 세력선을 통해 파악한 후 세력선의 상승반전 시점이나 중심선의 기울기가 상승으로 전환하는 시점을 매수타이밍으로 잡는다. 이후 주가가 급등으로 이어질 경우 밴드하한선의 상승반전 시점에서 매도하거나 완만한 상승의 경우에는 밴드상한선의 하락반전 시점을 매도타이밍으로 잡는다.

[차트 80]에서는 급반등할 때 처음에는 급등패턴(주가>밴드상한선)으로 나가다가 이후에는 밴드상한선 이하에서 상승하는 완만상승세를 보이고 있다. 이러한 패턴은 매우 드물지만 한 번에 설명하기 위해 실제 예를 든 것이다. 앞선 매도타이밍은 급등의 경우로 밴드하한선이 위로 상승 반전할 때 매도타이밍이 되는 것이며 뒤에 나타나는 매도타이밍은 완만상승의 흐름을 보임에 따라 이에 합당한 대응으로써 상한선이 아래로 꺾일 지점에서 매도타이밍으로 잡는다.

거래량에 대한 이해와 대응법을 살펴보기

PART 6

❶ 거래량과 주가
❷ 거래량의 경우의 수와 그 대응법

01

거래량과 주가

　지금까지는 볼린저밴드와 보조지표인 스토캐스틱, 그리고 조정파동을 활용한 매매타이밍 포착법에 대해 살펴보았다. 원래 볼린저밴드는 가격만을 다루는 지표로 거래량이 그 변수로 반영되지 않는다. 하지만 거래량을 반영하지 않는다고 해서 지표로서의 유용성이 떨어지는 것은 아니다. 어쩌면 규칙성 없는 거래량이 오히려 분석에 장애물이 될 수도 있다.

　일반적으로 거래량은 주가에 앞서 움직이는 것으로 '주가는 거래량의 그림자에 불과하다'는 것이 기술적 분석가들의 이야기지만 실제로 거래량의 방향과 주가의 방향은 일치하지 않는 것이 일반적이다. 거래량과 주가의 방향성이 같을 수도 있지만 전혀 다를 수도 있다. 상황에 따라 정반대로 이어지는 경우가 많다. 어쩌면 정반대로 나타나는 경우가 더 많을지도 모른다. 거래량에 대한 간단한 이해를 거친 후 볼린저밴드와의 상관관계를 살펴보고 주가의 방향과 대응법에 대해 살펴보기로 하자.

거래량이란 매수와 매도간의 공방의 산물로써 양자 간의 교집합이다. 따라서 주가의 움직임에 직접적인 영향을 미치는데 결정적 역할을 한다. 그렇다고 거래량 자체만으로 주가의 방향이 결정되는 것은 아니다. 매수와 매도간의 힘의 세기에 따라 방향이 결정된다고 보는 것이 더 정확한 표현이다. 거래량 결정 이전에 매수와 매도세의 행동이 먼저이다.

거래량이 적을 때도 매수세의 힘이 좋아 오르기도 하고 매도세의 힘이 좋아 내리기도 하는 것이며, 또한 거래량이 많을 때도 매수세의 힘이 좋으면 오르고 매도세의 힘이 좋으면 내린다. 그렇다면 도대체 힘의 세기를 어떻게 판단할 수 있을까?

이 문제에 대한 명확한 답을 제시할 수 있다면 시장은 존재하지 않을 것이며 주가분석에 골머리를 앓을 필요도 없다. 주가분석은 정답을 구하기 위한 것이 아니라 정답에 접근하기 위한 어려운 과정이라 할 수 있다. 다만 필자의 오랜 경험을 바탕으로 어느 정도의 기준을 잡을 수 있다는 판단이다. 이를 정리하면 다음과 같다.

첫 번째, 주가 상승트렌드 하에서 조정 후 재상승할 때의 거래증가는 매수세의 힘이 강하다.

두 번째, 주가 급락과정에서의 거래량 급증은 저가매수세의 유입급증에 의한 것으로 일시적 매수 우세로 본다.

세 번째, 주가 상승트렌드 하에서의 거래감소 추세는 매도세의 후퇴로 인해 매수세와의 교집합이 적기 때문이며 매수세의 힘의 우위가 이루어진다.

네 번째, 주가 하락트렌드 하에서의 거래감소 추세는 매수세의 후퇴로 인해 매도세와의 교집합이 적기 때문이며 매도세의 힘의 우위가 이루어진다.

다섯 번째, 주가가 횡보하는 과정에서의 거래감소는 힘의 균형이 성립하는 구간으로 이후 거래증가가 이루어지면 매수세의 힘이 우위에 있는 것으로 보며, 거래 감소와 동시에 주가약세가 이루어진다면 매도세에 힘의 우위가 형성되는 것으로 본다. 즉 횡보에서의 거래감소는 무너지는 쪽으로 붙는 것이 바람직하다.

앞서 언급한 내용을 보면, 거래량이 증가하면 주가가 상승하고 감소하면 주가가 하락한다는 기술적 분석가들의 기본 원칙에 어긋나는 내용들이 주류를 이루고 있음을 알 수 있다. 거래량과 주가의 비례관계를 믿는다면 너무도 순수한 투자자이며 공부를 해도 쉽게 해답을 찾을 수 없을 것이다.

냉정한 투자의 세계에서 천진난만하다고 해서 계좌수익이 불어날 수는 없다. 보다 현실을 직시하고 확고한 이해가 수반되지 않으면 시세를 이끄는 핵심세력들에게 끌려 다닐 수 있다는 사실을 알아야 한다. 성공하기 위해서는 시장의 체질에 맞는 영악한 유전자를 갖추어야 한다. 이는 후천적으로 학습을 통해 가능하다. 지금 우리가 공부하고 있는 것이 바로 투자자의 성공조건성공 유전자을 갖추어가는 과정이다. 그렇다면 위에 언급한 내용이 과연 어떤 내용이며 왜 그런지에 대해 하나씩 살펴본 후 이를 볼린저밴드와 연계해서 분석해 보자.

02

거래량의 경우의 수와 그 대응법

　주가 상승트렌드 하에서 조정 후 재상승할 때의 거래증가는 매수세의 힘이 강하다. 주가가 상승트렌드를 이어나간다는 것은 볼린저밴드 상으로 보면 중심선의 기울기가 상승기조를 유지하는 과정이다.
　볼린저밴드 저점과 저점, 고점과 고점을 잇는 트렌드가 우상향의 기울기를 갖는 것을 의미한다. 이러한 상황에서 주가가 조정을 보인 후 다시 상승한다는 것은 기존의 상승흐름을 이어나간다는 뜻이다. 이때 거래량이 증가한다는 것은 직전 고점부근에서 추격 매수하여 손실을 본 투자자들의 매물과 추가상승을 겨냥하여 매수하는 투자자들 간에 교집합이 많아진다는 의미이다. 당연히 주가의 흐름은 매수세에 달려 있는 것이며 기존의 상승흐름을 이어나가게 된다. 통상적으로 직전 고점을 돌파할 때의 거래량이 이전 거래량보다 많아지는 순간은 매수신호로 본다.

정보의 비대칭성과 분석의 비대칭성으로 인해 판단력이 떨어지는 일반투자자들과 정보력과 분석력이 앞선 전문투자자들 간에 희비의 쌍곡선이 그려지는 상황이기도 하다. 이때 우리는 기업 내용이 좋은 종목일 경우 주체별 동향을 점검하여 매수주체가 누구인지를 명확히 파악하고, 그들이 외국인이나 기관이라면 그 반대편에 위치해서는 안 되며 메이저들의 매수 쪽에 초점을 맞추고 대응해 나가야 한다. 가능한 한 힘을 가진 투자자의 편에 서는 것이 유익하다는 것은 경험을 통해 잘 알고 있을 것이다.

> **상승트렌드 하의 조정 후 거래증가와 중심선 상향돌파는 재상승의 신호로 본다**

볼린저밴드 상으로는 일시 휴식으로 밴드가 수축되는 과정이며 이후 거래증가와 주가의 상승으로 수축된 볼린저밴드는 다시 확장세로 진입하면서 상승의 가속화가 일어나게 된다. 이때 거래량의 급증, 또는 직전 고점에서의 거래량 보다 많은 거래가 형성되면 다시 본격적인 상승으로 본다. 중심선의 기울기 상승 전환이나 주가의 중심선 상향 돌파가 이루어질 경우 앞서 공부한대로 매수타이밍으로 봐야 한다.

■ 차트 81 | 상승트렌드 하에서 메이저에 의한 거래량 재급증은 추가 상승신호

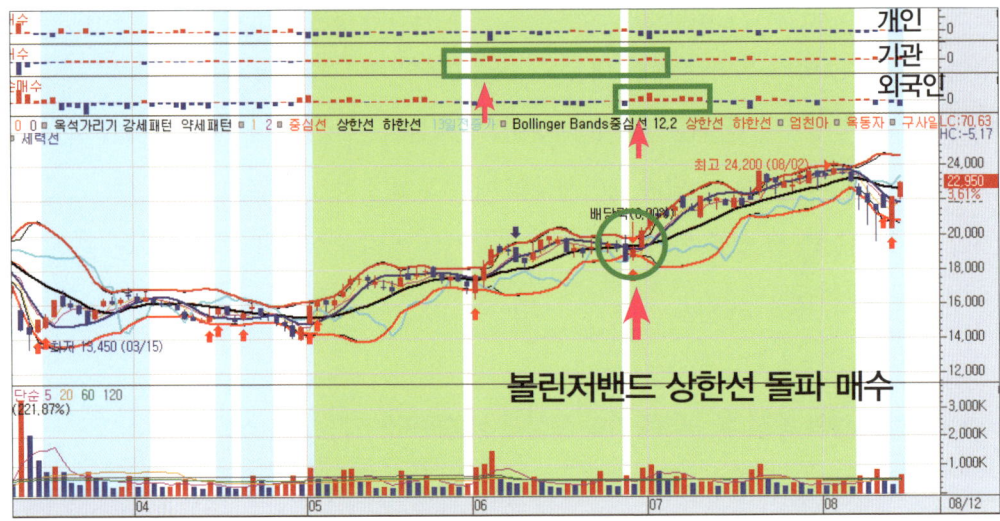

어느 정도 상승했다 하더라도 기관이나 외국인의 매수가 강화되면서 거래량 급증과 주가의 볼린저밴드 수축 후 상한선 돌파는 추가 상승의 신호로 매수타이밍으로 본다.

　　GKL차트를 보면, 5월 상승 후 조정을 보이는 상황에서 일반투자자들은 주가의 상승이 한계를 드러낸다는 인식을 갖고 매도하고 있지만 6월 초 거래증가를 통해 매수세가 다시 주가 상승흐름을 주도하는 모습이다. 그 중심에 역시 기관들이 존재함을 알 수 있다. 이러한 현상은 6월 말에도 마찬가지로 일반의 매도는 지속되는 반면 기관매수에 외국인까지 가세하면서 거래량을 늘리는 모습이다. 상승트렌드에 있는 주가는 초반 거래량의 증가를 통해 매수세의 힘의 우위에 의해 상승트렌드를 다시 재개했음을 보여주고 있다. 볼린저밴드 상으로도 6월 30일 중심선 위로 주가가 강하게 솟구치는 순간이 매수신호이며 거래량의 증가는 이에 대한 신뢰성을 더욱 높여 주게 된다.

　　결국 상승기조가 진행되는 상황에서는 조정기가 진행되면서 거래감소가 일어난다고 해서 섣불리 매도해서는 안 되며 이후 거래량증가 여부를 살펴야 한다.

거래증가가 이루어진다면 그 매수주체가 누구인지를 파악하고 보유여부와 신규 진입여부를 결정해야 한다. 이변이 없다면 지수 상승기조에서의 거래량 증가재개는 매수세의 힘의 우위로 인해 주가의 추가상승을 기대할 수 있다는 점을 염두에 두어야 한다. 또한 볼린저밴드 상 수축 국면이 이루어지다가 거래증가와 동시에 주가가 중심선을 돌파하는 순간을 매수신호로 삼아야 한다.

다음으로 주가 급락과정에서의 거래량 급증은 저가매수세의 유입급증에 의해 이루어지는 것으로 일시적 매수우세로 본다.

'주가가 급락한다'는 것은 단순한 하락이 아니어서 그럴 만한 이유가 있는 것이다. 그것은 필시 어떤 악재에 의해 이루어지는 순간일 것이다. 악재의 종류에 따라 주가의 움직임도 제각각이겠지만 거래량의 증가도 없는 경우도 있고 또 주가가 급락하는 과정에서 거래량이 급증하는 경우도 있다. 원래 주가와 거래량은 비례관계에 있다는 것이 기술적 분석의 원칙이지만 주가 급락과정에서의 거래증가는 분명 예외적인 현상이다.

거래가 증가한다고 해서 무조건 주가가 오르는 것은 아니다. 하지만 거래량이라는 것이 매수와 매도간의 교집합에 의해 이루어지는 것인 만큼 주가급락에서의 거래급증은 누군가에 의해 쏟아져 내리는 매물의 매수가 많이 이루어졌기 때문으로 해석할 수 있다. 악재로 인해 쏟아내는 매물에 맞서 매수한다는 것은 막대한 자금력을 가진 전문투자자들이거나 아니면 악재에 대해 대수롭지 않게 여기는 많은 자금을 가진 투자자의 유입으로 해석할 수 있다.

물론 매수세는 매물의 위압감을 고려하여 분할 매수하여 평균단가를 낮추는 전략을 취할 수도 있고 아니면 자신감 있게 과감한 승부수를 띄워 단숨에 반전시킬 수도 있다. 어떤 식이든 이러한 거래량의 증가는 정보의 경중을 잘 파악하는 매수세의 유입으로 볼 수 있다는 점에서 이후 주가의 상승이 뒤따를 가능성이 높다. 기회로 삼고 받아주는 매수세가 없다면 거래량 증가는 없을 것이며 이후 주가의 상승도 없을 것이다. 결국 이러한 주가급락과 거래량의 증가는 매수세의 힘의 우위로 귀결된다고 봐야 한다. 악재를 만나면 일반투자자들은 대부분 급한 매물을 쏟아내게 마련이고 이것이 어떤 영향력 있는 매수 세력에 의해 소화되었다는 것은 결국 시세의 반전을 유발한다. 하지만 주가의 상승이 크게 나오느냐, 단기반등에 그치느냐는 당시의 시장상황이나 악재의 경중에 달려 있다고 봐야한다.

볼린저밴드 상으로는 주가가 급락하면 밴드가 급격히 벌어지는 국면으로 급락패턴이다. 이 과정에서 상한선의 하락반전은 매수 신호이며 동시에 거래량 급증은 더욱 신뢰성을 높여주는 것으로 해석한다. 하지만 볼린저밴드의 속성은 확장이 이루어지면 수축으로 전환해야 하기 때문에 거래량이 급증했다고 해서 곧바로 강한 상승으로 이어지는 것은 아니고 일반적으로 단기 상승에 불과하다는 점을 염두에 두어야 한다. 일시 급락을 이용해 물량을 크게 확보한 매수세가 반등과 함께 매도함으로써 단기에 매매차익을 일단락시킨다는 점을 유의해야 한다.

> **주가 급락기의 거래급증은 일시적 매수우세에 의한 단기반등을 유발한다**

[차트 82]를 보면, 9월 26일과 10월 5일 두 번에 걸쳐 주가가 충격을 받은 모습이다. 9월 26일의 경우 거래증가가 많지 않지만 1차적으로 매수를 강화했고 이후 10월 5일 다시 한 번 더 급락기에 대량으로 매수한 것을 알 수 있다. 이

■ 차트 82 | 주가급락 시 거래 급증과 주가 반응

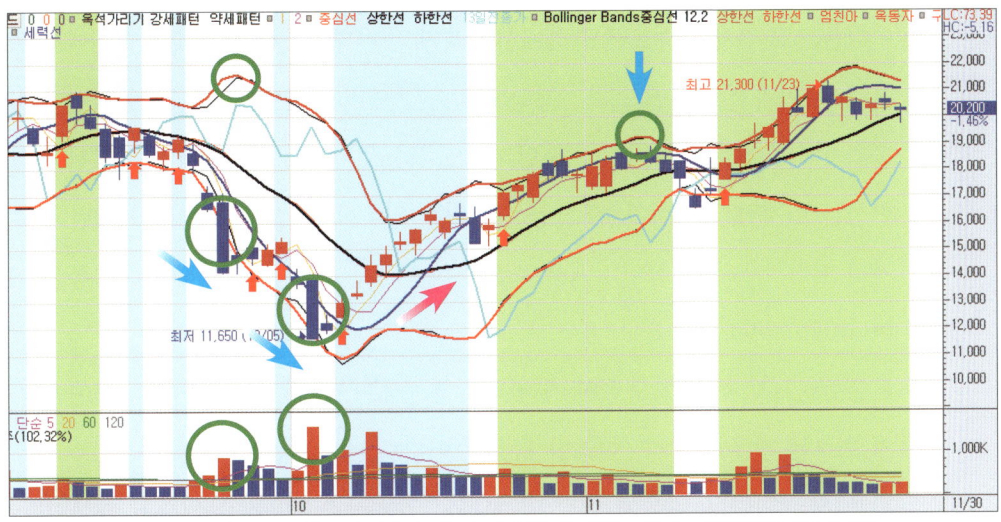

주가급락 시 거래 급증은 쏟아지는 매물을 누군가 매수하기 때문으로 일시 반등을 야기한다.

시기는 시장의 전반적인 분위기가 좋지 않다 보니 주가가 급락하는 상황이었다. 이로 인해 쏟아지는 매물을 2차에 걸쳐 집중 매수하여 평균단가를 낮춘 매수세는 이후 주가상승으로 큰 보상을 받았다고 봐야 한다. 악재의 내용이 워낙 무겁다 보니 2단계에 걸쳐 매수를 적극적으로 흡수하는 과정에서 거래량이 급증한 것으로 봐야 한다. 이는 당연히 매수에 힘의 우위가 있는 것이며 그 결과 역시 매수세의 승리로 귀결된다.

볼린저밴드 상으로 보면, 상한선이 꺾여 일시 반등을 시도했지만 2차적 악재가 출현하면서 주가가 한 번 더 하락한 경우이다. 볼린저밴드든, 펀드멘탈 분석이든 악재가 재출현하면 주가는 별수 없이 추가하락을 할 수밖에 없다. 하지만 [차트 82]에서 볼 수 있듯이 추가하락을 하더라도 주가는 결국 강세로 전환함으로써 수익을 제공해준다. 상한선이 꺾이면서 매수한 경우 악재로 재차 하락한다면 평균 매수단가를 낮추어 투자효율을 높이는 것이 바람직하다. 특히 거래량의

2차적 증가가 강화될 경우 더욱 적극적으로 매수해도 좋다.

다음으로 주가 상승트렌드 하에서의 추세적 거래감소는 매수세의 힘의 우위로 본다. 주가가 상승트렌드로 진행되고 있다는 의미는 볼린저밴드 상 중심선의 기울기가 상승세로 진행되거나 볼린저밴드 상으로 상한선 간의 정점 연결선과 하한선간의 저점 연결선이 우 상향을 보이는 경우를 의미한다. 이러한 패턴은 주가의 저점과 고점이 높아지면서 조정과 상승의 반복 속에 단계적 상승흐름을 이어나가는 경우가 많다.

통상적으로 주가가 오르면 거래량도 증가하는 것이지만 거래 감소 속에 주가가 오르는 경우도 많다. 이러한 경우는 아마도 매수세와 매도세가 대부분 공통된 인식, 즉 좋은 내용에 대한 공감대와 함께 상승흐름에 동의하기 때문이다. 주가의 흐름에 대해 인지하지 못하는 매도세나 반드시 필요한 자금마련을 위해 매도하는 경우를 제외하고는 대부분 상승방향으로 이해하고 있기 때문으로 해석된다.

> **상승기조 하의 거래량의 추세적 감소는 매수세의 물량장악에 의한 상승지속으로 본다**

매물이 적다 보니 매수세가 많은 수량을 확보하려고 해도 확보가 용이하지 않아 상당한 시일을 두고 물량을 확보하거나 아니면 조정기를 넘기면서 초반에 물량을 대량으로 확보한 이후 추가적으로 나오는 매물만 흡수해 나가다 보니 거래량이 적을 수밖에 없다. 그럼에도 불구하고 매물이 많지 않아 주가상승이 꾸준하게 이루어지는 것이다.

따라서 이 경우 볼린저밴드 중심선이 상승기조로 이어지고 볼린저밴드 상한선

■ 차트 83 | 초기 거래급증 이후 추세적 거래감소와 주가의 영향

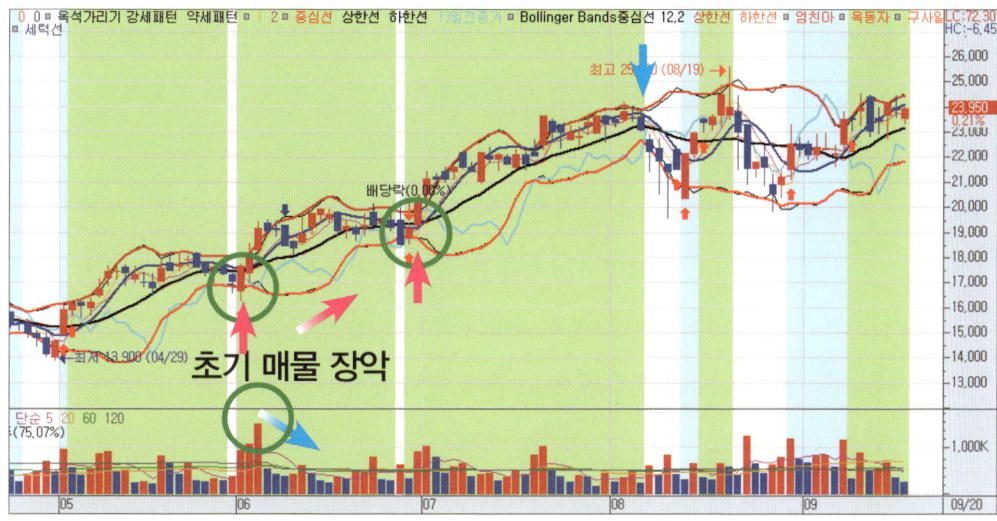

초기 거래급증은 매수세의 매물장악을 의미하고 이후 거래량의 추세적 감소에도 주가는 상승한다. 거래 급감 후 재증가는 추가 상승을 뜻한다.

의 정점 연결선과 하한선의 저점 연결선이 우 상향을 이어나가는 과정이라면 거래증가 없이도 추가상승이 지속될 수 있는 것으로 이해해야 한다.

[차트 83]을 보면, 5월 이후 볼린저밴드 중심선이 상승기조로 전환하면서 8월까지 조정과 상승을 반복하면서 지속적으로 상승했음을 알 수 있다. 그렇지만 주가상승 과정에서 거래량의 추이를 보면 6월 초 증가 이후 점진적으로 감소하고 있다. 이는 '거래증가=주가상승'이라는 원칙을 깨는 것으로 상승초기에 물량을 장악한 매수세에 의해 레벨업이 이루어지는 과정으로 매도세 역시 방향을 같이 하면서 크게 매도할 의사가 없음을 보여주는 예라 할 수 있다. 이 경우 조정을 보이는 순간에도 주가가 밴드하한선을 종가 상 무너뜨리지 않고 중심선 위로 복귀하면 매도 없이 지속으로 보유하는 것이 바람직하다.

매도는 앞서 공부한 완만상승패턴에서의 중·장기 매도신호를 이용하여 하면 된다. 그러니까 중심선의 하락전환을 확인하고 매도하거나, 완만상승으로 이어지다가 막판 급등패턴이 유발될 경우 하한선이 상승 반전할 때 매도하면 된다.

다음으로 주가 하락기조 하에서의 거래감소 추세는 매도세의 힘의 우위로 본다. 주가가 하락기조로 진행되는 상황은 악재를 만나 급락하는 과정이 아닌 주로 일반적인 상황이다. 완만하게 하락하다 보니 많은 매물을 매수세가 자신감 있게 매수할 수 없다. 이는 매수와 매도 양자 간 교집합이 시간이 진행 될수록 적어진다는 의미이다. 하락기조가 지속될수록 더욱 매수세의 의지가 약해지면서 거래량도 감소세를 지속하게 된다. 이러한 현상은 지극히 교과서적인 현상으로 '거래량 감소=주가하락'의 등식이 성립하는 것이고 가장 일반적인 형태이다.

하락트렌드라는 것은 중심선의 기울기가 하락으로 이어지는 경우이며 볼린저밴드의 상한선과 상한선의 정점, 하한선과 하한선의 저점 연결선의 기울기가 하락기조를 유지하는 국면이다.

이러한 국면에서는 섣불리 매수에 가담해서는 안 된다. 거래량의 증가를 통해 매수세의 유입이 확인되어야 매수에 나설 수 있다. 매도세가 압도하는 과정이지만 이를 소화할 매수세가 좀처럼 나타나지 않기 때문에 거래량의 증가를 수반하지 못하는 것이다. 이러한 상황 속에는 암묵적으로 시세의 기조가 하락국면임을 대부분의 투자자들이 공감하고 있을 것이다. 이때는 바닥 확인에 대한 공감대, 즉 매수세가 저평가 국면임을 인지하고 유입되기 전까지는 섣불리 매수해서는 안 된다.

이럴 때는 볼린저밴드 상 매수신호가 나타나더라도 가능한 한 매수를 자제하는 것이 바람직하다. 시장, 또는 주가의 기조가 대세 하락국면이다. 신호에 의해 매수를 하더라도 만족한 수익을 올리기가 어려운 상황이기 때문이다. 전체 분위기가 좋지 않고 업황업종의 영업환경이 좋지 않은 상황이면 국면이 호전되지 않는 한 좀처럼 매수세가 유입되지 않기 때문에 이러한 펀드멘탈적 분위기를 잘 읽고 적용하는 것이 바람직하다.

매수타이밍은 역시 특정한 매수세에 의해 출회되는 매물이 적극적으로 소화되면서 거래증가가 두드러질 때이다. 매물을 압도할 수 있는 매수세가 형성되기 시작했다는 것은 그만큼 시세기조 역시 일시적이든, 중·장기든 주가상승을 동반하게 되면서 차익을 확보할 수 있는 기회를 가질 수 있음을 의미한다.

하락기조 하에서의 거래부진은 매도우위 과정으로 매매를 자제하는 것이 바람직하다

멜파스의 주가흐름을 보면, 지난 5월 이후 8월 초순까지 줄곧 하락기조를 진행하는 모습을 보인다. 이 기간 동안 거래량도 지속적인 감소추세를 보였음을 알 수 있다. 6~7월 주가의 반등이 있었지만 이 시기도 거래량의 뚜렷한 증가를 볼 수 없다. 시세의 기조가 하락기조임을 매수세나 매도세 역시 대부분 공감하고 있기 때문이며 매수세가 매물을 받아주지 않고 있음을 보여준다.

이러한 경우 반등이 이루어지더라도 거래량 증가가 뚜렷하게 수반되지 못할 경우 보유주식을 가능한 한 빨리 손절 매도하고 다른 종목으로 교체전략을 꽤하는 것이 바람직하다.

8월 후반~9월을 거치면서 거래량이 증가하기 시작하면서 이후 10월에는 시세분출이 일어난 모습이다. 결국 매수타이밍은 9월이나 10월 초순의 첫 거래증가를 확인하면서 포착해야 한다.

■ 차트 84 | 하락기조 하의 거래 부진과 주가 동향

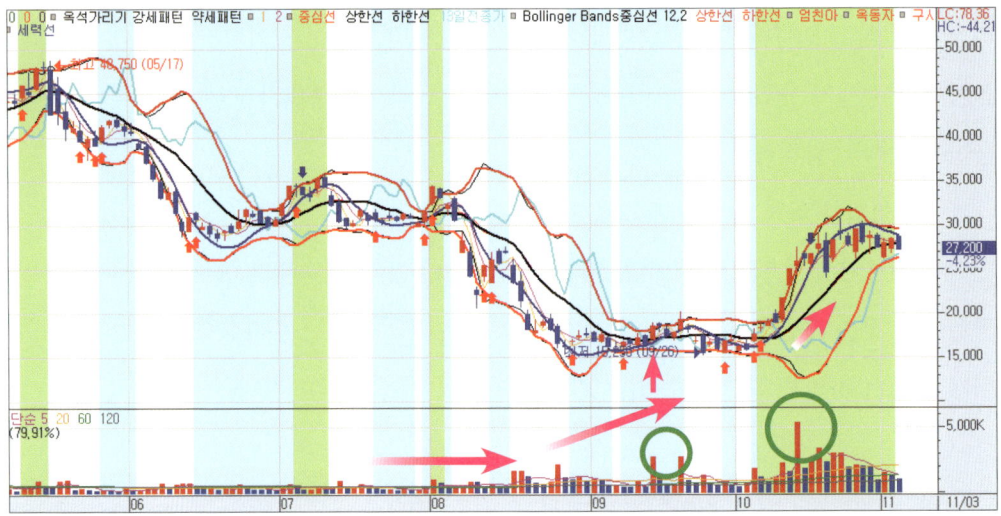

하락기조에서의 거래 감소는 매수세의 유입이 없다는 의미로 주가의 상승전환은 쉽지 않다. 상승전환은 거래량의 급증이 일어날 때 가능하다.

[차트 84]의 4월 이후 급락은 IT업황의 부진으로 인해 실적 불안이 심화되면서 하락기조를 보였던 상황이다. 이 경우 볼린저밴드 상 5월 중 후반과 6월 중반, 그리고 10월 초반에 매수기회를 가짐으로서 수익을 추구할 수 있다. 하지만 시장기조가 회복국면으로 전환하지 않는 상황에서 지나치게 큰 수익을 기대하는 것은 바람직하지 않다.

다음으로 주가횡보 이후 거래증가감소는 매수세매도세의 우위로 본다.

주가가 횡보하고 있다는 것은 볼린저밴드 상 중심선의 기울기가 0에 가깝고 상한선과 하한선 역시 마찬가지로 횡보하는 구간이다. 이러한 국면에서는 매수와 매도세가 상호 대치국면으로 양자 간 활발한 교전이 이루어지지 못하기 때문에 거래량이 현저히 감소한다. '보합은 말이 없다'라는 말이 있듯이 주가 예측이

쉽지 않은 순간이다. 전략적으로 '무너지는 쪽으로 붙으라'는 격언이 있듯이 시세의 방향은 위로 튀면 매수를 통해 수익을 추구하고, 아래로 무너지면 매도하여 위험으로부터 탈피하는 전략을 세워야 한다. 이러한 상황은 거래량의 동향을 통해서도 파악된다.

소강국면을 보이다가 거래가 증가하기 시작하면 이는 매수세가 팽팽한 균형을 깨고 공격성을 띠면서 매물을 소화하는 것으로 볼 수 있다. 주가 역시 횡보국면에서 탈피하려고 상승방향으로 이어지는 것이다.

반면 거래부진속에 주가가 볼린저밴드 하한선을 밀고 내려가는 경우는 매도세가 특별한 악재가 나오지 않는 한 별다른 이익이 없는 상황에서 공격적으로 매물을 내놓지 않는다. 이 때문에 점진적인 매물로 인해 거래량은 소강국면을 보일 뿐이고 주가의 하락 역시 인지하지 못하는 가운데 점진적으로 하락하게 된다. 보유자들은 주가가 하락하더라도 횡보시기의 변동성 중 일부로 해석하여 쉽게 매도하지도 못하고 매수세도 지루한 상황에서 유입되지도 않는다. 그러면서도 매도세가 힘의 우위를 보이면서 주가는 약세기조로 반전한다.

따라서 횡보 후 거래가 증가하면서 주가가 위로 움직이는 초기에 매수로 대응하고, 거래가 수반되지 않는 가운데 주가가 서서히 흘러내리면서 중요한 지지라인을 붕괴시키면 즉각 매도하는 것이 바람직하다.

볼린저밴드 상으로 보면, 거래가 증가하는 경우 상승국면으로 이어지면서 중심선이 상승으로 전환하고 밴드상한선이 위로 확장되면서 급등패턴으로 이어지거나 완만상승 패턴으로 이어지게 된다. 반면 거래가 증가하지 못하고 주가가 하락으로 이어지는 경우 중심선이 하락전환하고 하한선이 아래로 확장되면서 급락, 또는 완만하락 패턴으로 이어진다.

이 때문에 주가가 횡보세를 보이고 있을 경우 주가가 어느 방향으로 움직일지 미리 알 수는 없지만 거래량의 증감과 이로 인한 볼린저밴드의 패턴변화를 잘 읽고 방향을 포착하는 것이 중요하다.

> 횡보국면 하에서의 거래량 감소와
> 중심선의 하락전환은 하락 신호로 해석한다

[차트 85]는 코스피 지수 일봉으로 7월 밴드수축 과정이 이루어지면서 8월 초 이전까지는 주가의 방향을 파악하는데 어려움이 따를 수 있다. 그렇지만 7월 말 거래감소가 현저하게 이루어지면서 매수세의 유입이 부진함과 동시에 8월 초에 진입하면서 급락패턴으로 전환하는 모습이다.

이 같은 거래량의 사전적 감소와 함께 경계심을 가져야 하는 것이며 동시에 8

■ 차트 85 | 횡보국면에서의 거래감소와 중심선 하락 전환시 대응법

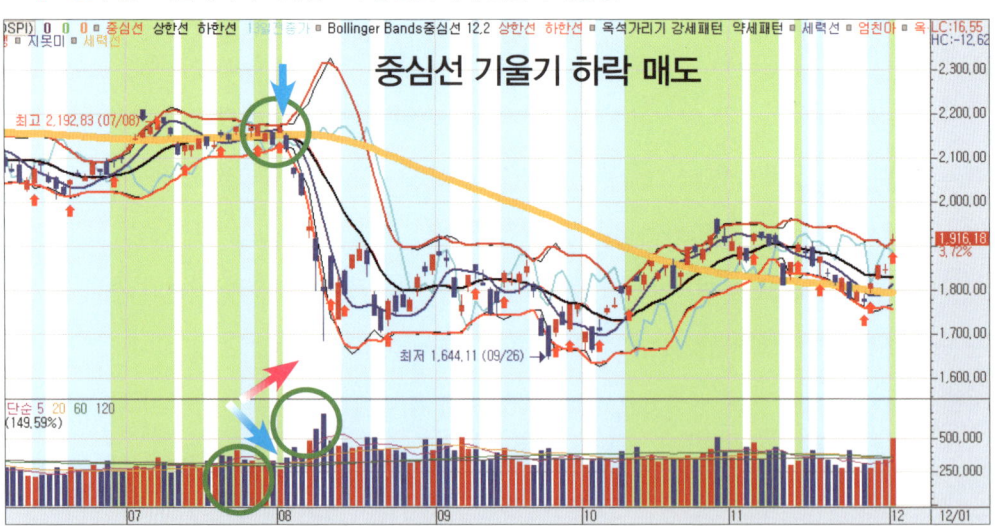

주가의 횡보조정은 매매균형 상태로 이후 거래감소와 중심선의 하락전환은 급락으로 이어진다. 중심선 기울기 하락전환 시점에서 매도하는 것이 바람직하다.

월 2일 주가의 하락으로 볼린저밴드 상 하락전환 패턴의 초기증상을 나타냈음을 고려하여 주식을 매도해야 하는 상황임을 여실히 보여주고 있다.

> **횡보국면 하에서의 거래급증과
> 중심선의 상승전환은 상승의 신호로 해석한다**

[차트 86]에서 8~9월의 경우 주가의 횡보과정이 지속되는 상황이다. 결과가 현실로 나타나기 전까지는 주가가 하락으로 꺾일 지 아니면 상승으로 전환할 지에 대해서는 누구도 장담할 수 없는 상황이다.

하지만 볼린저밴드 수축이 심화된 후 9월 14일 거래량이 강하게 분출하면서 주가상승이 이루어진 모습인데, 이때 볼린저밴드의 중심선이 상승으로 전환하면서

■ 차트 86 | 횡보국면 이후 거래급증과 중심선의 상승시 대응법

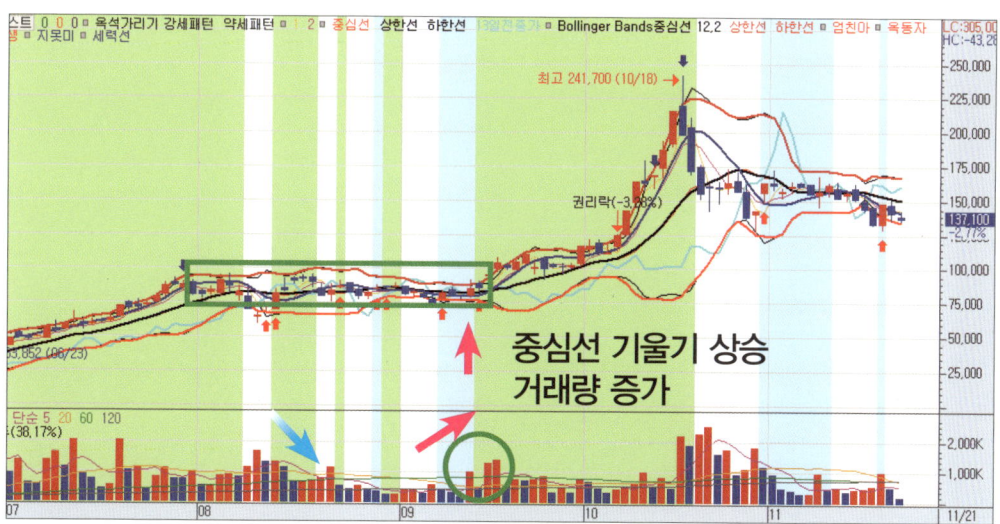

횡보국면이 이루어진 후 거래량의 급증은 매수세의 공세적 대응을 의미하고 중심선의 상승전환은 매수시점이다.

강력한 매수신호를 보여주고 있다. 따라서 볼린저밴드 중심선을 상승전환 시킬 정도의 주가상승과 거래증가가 수반되는 경우 이후 상승패턴으로 이어질 수 있음을 알아야 한다. 결국 거래량 측면에서의 매수 신호는 주가상승과 함께 거래량의 첫 증가 시점이라 할 수 있다.

기술적 지표를 통해 주도주 파악하기

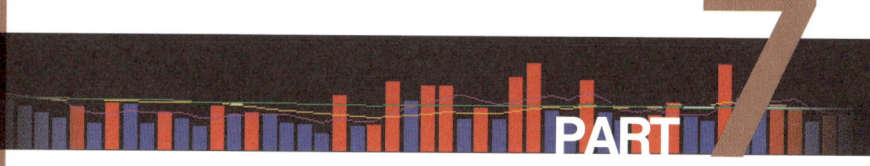

PART 7

❶ 기술적 분석에서의 주도주에 대한 이해
❷ 집중해야 할 대표주

/ 01

기술적 분석에서의 주도주에 대한 이해

　주도주란 당시의 여러 가지 여건을 반영하는 가운데 최고의 이슈가 되는 호재로 인해 후광을 받는 업종이나 테마다. 당연히 특정산업의 펀드멘탈 개선을 가장 강력하게 유발할 수 있는 변수가 부각되어야 하며, 특히 한국경제의 성장을 주도하는 산업으로 부각될 수 있는 업종이면 보다 신뢰성이 높다.

　당시의 시대적 대의명분을 가진 산업이며 이러한 산업에 필적할 만한 산업이 없을 정도로 강력한 모멘텀이 뒷받침 되어야 비로소 주도주라는 의미를 부여할 수 있다. 주도주는 우연하게 부각되는 것이 아닌 만큼 시장에 임하는 투자자는 보다 세밀한 정보수집과 분석력을 동원해야 한다. 그러다 보면 주도주를 충분히 파악해 낼 수 있다.

　하지만 주도주를 제대로 파악하려면 그 만큼 세상을 보는 안목이나 통찰력을 갖추어야 한다. 이는 쉽게 이루어질 수 없다. 세상을 보는 통찰력을 가지려면 그만큼 다양한 부문에 걸쳐 지식의 깊이를 갖출 때 가능하다. 따라서 평범한 투자자들이 이를 도출해 내기에는 한계가 있다. 물론 오랜 시간 다양한 분야의 책을 읽어온 투자자나 세상사에 특별한 관심을 가져온 투자자라면 가능할 수도 있을 것이지만 그렇지 않은 상황에서는 쉽게 포착해내기 어렵다.

세상을 바라볼 때는 특정한 부분만을 보고 이해를 다한 것으로 판단하여 단정적으로 결론을 지어서는 안 되고 전후좌우로 다양한 측면에서 살펴야 한다. 그러기 위해서는 다양한 분야에 대해 지식의 깊이를 쌓아야만 분석적으로 임할 수 있다. 앞면만 보면 그것이 컵인지, 아니면 작은 밥그릇인지를 알 수 없지만 이를 상하는 물론 전후좌우를 살피면서 손잡이를 알게 되면 컵이라는 사실을 보다 분명하게 알 수 있다. 더욱 깊게는 위에서 살펴보고 내용물이 무엇인지를 살피고 냄새도 맡아 봄으로써 커피가 담긴 컵임을 더욱 자세히 알 수 있다.

사물을 바라 볼 때 세세하게 관찰하는 이가 있는가 하면 수박 겉핥기식으로 넘기는 이도 있다. 결국 세밀하게 임하는 자가 관찰대상에 대해 더욱 많은 정보를 갖게 되고 정확한 판단력을 갖는 것은 당연하다. 물론 깊이 있는 지식을 갖추고 관찰하는 것과 그렇지 못한 경우의 차이는 매우 크다.

투자를 하는 우리의 입장에서는 경제, 정치, 사회, 문화, 군사 등 다양한 부문에 걸쳐 꽤 깊이 있는 지식을 습득해야 다양한 각도에서 시장을 바라볼 수 있다. 단편적이고 얕은 지식으로 인해 잘못된 판단을 하게 되고 이로 인해 시장에서 소외되는 불행을 야기하게 된다. 시장에 참여하는 투자자의 자세는 결국 다양한 지식을 습득하기 위해 손에서 책을 멀리해서는 안 된다. 지식의 인프라가 다양한 부문에 걸쳐 구축되면 정보에 대한 폭넓은 지식을 바탕으로 정확한 해석능력을 갖게 된다.

수시로 쏟아져 나오는 가공되지 않는 정보 하나하나를 가지고 주도주를 파악하려 한다면 잘못된 판단의 원인이 될 수 있다. 정보의 차원을 넘어 축적된 다양한 지식을 가지고 해당 정보에 대한 입체적 분석이 뒤따라야 하며 이를 통해 주도주에 접근할 수 있다.

사실 이러한 깊이 있는 지식을 갖춘다는 것이 쉽지 않다는 사실은 누구나 잘 알고 있다. 그래서 애널리스트나 전문가들의 의견을 수렴하여 판단하는 경우가 대부분일 것이다. 하지만 투자를 하는 우리의 입장에서는 무책임하게 전문가에게만 맡길 수는 없는 만큼 이에 대한 나름의 판단법을 습득해야 한다. 기본적으로 지금까지 설명해온 내용을 기본 바탕으로 하고 이에 대한 신뢰성을 더욱 강화하기 위해 기술적으로 어떻게 주도주에 접근할 수 있는지에 대해 살펴보자.

기술적 분석 중 볼린저밴드를 잘 이해하면 주도주를 파악하는데도 큰 도움이 된다. 볼린저밴드는 시세의 방향에 예민하게 반응하는 지표이기 때문에 주도주의 변화를 다른 지표에 비해 보다 빠르게 포착해낼 수 있는 장점이 있다.

지금부터 주도주의 포착법에 대해 하나씩 살펴보자. 먼저 기술적 분석에서의 주도주에 대해 알아 보자. 기술적 분석에서의 주도주는 역시 거래량메이저의 수급의 쏠림, 주가의 상대적 탄력성 강화, 그리고 지표상 상대적 빠른 호전이 이루어지는 업종이나 종목군을 의미한다.

주도주를 파악하기 위한 기술적인 분석은 수급을 기반으로 하는 분석법이기 때문에 거래량의 움직임을 살펴야 하고 그로 인해 주가의 반응이 어떻게 나타나는지를 살피는 것도 중요하다. 이를 토대로 저점을 탈피하는 과정에서 다른 업종에 비해 지표의 개선속도가 빨라야 하는 것은 당연하다.

거래량 주도매기쏠림 현상에 대해 설명하겠다. 거래량은 매수와 매도 간의 접전에 의해 이루어진 결과물이기 때문에 누가 어떤 이유에 의해 매수와 매도를 한 것인지가 숨겨져 있는 중요한 지표이다. 만약 코스피 지수의 거래량이 급증했다면 그중 특정한 업종이나 종목군에서 두드러진 거래증가를 수반한 업종이 존재할 것이고 이는 다른 업종에 비해 상대적으로 매기의 쏠림이 있었다고 볼 수 있다. 지수가 바닥을 찍고 상승으로 전환하기까지는 특별한 움직임이 없겠지만 바닥을 탈출하는 과정에서 지수 거래량의 증가분을 특정한 업종이 크게 점하고 있다면 이는 분명 다른 업종에 비해 차별적인 면이 있다고 봐야 한다.

다른 업종에 비해 거래량의 집중이 있었다면 이는 그 시대를 반영하여 매기쏠림이 있었다는 의미이다. 또한 시장을 리드할 정도로 힘을 가진 메이저들의 선도적 역할에 의한 것으로 볼 수 있다. 따라서 지수의 상승전환시기에 다른 경쟁업종에 비해 거래량의 집중을 받을 때는 메이저들의 유입여부를 살피는 것도 매우 중요하다.

우리는 지수가 하락을 종료하고 완전한 바닥을 이루는 주봉이나 월봉 상 C파동을 완성하는 시점에서의 거래량의 변화가 일어나고 그 거래량의 변화를 누구에 의해, 어떤 업종이 주도적으로 야기했는가를 이해해야 한다.

유력한 업종이 포착되었다면 주도주에 대한 신뢰성을 더욱 높이기 위해 반드시 살펴야 할 일이 있다. 그러한 업종에서 누가 매수했는지를 파악하는 것이다. 어쩌면 이 일이 그 어떤 분석 내용보다 더 중요한 것일 수도 있다. 주도주란 주도세력이 사는 것이기 때문이다.

그 주체가 외국인이거나 기관이라면 시세에 대한 영향력이 큰 세력들이면 이들에 의해 주도주로 부각 할 가능성이 매우 높다고 봐야 할 것이다. 시장은 대부분 외국인이나 기관과 같이 막대한 자금력, 분석력, 조직력, 그리고 정보력을 갖춘 메이저들에 의해 주도된다. 이들이 상승초기에 다른 업종에서 볼 수 없는 과감한 매수가 이어지고 있다면 일단 주도주로 부각될 가능성은 매우 높다. 결국 바닥권을 탈출할 때 코스피 지수의 거래급증이 이루어지고 이러한 거래량의 급증이 이루어졌을 때 매수의 주체가 누구인지를 파악하는 것은 주도주를 판단함에 있어 매우 중요하다고 볼 수 있다.

> **바닥권 탈피과정에서 코스피 지수 거래급증을 야기한 업종은 주도주로 부각될 가능성이 높다**

[차트 87]과 [차트 88]을 보면, 코스피 지수 차트의 경우 2008년 10월과 11월에 걸쳐 거래급증이 야기 되었는데 이러한 거래급증은 LED산업의 활황에 대한 기대감이 고조되면서 외국인과 기관이 삼성전기를 중심으로 한 매수거래급증를 집중적으로 했기 때문에 발생했다. 결국 지수의 탄력도 보다 삼성전기의 탄력도가 훨씬 높은 것을 알 수 있다.

지수가 바닥을 확인하고 상승으로 전환하는 과정에서 지수의 거래증가에 비해, 또는 다른 대표적 업종에 비해 거래의 증가가 유달리 강한 종목으로 외국인이나 기관의 매수가 동반된 종목이라면 이는 주도주로 부각될 가능성이 높다고 볼 수 있다.

물론 지수가 대세바닥을 확인한 후 이 같은 현상이 나타나야 하는 것은 당연하다. 지수가 대세바닥을 확인하려면 역시 주봉이나 월봉에서 C파동이 완성되어야 하는 것이며 시장이 상승 전환할 수 있는 여건이 조성된 후 이상과 같은 상황이 전개되었을 때 주도주로 부각된다.

물론 주도주로 부각되는 업종이나 테마는 펀드멘탈 상 그 시대의 대의명분이

■ 차트 87 | 바닥에서 코스피 거래급증의 주역인 기관의 모습

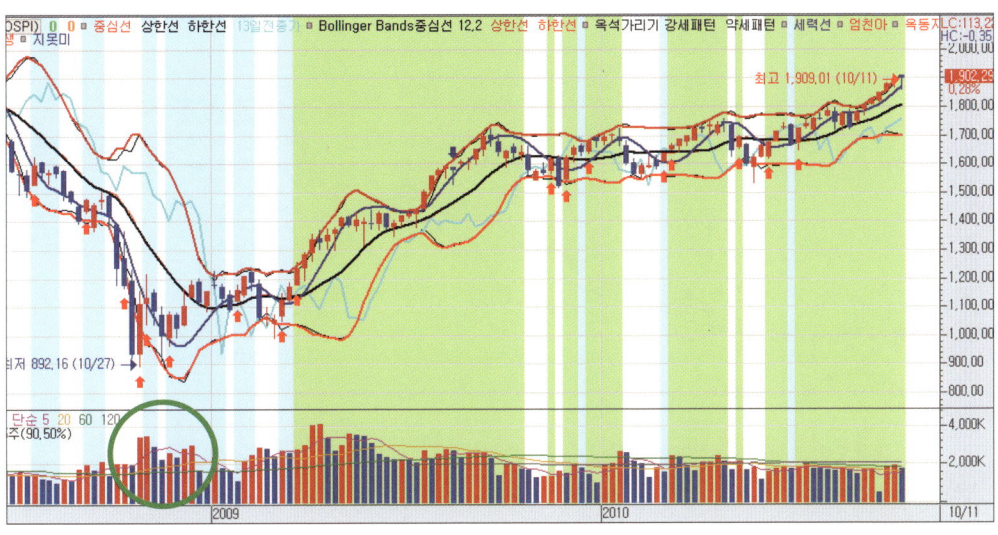

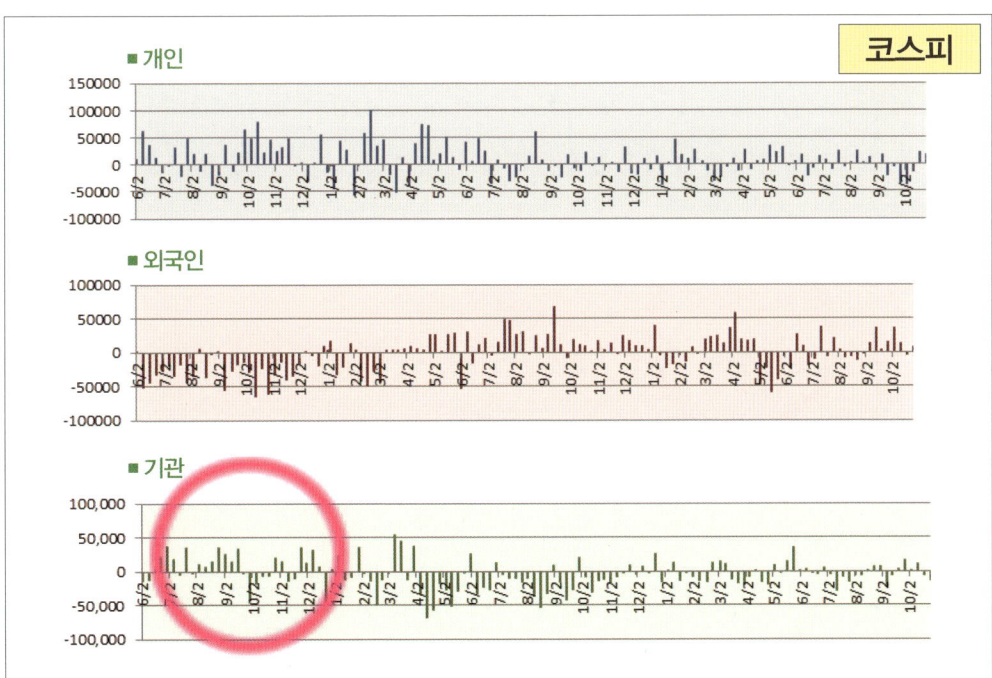

코스피 거래급증에 기대한 주체는 기관과 개인이지만 실제로는 기관이며 이들이 매수 집중하는 대상이 주도주다.

■ 차트 88 | 코스피 급등기 외국인, 기관 동시 매수가 주도주

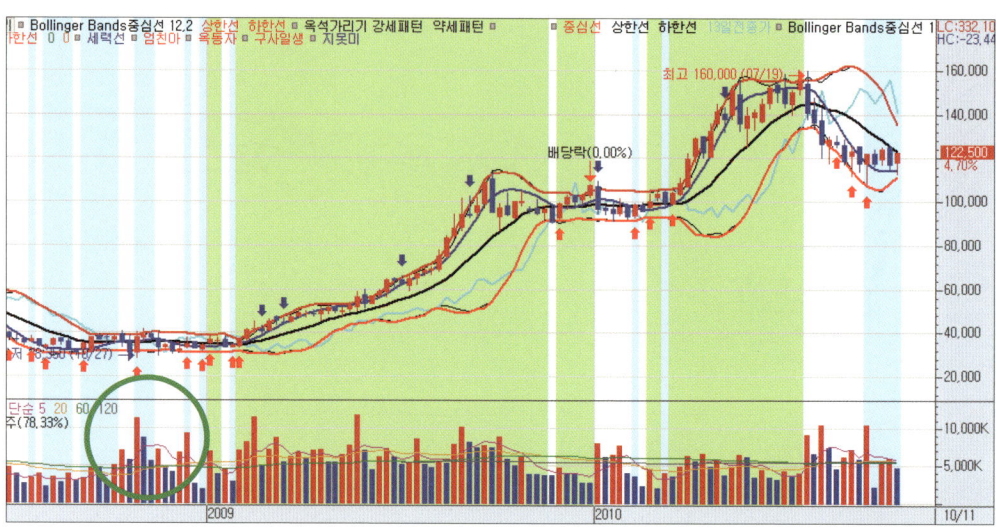

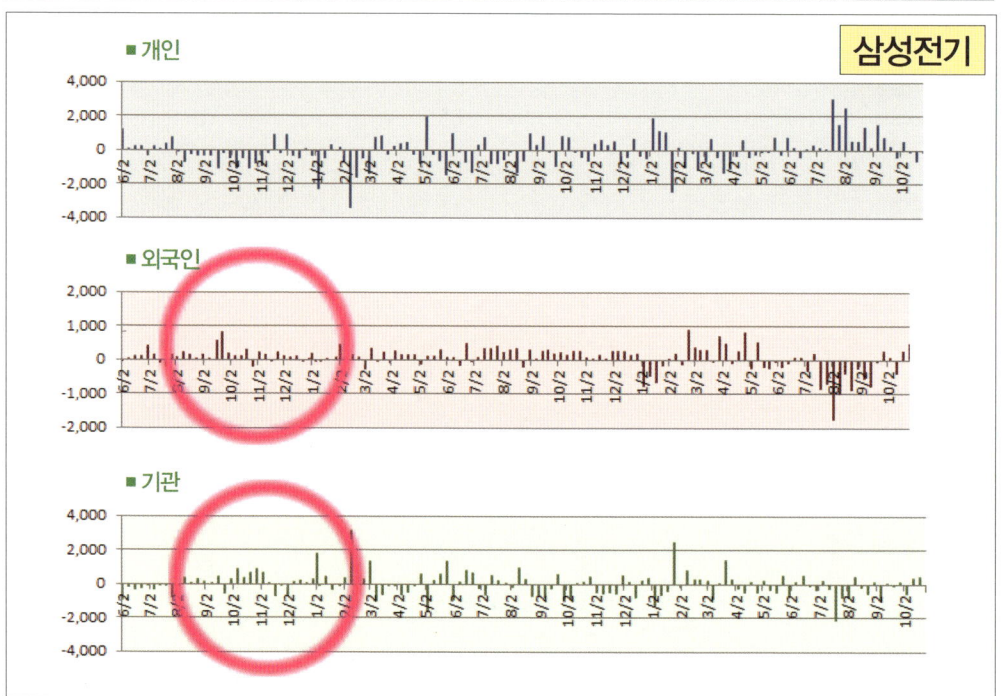

삼성전기가 코스피 상승전환기에 거래가 급증하면서 주도주로 부각된다. 이는 기관과 외국인 두 메이저들의 쌍끌이 매수로 인한 것이다.

있는 대상이며 삼성전기의 경우 2008년 'LED업황 호전'이 이에 해당한다. 그리고 힘을 가진 주도세력, 즉 외국인과 기관의 동반매수에 의한 것이다.

다음으로 시세 탄력성의 강도가 가장 강한 업종이 주도주다. 거래량이 증가해도 주가의 움직임이 없다면 이는 의미가 없다. 매수세가 증가하긴 하지만 이에 못지않게 매도세가 많다면 거래는 증가해도 주가의 움직임은 미흡할 수밖에 없다. 시세란 매도와 매수가 공방을 벌이는 가운데 매수세가 힘의 우위를 확보할 때 탄력을 받는 것이며 그렇지 못할 경우 주도주의 기본 원칙인 시세탄력이 약할 수밖에 없다. 평범한 시장에서도 이 같은 현상은 얼마든지 나타나게 되는 것이며 잠깐 반등 후 사라짐으로써는 주도주로서의 위상을 강화할 수 없다.

주도주란 초기에는 반드시 거래량의 증가와 시세의 상승이 동시에 일어나야 하는 것이며 그것도 다른 비교업종이나 종목군에 비해 한층 탄력적이어야 한다_{높은 베타계수}.

앞서 언급 했듯이 이러한 거래증가와 시세의 움직임이 강화되는 상황에서 시대적 대의명분을 가진 업종이나 종목군이라면 더욱 신뢰도가 높다고 볼 수 있다. 이는 지수 1% 오르는데 주도주는 그 이상의 탄력을 보임으로써 베타계수가 1 이상으로 높게 나타나는 것이다. 곧 지수 상승에 해당업종이나 종목군이 주도적으로 관여한 것으로 봐야 할 것이며 거래증가는 특정세력에 의해 주도된다는 의미를 담고 있다.

시세의 탄력이 좋다고 해서 무조건 그 대상 업종이나 종목군이 주도주로 부각되는 것은 아니다. 이러한 현상은 일반적이고 평범한 여건 속에서도 얼마든지 있을 수 있는 상황이며 상승장이 아니더라도 제한된 범위 내에서의 상승과정에서도 있을 수 있다. 그래서 정확성을 높이기 위해서는 반드시 거래증가가 따라야 하고 또 그 거래증가가 외국인이나 기관과 같이 강력한 힘을 가진 세력에 의해 주도적으로 이루어졌는지를 반드시 확인해야 한다.

초기에 시세장악이 이루어진 후에는 거래량의 증감은 그다지 중요하지 않다. 초기에 매물을 장악한 이후에는 순간적으로 나오는 매물만 주도세력들이 소화하는 것이기 때문에 거래량의 지속적인 증가를 수반하지 않더라도 주가는 상승기조를 이어나가게 된다. 그렇지만 시세탄력은 다른 업종이나 종목군에 비해 좋다.

주도주는 시대적 대의명분을 가진 업종이나 테마주가 어떤 힘있는 매수주체들의 마음을 얻고 이들이 행동에 나섬으로써 다른 경쟁업종에 비해 시세 탄력이 좋은 대상인 셈이다.

지수 상승탄력에 비해 더 강한 탄력을 가진 업종이나 종목군이 주도주다

[차트 89]와 [차트 90]을 보면 2009년 3월, 코스피 지수의 거래량은 크게 증가하지 않았지만 현대차의 거래량은 3월 한 달 동안 지속적인 증가세를 보였다. 당시 이러한 거래량의 증가는 외국인에 의해 주도되었고 이후 큰 시세를 만들어 나갔음을 알 수 있다. 이때 지수의 거래량은 3월 후반부터 증가세가 두드러지면서 지수의 탄력이 좋았는데, 이는 현대차의 주도로 시장이 살아나면서 3월 말부터 전반적으로 상승분위기가 일어났기 때문이다. 종목별로 보더라도 역시 현대차의 탄력이 다른 업종에 비해 강화되었다. 3월 저점 이후 5월 고점 간에 코스피 지수가 약 25%의 상승률을 기록한데 비해, 현대차는 약 55%의 상승률을 기록해 주도주인 현대차의 상승탄력이 월등했음을 알 수 있다.

■ 차트 89 | 코스피 지수 상승률이 25%면 주도주가 존재

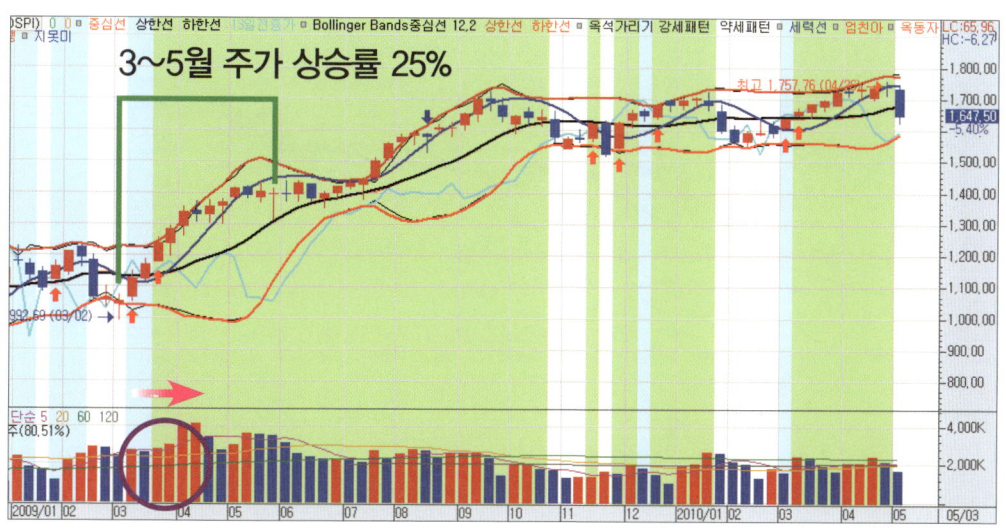

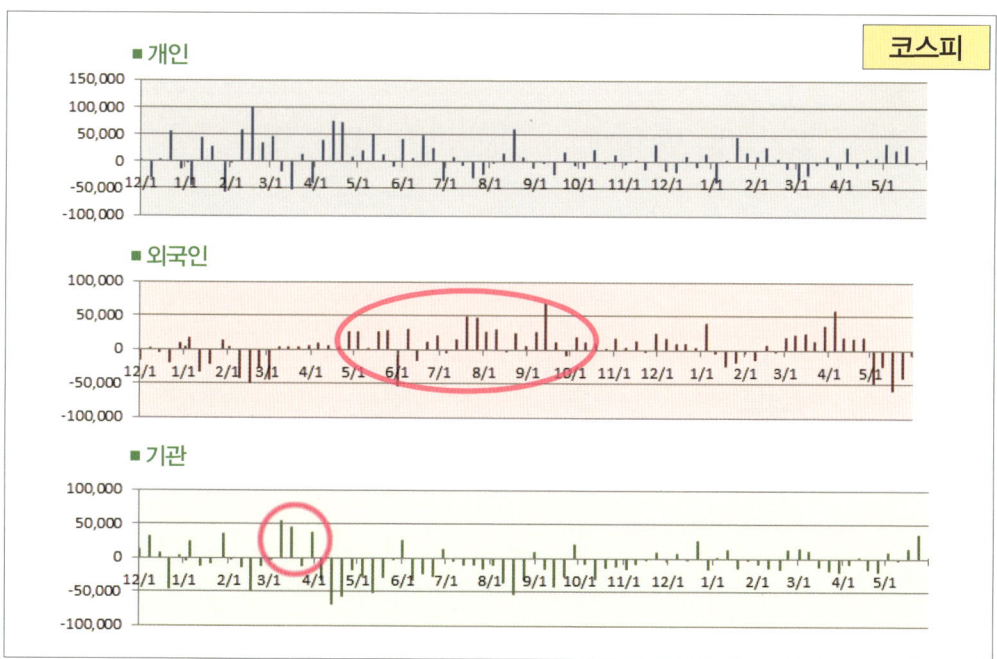

코스피 거래가 증가하는데 가장 영향력을 행사하는 매수 주체는 기관이었지만 이후 주도세력은 외국인으로 바뀌었다. 이에 따라 외국인 선호주가 주도주로 부각된다.

Part 7 • 기술적 지표를 통해 주도주 파악하기   229

■ 차트 90 | 주도세력이 외국인으로 바뀌면서 현대차가 부각된 모습

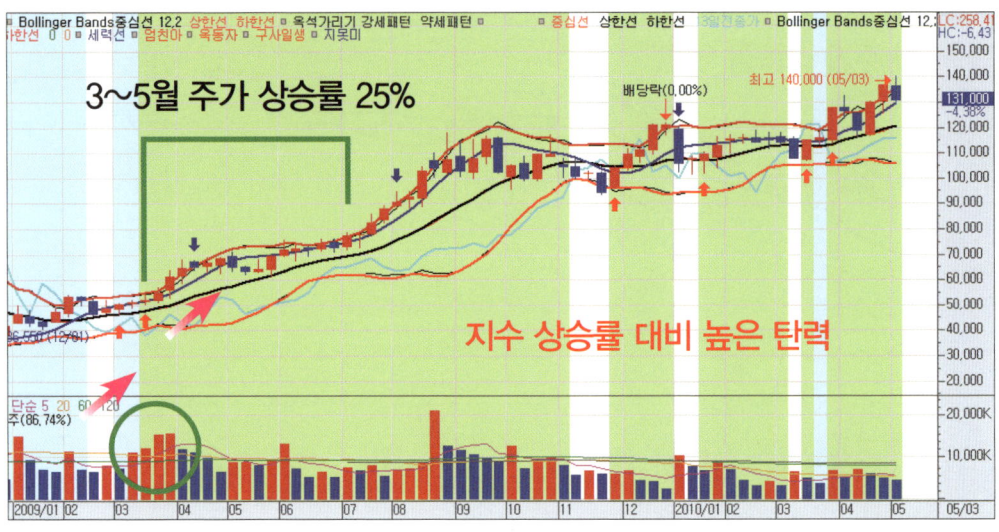

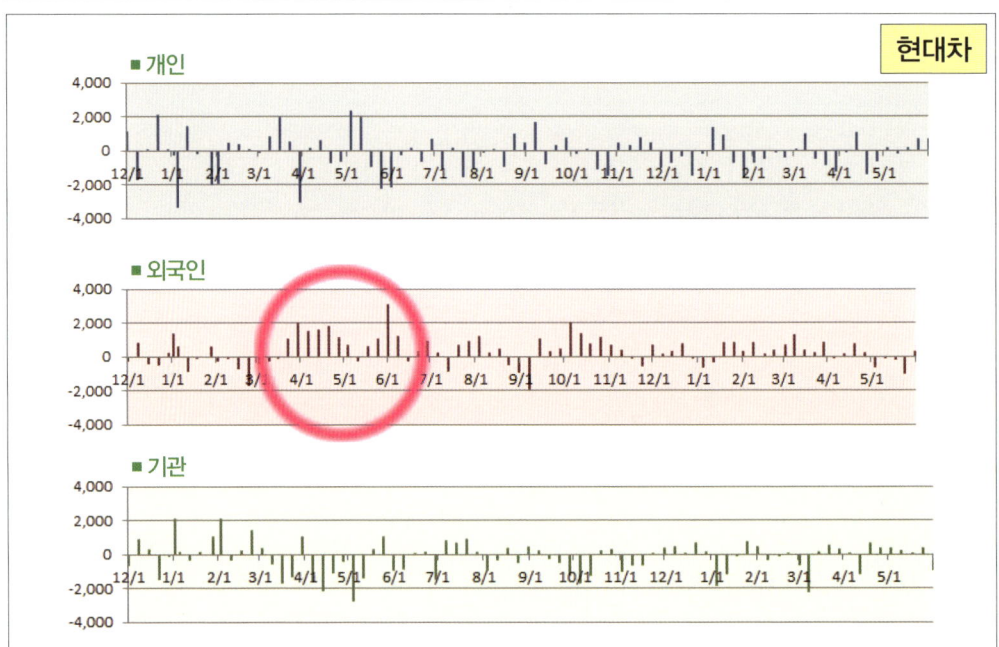

주체별 동향을 보면 초기 기관 매수가 좋아졌다가 부진해지면서 외국인의 매수가 두드러지고 있다. 이에 따라 외국인 주도 속에 현대차가 주도주로 부각되었다. 주가 상승률은 같은 시기 지수상승률 25%의 두 배 이상을 기록했다.

결국 외국인에 의해 선점이 이루어지면서 현대차를 비롯한 자동차주가 먼저 움직이고 그 다음으로 시장 분위기강화로 인해 전반적인 상승확장이 이루어진 것이다. 이후의 시세는 주도세력이 선점한 자동차주의 시세탄력이 가장 컸던 것이다. 비주도주도 오르긴 하지만 탄력도는 주도주에 비해 훨씬 약할 수밖에 없다. 이 시기 국내자동차업계는 내수시장의 장악을 바탕으로 해외경쟁에 뛰어든 상황에서 품질향상에 적극적이었다. 이로 인해 글로벌 자동차업계와의 품질수준 차이를 현저하게 줄인 효과가 나타나면서 해외에서의 호평과 함께 수요가 강화된 것이 메이저들의 매수 동인이 되었다.

이후 2010년에는 더욱 탄력을 받아 주도주의 위상이 더욱 강화되었는데 이 시기 국내자동차업계는 일본 도요타의 차량결함에 의한 대규모 리콜로 이미지 타격이 있었던 상황으로 이 때문에 상대적으로 한국자동차업체들이 수혜를 받았다. 2011년에는 일본의 대형 쓰나미와 엔화의 강세로 인한 일본자동차 업계의 경쟁력 약화 등 시대적 배경이 유리하게 작용하면서 주도주로 부각된 것이다. 외국인이 우연히 현대차를 매수한 것이 아니라 이러한 시대적 대의명분을 바탕으로 매수를 집중한 것이며 이것이 거래증가를 수반하고 시세탄력을 강화하면서 주도주로 부각된 것이다.

어쩌면 이러한 시대적 배경을 읽어낼 수 있는 능력만 있다면 외국인이나 기관 등 메이저들의 매수를 뒤로 하고 먼저 진입하여 투자수익을 극대화할 수 있다. 그러니까 세상 돌아가는 흐름을 잘 관찰하면 거기에 답이 있다. 너무 트레이딩에 집착하여 목전의 시세 움직임에만 매달려서는 결코 프로라고 할 수 없다. 진정한 프로는 여건의 변화를 잘 읽고 그 핵심을 찾아내는 사람이다.

세 번째, 상대비교차트 상 상승률이 가장 상위에 위치하는 대상이 주도주다.

지수가 바닥을 확인하고 상승전환을 시도할 때는 바닥권에서 순환매를 보이거나 좋은 여건 하에서는 분간 할 수 없이 동시 다발적으로 오르는 경향이 있다. 이렇게 되면 무엇이 주도주인지 알 수 없다. 다만 이러한 과정을 차분히 들여다보면 순환매를 거치거나 조정을 보이는 가운데서도 주도주는 다른 경쟁 관련주 보다는 반락 시 덜 하락하고 오를 때는 더욱 탄력을 받는 경향이 강하다.

다른 업종이나 종목군에 비해 탄력이 좋다면 이는 분명 지표상에서도 다른 종목과는 달리 빠르게 호전을 보이게 되는 것이며 우리는 이를 통해 주도주에 대한 보다 분명한 판단을 내릴 수 있을 것이다. 그러니까 각 업종 간 주가탄력도를 비교하여 우열을 가려서 주도주를 찾는 것이 중요하다. 이러한 분석에 유용한 것이 바로 상대비교지표이다.

그렇다면 과연 상대비교지표에서 어떻게 주도주를 파악할 것인가? 역시 우리가 판단할 수 있는 방법은 지수의 상승전환 초기에 지수와 각 업종이나 종목군의 시세탄력도를 파악하는 것이다. 지수가 오르면 어떤 업종이 가장 강력하게 기여했는가를 보면 알 수 있다.

대다수 증권사의 HTS를 보면, '상대비교차트'라는 항목이 나오는데 지수와 주요 업종이나 종목군의 등락률을 상대 비교함으로써 주도주를 쉽게 파악할 수 있다. 물론 거래량메이져의 매수도 앞서 언급했듯이 강력한 유입이 있는지를 파악하는 것은 중요하다.

주도주는 지수가 상승세를 보이면 같이 상승하고, 지수가 조정을 보이면 같이 조정을 보이는 경향이 강하다. 그러니까 지수와 시세의 방향이 같은 것이다. 다만 주도주는 매기의 집중을 받는 업종이나 종목군으로 지수에 비해 시세 탄력이 강한 만큼 상승률이 높게 나타나는 특징이 있다. 이 때문에 주도주는 분석지표 중의 하나인 등락률의 상대비교를 통해 찾아내는 것이 중요하다.

> 주도주는 코스피 지수와 방향이 같고 상대비교차트를 통해
> 코스피 지수나 다른 경쟁업종 이상의 상승률을 기록하는 업종이나 종목군이다

[차트 91]은 2008년 이후 주요업종의 등락률을 상대비교해서 표시한 지표이다. 2008년 리먼 사태로 인해 시장이 충격을 받은 후 코스피 지수가 상승전환하게 되었는데, 이때 상승의 초기단계에서는 전기전자의 상승률이 가장 높게 나타남으로써 이들 종목군이 주도주 역할을 하면서 2009년 3분기까지 지수상승을 이끌었음을 알 수 있다. 다만 이 시기에는 대다수의 업종이 동반해서 오르는 상황으로 어떤 업종에 투자했던 수익을 추구할 수 있었던 시기였다. 그렇지만 주도주인 전기전자가 가장 수익률이 높게 나타나고 다음으로 화학주가 그 뒤를 이은 만큼 이들 양대 종목군에 집중해야 더 좋은 성과를 낼 수 있었을 것이다.

이어 2010년 3분기를 고비로 화학업종과 운수장비업종이 두각을 나타내기 시작하면서 2011년 상반기까지 강력한 주도주로 부각되었음을 알 수 있다. 그리고 그 이후 지수가 꺾이면서 주도주는 없고 전반적인 업종에 걸쳐 하락기조로 변화하고 있는 것도 알 수 있다.

하지만 이러한 사실은 이미 지난 것에 대한 해석일 뿐이다. 막상 현재의 상황에서 주도주가 무엇인가를 찾아내려고 한다면 파악이 용이하지 않다.

결국 우리가 해야 할 일은 비교업종을 통해 특정한 업종의 상승률 곡선이 상대업종의 상승률 곡선을 상향돌파하는 지점을 파악하고 그 돌파하는 순간, 해당업종을 주도주로 인식하는 것이다.

다시 [차트 92]를 통해 보면, 2009년 1분기 경에 가장 상승률이 양호했던 코

2009년 주도주는 전기전자업종이었고, 2010년 3분기 이후 2011년 2분기까지는 운수장비와 화학주가 주도주로 부각되었다.

    스피 지수 상승률 곡선을 화학업종과 전기전자업종의 상승률 곡선이 돌파함으로써 주도주로 부각되었음을 알 수 있다. 다음으로 2010년 3분기 초반에 그동안 주도해 왔던 전기전자업종의 상승률 곡선을 화학주가 강력하게 상향 돌파함으로써 화학주가 주도주로 확고히 자리매김했음을 알 수 있다. 같은 해 3분기 후반 경에는 운수장비업종이 인기가 식은 전기전자업종을 다시 강력하게 상향 돌파함으로써 주도주 자리를 꿰찼음을 알 수 있다.

    차트에서 보면 알 수 있듯이 2009년 1분기에는 주도주의 부각초기에 공략해야 할 시점을 알 수 있고 2010년 3분기에는 주도주가 바뀌었음을 파악할 수 있는 순간이다.

■ 차트 92 | 운수장비와 화학업종의 두드러진 주도주 부각

2010년 3분기에 주도주였던 전기전자업종은 주도주에서 탈락하고 이후 운수장비업종과 화학업종이 주도주로 부각, 전략의 변화가 필요했음을 보여주고 있다.

결국 주도주를 파악할 때는 시장 침체 후 상승초기에 가장 상승탄력이 좋은 업종을 선택하는 것이 중요하며 그것은 각 업종의 상승률 곡선 중 가장 상위에 위치하는 업종이 된다. 그리고 주도주의 변화를 알고자 할 때는 '가장 상위에 위치해 온 상승률 곡선을 특정업종이 상방 돌파할 때 해당업종이 주도주로 새롭게 부각된다는 점'을 염두에 두어야 한다.

물론 앞서 언급했듯이 주도주에 대한 명확한 이해를 위해서는 당연히 시대적 대의명분을 갖춘 업종인지 여부를 고려하여 최종적인 결론을 내려야 한다.

네 번째, 볼린저밴드로 주도주를 파악하는 법을 살펴보자.

주도주를 파악하기 위해서는 종합적이고 입체적인 접근이 필요하며 특정한 하나의 지표만을 가지고 주도주를 포착한다는 것은 무리다. '호랑이는 토끼를 사냥할 때도 최선을 다한다'는 말이 있듯이, 주도주를 포착할 때는 지금까지 구축해온 자신의 실력을 최대한 발휘해야 하며 또한 그것이 정확해야 한다. 그렇지 못할 경우 시장의 중심에 위치하지 못한 것에 대한 혹독한 대가를 치러야 하는 곳이 주식시장이다.

자신의 투자가 처음부터 잘못되었다는 사실을 인지하는 투자자는 드물다. 시간이 흐른 후 점차 느끼기 시작할 것이며 자신의 판단이 잘못되었다고 인지했을 때는 이미 실질적인 주도주는 멀리 도망가 있게 되고 비주도주에서 손실을 본 상황에서 교체하기도 어려운 상황에 놓이게 되는 경우가 많다.

그렇지만 늦었다고 판단이 되더라도 잘못이 확인되면 빠른 결단을 내려야 한다. 시간을 지체하다 보면 결국 고점에서 교체 매수하여 또 다른 고통을 떠안게 되는 우를 범하게 된다. 그만큼 주도주를 제대로 선택하느냐, 역 선택을 하느냐에 따라 운명이 달라진다. 정보의 비대칭성에 의해서든, 아니면 분석력의 비대칭성에 의해서든 그 결과가 잘못되었다면 이는 자신의 잘못이며 역 선택에 따른 오류를 빨리 수정할 수 있어야 한다. 자신의 잘못된 선택에 의한 오류에서 빨리 탈출할 수 있는 것도 능력이다. 앞서 주도주를 파악하는 방법들을 인지하고 보다 더 정확성을 기하기 위해 이제 볼린저밴드를 통해 주도주를 파악하는 법에 대해 살펴보기로 하자.

먼저 중심선의 상승전환이 가장 먼저 나타나고 조정에 강한 업종이 주도주다. 앞서 볼린저밴드를 공부할 때 중심선은 대단히 중요하다는 설명을 한 바 있다.

중심선은 어찌 보면 단순한 이동평균선12에 불과하지만 이는 시세의 방향을 결정하는 중요한 지표라는 점을 알았을 것이다.

지수가 조정을 마무리하게 되면 대부분의 종목군들도 고통에서 벗어나면서 진정국면으로 진입하게 된다. 때로는 지수의 반등과 함께 대부분의 종목군이 동반 회복을 할 때도 있고 어떤 때는 선별적으로 회복세를 보이는 경우도 있다. 전자의 경우 동반회복기에는 무엇이 주도주인지를 파악하기 어렵고 이 시기에 주도주를 굳이 포착하려 하지 않더라도 상승률에 있어 별 차이가 없기 때문에 머리 아프게 신경을 곤두세울 필요는 없다. 다만 동반 반등하게 되면 매기가 과도하게 분산되기 때문에 상승세가 지속될 수 없다.

따라서 일정수준 오른 후 반락을 하게 되는데 반락과정에서 과도하게 떨어지는 대상이 있는가 하면 지수하락률을 밑도는 하락률을 보이는 업종이 있다. 이때 지수하락률을 밑도는 업종이 지수의 재상승기에 주도주로 부각될 가능성이 높다. 후자의 경우 선택적 상승이라는 의미 자체가 이미 다른 업종을 따돌리고 주도주로 자리매김한다는 의미이기 때문에 해당 업종이 주도주로 부각될 가능성이 높다고 봐야 한다.

주도주로 부각되는 대상은 반등 후 되반락이 작은 업종이다. 중심선의 상승전환을 보다 공고히 하게 되고 또한 이를 지지로 해당업종의 주가는 상승흐름을 타게 되면서 다른 업종과 차별화 된다. 중심선이 상승기조를 유지하기 위해서는 그 기울기가 꺾여서는 안 된다. 상승초기 반락의 과정에서 꺾이게 되면 상승방향으로 이어지기 어렵다.

그리고 여러 경쟁업종 중 중심선의 기울기가 가장 빠르게 호전되는 대상이 주도주가 될 확률이 높을 수밖에 없다는 사실도 고려해야 한다. 물론 초기에 중심선이 상승으로 전환을 빨리 한 것만으로 주도주가 되는 것은 아니다. 앞서 언급한 내용들을 고르게 충족시킬 수 있을 때보다 신뢰성은 높아질 것이다. 그러니까 주도주는 중심선의 상승전환을 가장 빨리 하거나 지수 반락기에 다른 업종과 같이 크게 하락하지 않는 대상이 될 것이 유력하다. 이는 그만큼 매수세가 선점하고 상승견인의 의지가 강하기 때문이다.

> 주도주는 볼린저밴드의 중심선이 가장 빨리 전환하거나
> 지수 반락기에 다른 업종에 비해 반락폭이 약한 업종이 될 가능성이 높다

[차트 93]에서 보면, 지수의 상승전환이 있기 전에 운수장비업종은 이미 2009년 12월 4일부터 중심선의 상승전환 속에 코스피 지수의 상승전환을 견인하면서 일찌감치 주도주로의 지위를 확고히 굳힌 사실을 볼 수 있다. 다른 업종과는 확연히 차이를 보이고 있음을 알 수 있다. 그러니까 주도주는 중심선의 상승전환이 그 어떤 업종 보다 빨리 이루어지는 특징을 보인다.

그리고 이후 4월 후반부터 5월 중·후반경에 지수의 낙폭이 상당히 큰 수준임에도 불구하고 운수장비업종은 거의 하락이 없을 정도로 견조해 다른 업종의 중심선의 기울기와는 큰 대조를 보여준다. 이는 운수장비업종이 지수 하락기에도 주도세력의 도움으로 반락이 적다는 사실을 보여주는 것이다. 주도주는 다른 업종과 달리 지수의 반락 기에도 낙폭이 크지 않는 특징을 보인다는 사실도 알 수 있다.

화학업종의 경우를 보면, 지수의 중심선 상승전환 시점이 같아 2월 17일은 다른 업종과 별다른 차이가 없다. 하지만 지수가 4~5월에 걸쳐 낙폭이 컸지만 이 업종은 오히려 완만상승세를 보이면서 강한 면모를 보여주고 있다. 이는 화학업

■ 차트 93 | 볼린저밴드 중심선의 상승전환이 가장 빠른 업종인 주도주

2010년초, 중심선이 가장 먼저 상승 전환한 운수장비업종이 지속적인 주도세를 보였고, 화학업종도 다시 5월을 고비로 주도주에 합류하면서 두 업종이 동시에 주도주로 부각되었다.

종을 주도주로 인식하고 있는 주도세력들에 의해 하락이 방어된 것임을 알 수 있다. 이후 이들에 의해 강한 상승세를 이어나감으로써 주도주 자리를 확고히 굳힌 사실을 보여준다.

이들 주도주로 부상한 운수장비 및 화학업종은 지수가 깊은 조정에서 깨어나면서 가장 먼저 중심선의 상승전환을 갖거나 이후 지수조정이 올 때 다른 업종에 비해 조정폭이 현저히 낮다는 사실을 알 수 있으며 이것이 바로 주도주의 특징이라 할 수 있다. 그리고 다른 업종과는 확연히 구분된다.

전기전자업종은 4~5월 지수 조정 기에 급락세로 돌변하면서 주도주에서 탈락하는 모습을 보였고 철강주 역시 4월 초순에 일찌감치 주도주 경쟁에서 탈락하는 모습을 보여준다. 탈락하는 업종은 지속적으로 보유 할 수 없다. 그 자체가 손실이기 때문이다. 따라서 확인되었으면 발빠르게 주도주로 교체하는 것이 좋다.

결국 지수의 조정 마무리 시점에서 가장 빠르게 중심선의 상승전환이 일어나는 대상이 주도주이고 지수 반락 기에 가장 강하게 버티는 대상이 주도주로 부각될 가능성이 높다.

다소 늦긴 하지만 주봉 상으로도 중심선의 상승전환이 가장 빠르게 이루어지는 업종이나 종목군이 주도주다. 중심선은 주가의 방향을 의미하는 것이기 때문에 하락기조에서 가장 빠르게 상승 전환한다는 것은 그만큼 다른 업종에 비해 매수세가 먼저 유입되고 시세방향을 주도한다는 의미이다. 어쩌면 중·장기 지표인 주봉의 중심선이 빠르게 전환한다는 것은 주도주에 대한 신뢰성이 더욱 높아진다는 뜻도 된다.

'중심선을 가장 먼저 상승전환 시킨다'는 것은 이전까지 하락한 후 시세기조의 전환과정에서 주도주를 모색하는 메이저들이 여러 정황 상 시대적 대의명분을 가진 업종이나 테마를 선택하는 과정에서 결정한 사항이다. 이러한 내용을 뒤엎을 만한 변화가 없는 한 주도주의 변화도 없다. 조정을 보이게 되더라도 상승을 이끄는 메이저들은 이 시점 중심선의 상승전환을 재매수의 기회로 삼는 것이기 때문에 주가의 낙폭도 적게 나타난다.

> **주도주는 중·장기 지표인 주봉으로도 중심선의 상승전환이 코스피 지수나 다른 업종에 비해 먼저 일어난다**

[차트 94]는 코스피 지수와 주도주였던 화학업종의 주봉을 나타낸 것으로 코스피 지수는 1월 둘째 주에 중심선이 상승 전환을 한 반면, 화학업종은 이보다 한 발 앞선 2009년 1월 첫째 주에 상승 전환을 한 모습이다. 이 시기에 운수장비업종이 코스피 지수와 전환시점이 같은 것을 제외하고는 나머지 대다수의 업종은 상당기간 늦게 중심선의 상승전환이 일어났다.

그러니까 일봉 상 중심선의 상승전환이 먼저 일어난 업종에 대해 주도주 인식을 가지고 대응한 후 투자의 정확성을 위해 주봉 상으로도 중심선의 상승 전환이 먼저 일어나는 업종이 무엇인지를 분명히 하는 것이 중요하다.

만약 중간에 주도주의 변화가 있다면 주봉 상 중심선의 변화가 먼저 일어나는 업종으로 주도주가 바뀌는 것이며 이때는 대응전략도 바꾸어야 한다. 처음부터 주도주로 인식한 업종이 주봉 상으로도 유효하다면 그대로 지속하는 것이 바람직하며 필요에 따라서는 비중을 더 확대할 수도 있다. 단기 지표가 타이밍 상으로 빨리 포착할 수 있는 이점이 있는 것이 사실이지만 정확성을 높이기 위해서는 중·장기 지표를 통해 그 신뢰성을 높이는 것도 것이 중요하다.

■ 차트 94 | 주봉으로도 중심선의 상승전환 시기에 따라 판단할 수 있음을 보여주는 예

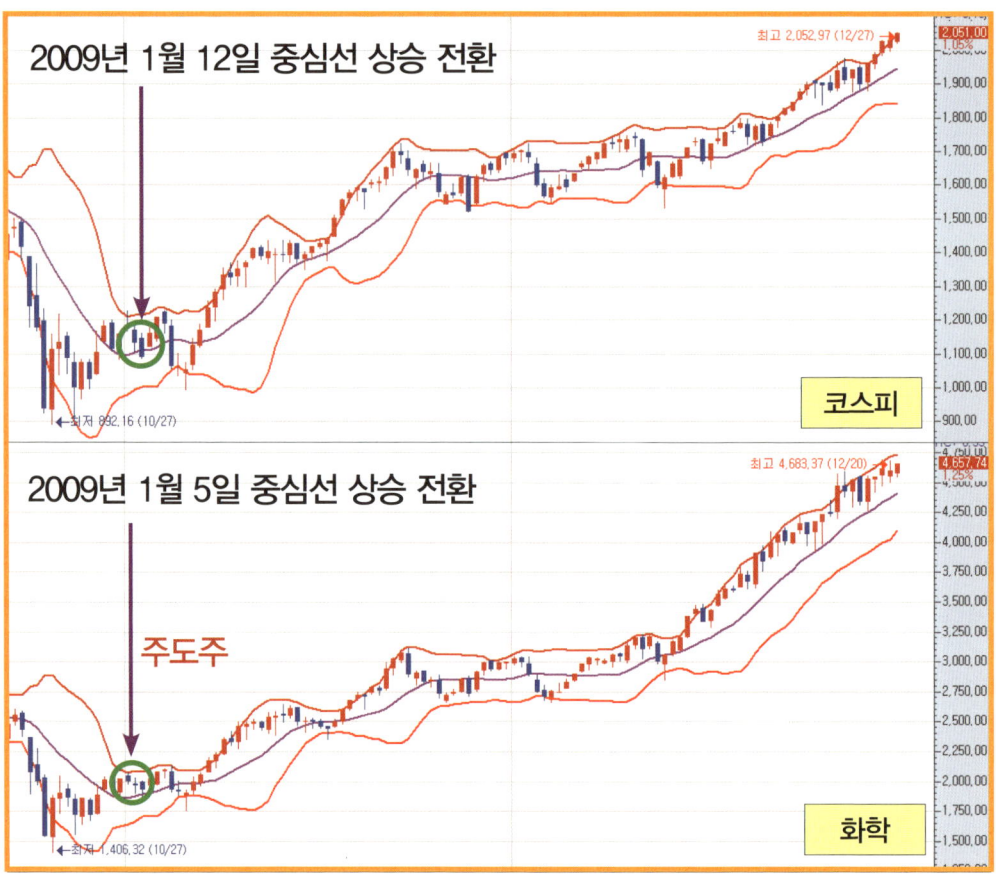

2009년초 코스피와 화학업종의 주봉상 중심선의 상승전환 시점은 화학주가 코스피에 비해 더 빨랐다. 이 시기의 주도주는 화학주였음을 파악할 수 있다.

    마지막으로 볼린저밴드 확장이 가장 먼저 일어나는 업종이 주도주다.
    주가가 바닥에 이른다는 것은 앞서 파동에서 설명한 대로 A파동이 완성되거나, 아니면 C파동이 완성된 단계로 이 상황에서 볼린저밴드 수축이 완성된 상태다. 또는 C파동의 하위 5파동에서 E파동까지 하락 한 후 밴드수축이 이루어지는 경우일 것이다.

대세 하락국면을 보인 후 바닥을 확인하려면 주봉이나 월봉 상 C파동을 완성해야 비로소 바닥이라 할 수 있다. 주봉, 월봉 등 중·장기 지표가 바닥일 일수록 그 신뢰성은 더욱 높다. 일봉에서 C파나 그 하위파동 E파가 이루어지든, 주봉이나 월봉에서 C파동이 종료되든 그것이 완성된 이후 주가가 상승기조로 이어진다는 점은 더 이상 설명할 필요가 없다. 하지만 상승한다고 해서 그것이 반드시 주도주로 부각되는 것은 아니다.

주도주란 중·장기적으로 상승기조를 이어나가면서 그 시기에 최고의 상승률을 기록하는 것인 만큼 일반적인 종목들의 한시적 주가상승과는 구분된다. 그만큼 주도주는 투자자들에 있어 최고의 선물이라 할 수 있다. 하지만 일반투자자들이 공유하기가 쉽지 않은 대상이다.

앞서 기술적 분석 상 상승전환 후 동일시점에서 볼린저밴드 중심선의 변화가 빠른 업종이나 종목군이 주도주이고 지수 조정기에 가장 하락률이 낮은 업종이나 종목군이 주도주라는 점을 설명했다. 그렇다면 주도주를 포착하기 위한 볼린저밴드 상의 또 다른 특징은 무엇일까?

그것은 역시 볼린저밴드 확장이 가장 빠른 대상이다. 볼린저밴드는 수축과 확장의 연속이며 주가의 전환점에서는 수축과정을 거친 후 확장과 함께 상승 전환하는 특징을 갖는다. 이는 하락기조에서 확장세를 이어온 볼린저밴드가 주가 전환기에는 다음 단계인 수축과정을 거치는 것이며 중심선의 상승전환과 동시에 재 확장으로 바뀌게 되기 때문이다. 하락기조를 이어 온 주가는 반드시 상승전환기에 수축과정을 거친 후 상승으로 전환한다.

같은 시점에서 여러 가지 다양한 업종이나 종목군에서 볼린저밴드가 수축을 보이면서 바닥을 통과하고 있다면 이는 매우 중요한 변화이며 이를 가볍게 봐서는 안된다. 밴드가 수축에서 확장된다는 것은 일단 중심선의 상승전환이 일어난다는 것이며 이후 주가가 상승하면서 볼린저밴드의 상방향 확장이 전개된다는 의미이다.

앞서 중심선의 상승전환이 먼저 일어나는 대상이 주도주로 부각될 가능성이 높다고 설명했지만 중심선이 일시적으로 상승전환한 후 다시 지루하게 늘어지게 되는 경우도 많은데, 이 같은 속임수가 발생하게 된다면 자칫 주도주 판단에 혼선이 빚어질 수도 있다. 따라서 중심선의 상승전환 하나만으로 주도주를 판단하는 데는 한계가 있다.

결국 그 보완책으로 고려할 수 있는 것이 바로 밴드확장의 시점이다. 밴드확장은 중심선의 전환이 일어날 때 발생하지만 주가가 볼린저밴드 상한선을 뚫고 오르거나 확장되는 상한선에 밀착하는 경우를 의미한다. 이는 중심선의 기울기 변화상승전환를 지속시킬 가능성을 강력하게 뒷받침하기 때문에 단순히 일시적 중심선의 상승반전속임수과는 다르다. 상한선을 주가가 밀착하거나 돌파한다는 것은 매수세가 강력한 저항선인 상한선에 걸쳐 포진한 강력한 매도세를 공격한다는 의미로 볼 수 있기 때문에 기조전환으로 판단하는 것이 맞다. 그리고 이때는 거래량의 증가가 많은 특징을 갖기도 한다.

주도주는 볼린저밴드 확장을 가장 먼저 실현하는 업종이다

앞서 주가가 오를 때는 두 가지 경로를 거친다는 설명을 한 바 있다. 하나는 급등패턴으로 이어지는 것이고 다른 하나는 완만상승 패턴으로 이어진다는 것이다. 급등패턴은 상승초기에 밴드상한선을 강력하게 치고 나가는 특징이 있고 완만상승 패턴도 상한선을 일시적으로 돌파하거나 아니면 상한선을 따라서 오

■ 차트 95 | 볼린저밴드 상승확장기에 의한 주도주 판단

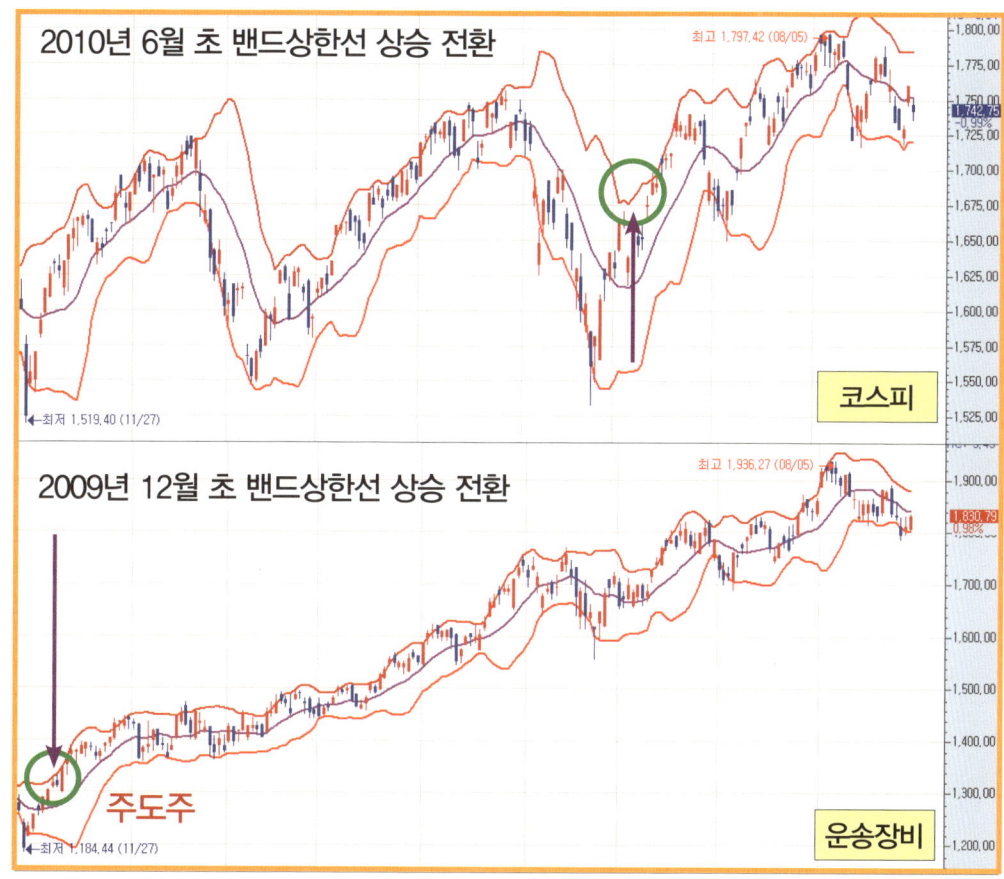

코스피와 운수장비업종을 비교한 결과 운수장비업종의 볼린저밴드 확장시기가 코스피보다 더 빨라 주도주로 부각되었음을 알 수 있다.

르는 경우이다. 결국 볼린저밴드의 확장을 시작한다는 것은 주가가 상한선을 따라 오른다는 의미이며 급등이든, 완만상승이든 어느 하나의 패턴으로 상승한다는 뜻이다.

하지만 주도주를 파악하기 위해서는 이것만 가지고 되는 것은 아니다. 중요한 것은 이러한 현상이 어느 업종, 어느 종목군에서 가장 빠르게 나타나느냐에 따라

주도주냐 아니냐가 결정된다. 주도주란 외국인이나 기관과 같은 선도세력에 의해 출현하는 것이며 테마에서는 역시 큰손세력들에 의해 형성되는 것이다. 이들은 주도주를 장악하기 위해 가장 먼저 매수를 강화하게 되는데 그 대상^{주도주}이 볼린저밴드 확장을 가장 먼저 실현하게 된다.

[차트 95]는 2009년 9월 이후 2010년 8월간 코스피 지수와 당시 주도주였던 운수장비업종을 비교한 것이다. 코스피 지수는 본격적인 상승전환 시점이 2010년 6월 초순에 밴드상한선이 위로 확장되는 모습을 보인 반면, 운수장비업종 차트는 2009년 12월에 이미 밴드확장한 이후 지속적인 상승세를 보이면서 지수 이전에 주도주로 부각이 되었음을 알 수 있다.

이 같은 현상이 나타났던 것은 운수장비업종이 미국시장에서의 호평과 함께 시장점유율을 높이면서 시대적 모멘텀을 갖추었기 때문이다. 그리고 다양한 악재 때문에 지수는 물론 다른 경쟁업종이 심한 변동성을 보이는 어려움 속에서도 주도세력의 매수강화가 이어지면서 처음의 시세기조를 유지할 수 있었던 것이다. 결국 주도주란 지수에 비해 먼저 부각될 수도 있고 다른 경쟁업종에 비해 세력들의 개입이 먼저 이루어지면서 볼린저밴드 확장을 가장 빨리 실현시키는 대상이라 할 수 있다.

02

집중해야 할 대표주

주도업종을 포착했다고 해서 반드시 성공적인 투자를 보장 받는 것은 아니다. 크게는 주도업종에 의해 코스피 지수의 방향이 상승으로 진행되고, 작게는 특정한 종목에 의해 주도주의 방향이 상승으로 이어지는 것이다. 주도주라고 해서 모든 종목이 다 오르는 것은 아니고 극히 선별적이고 제한된 종목 중심으로 이어진다. 이는 과거의 동반상승의 특징과는 다른 것이며 시장이 선진화되면서 달라진 특징 중의 하나로 볼 수 있다. 물론 주도주 군에 위치하고 있으면 일정 부분 상승흐름을 이어나갈 수는 있지만 핵심주에 비해서는 월등히 상승률이 낮다고 볼 수 있다.

투자의 성공은 주도주를 찾는 것이며 그 중 핵심 대표주선도주를 찾아 좋은 타이밍에 투자하는 것이다. 그래서 주도업종을 찾았으면 다음으로 해야 할 일은 역시 대표주가 무엇인지를 찾는 것이다. 대표주는 투자경험이 어느 정도 이루어진 투자자라면 대부분 알고 있는 종목이다.

예를 들면, IT주에서는 삼성전자, 철강주에서는 POSCO와 현대제철, 자동차에서는 현대차, 건설에서는 현대건설과 GS건설, 증권에서는 대우증권과 삼성증권, 은행에서는 신한지주와 우리금융, 태양광에서는 OCI, 그리고 화학에서는 LG화학과 호남석유 등이다. 그리고 코스닥에서도 바이오주에서는 메디포스트와 알앤엘바이오, 휴대폰에서는 멜파스와 엘엠에스, 엔터테인먼트주에서는 에스엠와 와이지엔터, 보안주에서는 안철수연구소, 저출산과 관련해서는 아가방컴퍼니, 그리고 고령화와 관련해서는 인피니트헬스케어와 오스템임플란트 등을 들 수 있다.

분석할 때 수많은 종목들을 일일이 다 검토할 수 없다. 대표주들의 움직임을 관찰하면서 업종의 변화를 읽거나 주도업종을 파악함과 동시에 이러한 대표주의 움직임을 연계해서 살피는 것이 중요하다. 주도주가 부각되고 있다면 그것은 바로 이러한 대표주들이 부각되면서 소속업종이나 종목군의 변화를 가져 오는 것이다.

그러니까 어느 한 대표주에 거래가 증가하고 주가의 움직임이 다른 업종의 대표주에 비해 빠르게 나타나면서 메이저들로부터 집중적인 매수가 이루어지는 순간 업종지수의 변화가 있는 것이며, 그 업종이 다른 업종에 비해 볼린저밴드 중심선의 상승전환이 먼저 일어나고 밴드확장이 빠르게 나타난다면 해당업종이 곧 주도주로 부각된다. 후발주들은 그 뒤를 따를 뿐이며 대표주에 비해서는 상승률이 크게 못 미친다. 항상 주도주의 중심에 위치하지 않으면 그만큼 소외감은 커질 수밖에 없다. 몸통을 잡아야 하는 것이며 깃털을 잡아서는 도움이 별로 되지 않는다.

특정한 대표주의 비교우위의 탄력은 바로 시대적 대의명분이 뒷받침 되고 있는 것이다. 이를 고려한 메이저들의 유입이 이루어졌기에 가능한 것이다. 따라서 다양한 측면을 종합적으로 고려해야 한다.

그렇다면 대표주에서 핵심주를 어떻게 찾아낼 것인가?

앞에서 언급한 대표주들은 사실 일반적으로 알려진 대표주들이지만 시장성격에 따라 얼마든지 바뀔 수 있다. 그래서 시장의 변화가 오면 종목들의 변화가 오는 것임을 인지하고 핵심주를 포착하기 위해 관심을 집중해야 한다.

대표주는 업종지수^{주도주}의 상승전환 초입시점에서 가장 빠른 변화를 갖는 종목이다. 다시 말해 상승전환이 가장 빠르게 나타나는 종목이다. 그것은 앞에서 언급했듯이 동일한 업종 내에서 가장 빨리 상승전환하는 종목이며 결국 일봉 상 중심선의 상승전환을 가장 빨리 달성하는 종목이다. 이를 알기 위해서는 주도업종 내 주요 종목별 상대비교가 필요하다.

> **대표주는 주도주 내에서 중심선의 상승전환을 가장 빨리 갖는 종목이다**

원래 종목 보다는 업종지수의 중심선이 먼저 상승전환하거나 같은 시기에 전환하는 경우가 많다. 왜냐하면 다수의 종목들이 무리를 지어 오르다 보니 업종지수의 변화는 빨리 전개되고 각 종목별로는 매기분산으로 인해 변화가 느리기 때문이다. 그래서 업종지수의 상승 전환을 먼저 읽고 종목의 상대비교를 통해 중심선의 상승전환이 빠른 종목을 찾아내면 된다. 그리고 찾았다면 그 대상이 대표주이며 우리가 집중 매수해야 할 대상이라는 인식을 갖고 적극적으로 공략하는 것이 중요하다.

■ 차트 96 | 주도주 중 대표주 판단법

주도주인 운수장비업종 중 중심선의 상승전환시점은 현대모비스보다 현대차임을 알 수 있다. 대표주를 매수해야 더 높은 수익률을 올릴 수 있다.

[차트 96]에서 보면 2009년 10월 이후 주도주로 부각된 운수장비업종 지수의 일봉에서는 중심선의 상승전환일이 2009년 12월 3일이고, 현대차는 12월 1일에 이루어진 것으로 나타나고 있다. 기아차도 같은 날 나타났지만 다른 운수 장비주들은 대부분 이 보다 늦게 나타났다. 대표적 부품주인 현대모비스의 경우를 보면 다음 해 2월과 3월에 가서야 비로소 중심선의 변화를 통해 상승기조 전환을 확인할 수 있다. 물론 이 경우 비교대상이 완성차와 그 부품주라는 점에서 비교하기에는 무리가 있지만 다른 주도주 역시 예외가 아니라는 점에서 이 같은 분석법이 큰 의미를 갖는다.

결국 주도주 중에서도 투자수익률을 더욱 극대화하기 위해 그 핵심주를 포착하는 것이 중요하다. 주도주 내 대표주에 집중하는 이유는 가장 탄력적이고 하락 전환할 때는 가장 뒤늦게 반락하며 때로는 독보적인 상승세를 기록하기 때문이다.

주도세력에 의해 주도주가 나타나는 것인데 그중 이들이 가장 집중적으로 공략하는 대상이 대표주이며 핵심주인 셈이다. 그리고 이들에 의해 가장 높은 상승률을 기록하는 것이다. 시장에서의 주도세력은 외국인이거나 기관이며 이들의 매수 집중을 받는 대상이 바로 우리가 공략해야 할 대상, 즉 대표주이다. 이에 따라 거래량의 증가도 돋보이게 마련이며 볼린저밴드 중신선의 상승전환도 가장 빠르고 밴드확장도 다른 종목에 비해 먼저 일어나게 된다.

주도주를 찾아내고 그 중에서도 핵심주를 찾는 작업은 쉽지 않다. 단 하나의 지표로 간단하게 파악할 수 있는 성질의 것이라면 투자라는 것이 어렵지 않을 것이며 시장의 존재가치도 없을 것이다. 투자에 있어 가장 중요한 선택을 해야 하는 만큼 내용 하나하나에 충실한 접근이 필요하다. 지금까지 공부한 내용만으로도 충실히 공부하고 종합적으로 고려해서 판단한다면 정확성을 크게 높일 수 있다.

선물의 매매타이밍 포착법 파악하기

PART 8

❶ 기본적 매매전략은 볼린저밴드의 상·하한선의 전환점을 이용하라
❷ 보다 큰 수익을 위해서는 조정파동을 활용하라
❸ 일봉 상 밴드상한선을 돌파하면 매도타이밍으로 여겨라
❹ 240분봉을 활용하여 매수타이밍을 노려라

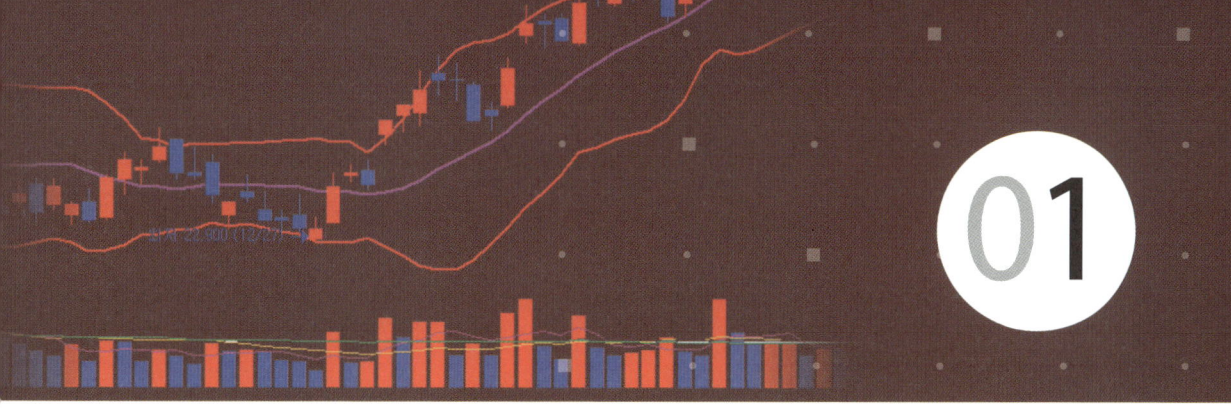

01

기본적 매매전략은 볼린저밴드의 상·하한선의 전환점을 이용하라

 선물투자자들에게 있어 중요한 것은 역시 정확한 매매타이밍 포착기술이다. 현물과는 달리 선물은 만기가 존재하기 때문에 중·장기적으로 보유해 나갈 수 없다. 따라서 자연히 초단기 매매전략을 구사할 수밖에 없는 한계성이 있다. 그리고 시장의 속성은 호재나 악재에 의해 예상치 못한 큰 변동성이 나타나게 되는데, 레버리지가 높은 상품의 특성상 이에 대해 적극적으로 대처하지 않으면 큰 손실을 입을 수 있다는 점에서 발 빠른 대응이 중요하다.

 여기서는 매매타이밍의 기술을 익히고 수익을 극대화하는 것이 목적인 만큼 볼린저밴드와 필자가 중요하게 생각하는 지표들을 이용해 어느 시점에서 정확하게 매매포지션을 취할 것인가를 제시하고자 한다.

 차트는 짧게는 3분봉, 5분봉, 다소 길게는 30분봉, 더욱 길게는 60분봉을 활용하지만 읽는 방법은 같다. 3분봉, 5분봉으로 해결하기 어려운 부분은 상위의 30분봉이나 60분봉을 보완적으로 사용하거나 심지어는 240분봉을 활용해서 대응법을 찾는 것이 중요하다.

지표의 설정은 이전에 언급했던 것과 같으며 파동을 읽는 법 또한 같은 것인 만큼 특별히 다를 바가 없다는 점에서 그대로 적용하기로 한다. 다만 파동을 읽을 때 외부적으로 대형 악재가 터져 나왔을 때는 C파동에서 하락이 멈추는 것이 아니라 E파동에서 저점이 형성된다는 점을 염두에 두어야 한다. 대형 악재가 만연해 있을 경우 C파동에서 섣불리 매수를 고려해서는 안 되며 E파동까지 확인 한 후 대응해야 함을 잊어서는 안된다.

볼린저밴드 상 선물매매의 핵심은 완만상승 패턴은 중요하지 않으며, 볼린저밴드의 상한선과 하한선의 변곡점을 이용한 매매전략을 따른다는 점이다. 그리고 조정파동의 완성 시점에서는 시세폭을 크게 잡는 것이 바람직하다. 선물은 시장의 기조가 방향을 뚜렷하게 잡고 나갈 때는 그 방향대로 길게 나갈 수 있지만 그렇지 않은 대부분의 상황에서는 단기대응이 될 것이다. 지금부터는 선물의 매매타이밍 포착기술에 대해 기술하고자 한다.

먼저 볼린저밴드의 상·하한선의 전환점을 이용해본다.

우리는 앞서 볼린저밴드의 급등패턴과 급락패턴에 대해 공부했었다. 급등패턴은 '상한선＞주가＞중심선＞하한선'의 배열을 보이고 하한선의 기울기가 하락세를 보이는 것을 제외하고는 나머지 상한선, 주가, 중심선의 기울기는 상승으로 이어지는 형식이라는 사실을 알고 있다. 그래서 볼린저밴드는 확장세를 보이는 것이다. 이때 우리는 기존에 매수한 주식을 매도하고자 할 때 하한선이 상승 전환하는 시점을 노리면 된다. 여기서 유의해야 할 것은 선물의 경우 볼린저밴드 상 주가와 상한선의 배열위치가 바뀌어도 상관없이 급등패턴으로 봐야 한다는 것이다. 이는 선물의 단기변동성이 심하다 보니 선물지수와 상한선의 위치가 정상적인 모습을 보이지 못한 채 등락을 보이는 경우가 많기 때문이다.

> **완전 정배열 상황에서의 선물 매도타이밍은
> 하한선이 위로 반전하는 순간이다**

마찬가지로 급락패턴에서도 주가가 반드시 하한선보다 아래에 위치하지 않아도 상한선만 상승세를 보이면 급락패턴으로 수용하는 것이 바람직하다. 그래도 상한선이 꺾이는 시점이 매수포지션을 취하는 시점이 된다. 그래서 볼린저밴드를 이용한 선물투자는 어쩌면 다양한 패턴이 나타나는 현물 보다 더 쉬울지도 모른다.

그러니까 핵심요지는 어느 경우이든 선물이 오르고 볼린저밴드 하한선이 하락하는 과정에서 기존 포지션을 청산하고자 할 경우에는 하한선이 상승 반전할 때 실행하면 된다는 점이다. 이후 더 오르는 경우가 있기도 하지만 선물투자에서 과욕은 금물이라는 사실은 누구나 잘 알고 있을 것이다. 신규 매도포지션을 취하는 것은 가능한 한 자제하는 것이 바람직하다. '상한선 > 주가'의 배열상태에서는 자제해야 한다. 신규 매도포지션은 '주가 > 상한선'의 완전한 정배열을 보이면서 하락하는 하한선이 상승으로 반전할 때만 가능하다. 완벽한 급등패턴, 즉 주가 > 상한선 > 중심선 > 하한선의 형식을 취했을 경우 정확도도 높아진다는 사실은 재론의 여지가 없다. 그러면 첫 사례로 선물지수가 오르는 경우 볼린저밴드의 동향과 기존 매수포지션의 청산타이밍또는 신규매도포지션에 대해 살펴보자.

■ 차트 97 | 선물 5분봉 차트 – 주가>상한선의 완전 정배열 패턴에서의 하한선 상승 반전 시 매도타이밍 사례

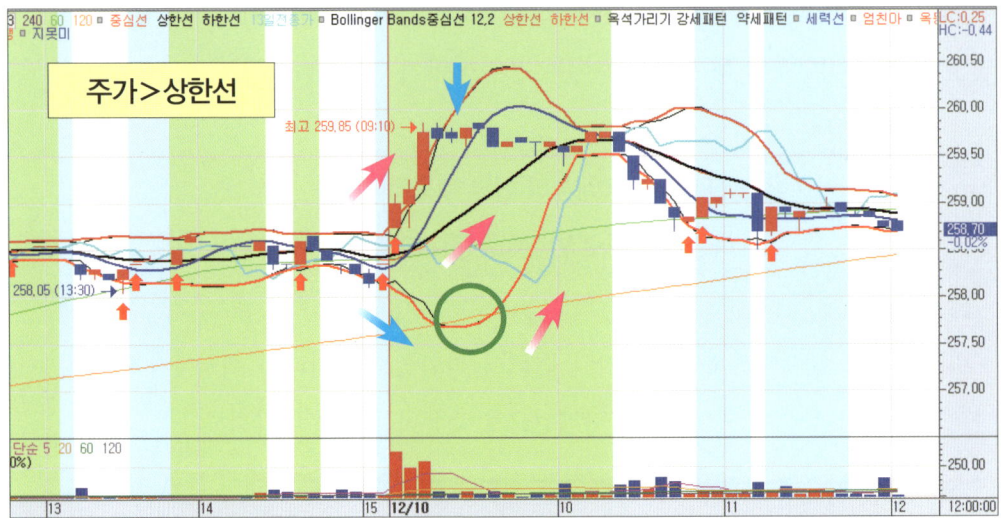

급등패턴에서의 매도타이밍은 하한선 상승반전 시점이다.

■ 차트 98 | 선물 5분봉 – 주가<상한선 배열 패턴에서의 하한선 반전 시 매도사례

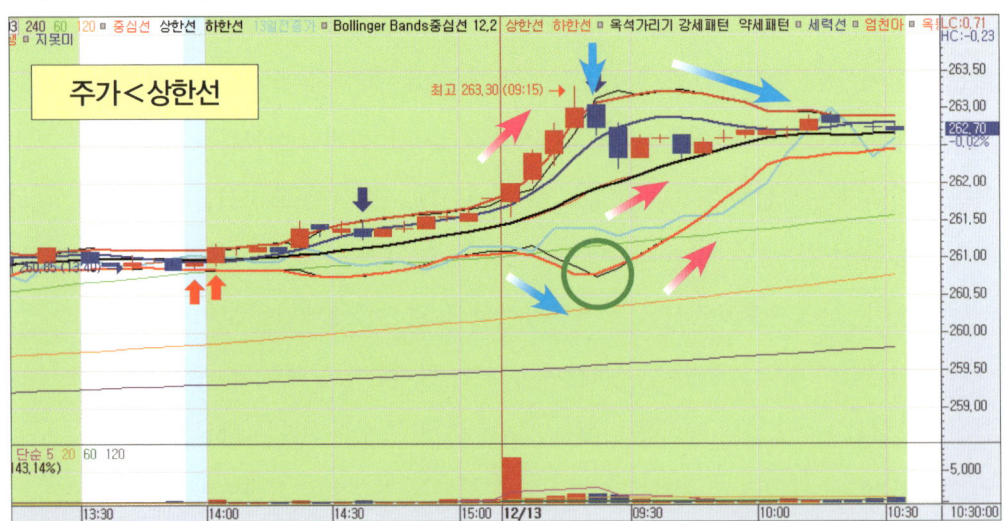

주가보다 상한선이 높아도 하한선이 상승전환할 때는 대부분 매도타이밍의 정확성이 높다.

[차트 97]은 5분봉으로 본 선물과 볼린저밴드의 동향이다. 선물의 반등이 있었던 시기의 매도시점을 표시한 것으로 볼린저밴드의 하한선이 위로 반전할 때 매도타이밍의 정확성을 보여주고 있다.

'주가 > 상한선 > 중심선 > 하한선'의 완전 정배열 상황에서의 매도타이밍을 정확하게 보여준 것으로 이 같은 유형의 패턴은 하루에도 수차례 볼 수 있다. 가장 쉽게 할 수 있는 대응법이라 할 수 있다.

만약 저점에서 매수포지션을 취하여 홀딩해 나간다면 어디에서 그것을 청산할 것인가를 고민하게 되겠지만 볼린저밴드의 매매법을 통해 정확하고 쉽게 찾을 수 있음을 보여주는 것이다.

하지만 다음의 경우는 완전정배열 상태가 아닌 '상한선 > 주가'의 배열상황에서 대응했을 때의 모습으로 다소의 정확성에 차이가 있음을 알 수 있다. 하지만 차이는 있더라도 그 어떤 다른 보조지표보다 정확성은 높다. 그렇지만 이때는 신규 매도포지션은 자제하는 것이 바람직하다.

> 완전 정배열이 아닌 경우, 즉 '주가 < 상한선'의 배열상황에서도 정확성은 떨어지지만 그래도 하한선 반전 시 매도 대응한다

■ 차트 99, 100 | 주가<상한선의 배열에서 밴드하한선 상승반전 실패의 예

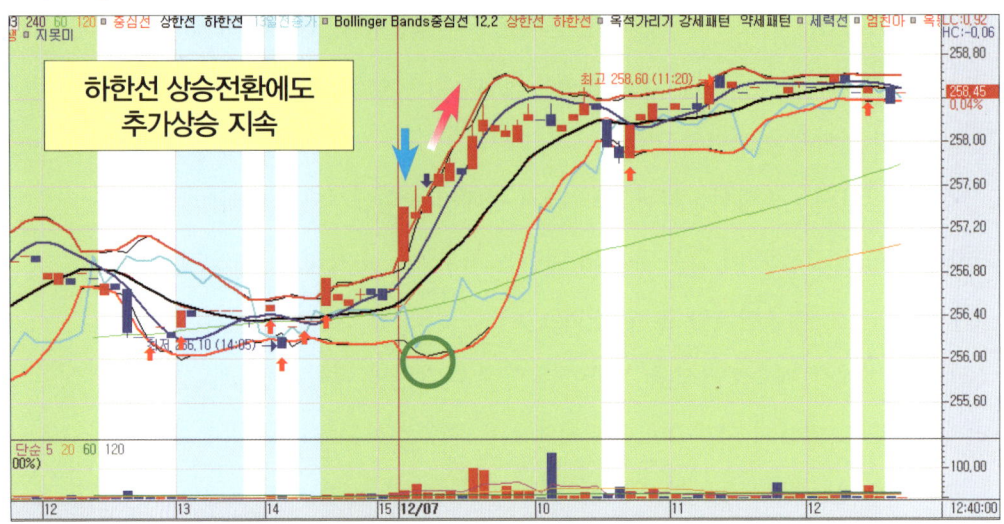

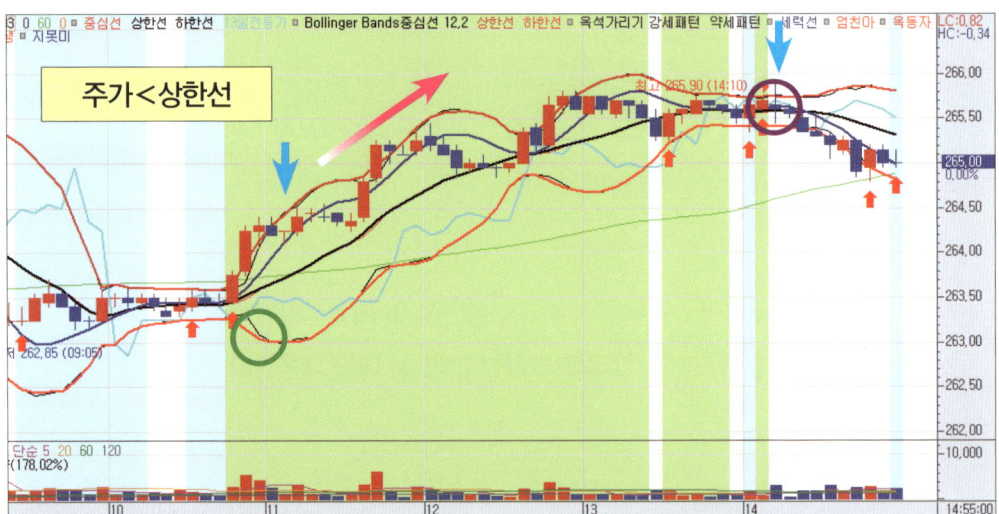

위의 두 그림에서 볼 수 있듯이 주가<상한선의 완만상승에서는 하한선 상승반전을 매도해서는 안된다. 선물에서는 매도해도 잘 맞지만 호재가 출현해 강한 시세가 형성될 경우 가끔 실패할 때도 있다.

[차트 99]는 주가가 상한선의 위에 위치하지 않고 뒤바뀐 경우로 완전 정배열의 모습은 아닌 경우이다. 하한선의 상승반전 시점에서의 매도타이밍을 표시한 것으로 대부분은 잘 맞지만 매도 이후 더 오르는 경우가 종종 있음을 알 수 있

다. 그렇지만 지나친 과욕은 화의 근원이 되는 만큼 매도 이후 추가상승에 대해 아쉬워해서는 안 될 것이다. 위험성이 높은 투자일수록 과욕은 삼가해야 한다.

어떤 경우든 기존 매수포지션을 유지해 오다가 하한선의 상승전환 시 청산하면 된다. 추가적 상승에 대해 미련을 갖는다면 선물투자자의 기본자세가 아니다. 물론 분명하지 않은 상황에서 신규 매도포지션을 취해서도 안 될 것이다. 이때는 상위의 지표인 30분봉이나 60분봉 상 하한선의 상승전환 시점을 이용해 신규매도, 또는 매수포지션 청산을 하면 된다.

과욕을 부리지 않는다면 얼마든지 좋은 수익과 함께 자신의 계좌를 불려 나갈 수 있지만 분에 넘칠 경우 오히려 투자를 망칠 수도 있다.

다음으로 볼린저밴드를 활용한 선물의 기본적인 매수타이밍에 대해 살펴보자. 매수타이밍은 역시 앞서 공부한 급락패턴과 연관이 있다. 급락패턴은 '주가<하한선<중심선<상한선'의 배열상태를 보이는 것으로, 상한선의 기울기가 위로 진행되는 것을 제외하고는 모두 하락의 기울기를 갖기 때문에 볼린저밴드는 확장이 심화된다. 선물의 하락이 심화되는 경우이기 때문에 기본적으로 위험성이 존재한다는 사실을 인지하고 임해야 한다. 역시 매수포지션은 밴드상한선이 하락반전 할 때이다.

하지만 이 경우 반등이 짧게 이루어지는 경우도 있고 매수 이후 수익률이 신통치가 않은 경우도 있어 하락기조일 경우 가능한 한 짧게 대응하는 것이 바람직하다.

볼린저밴드 급락패턴에서는 상한선이 하락 반전할 때가 매수타이밍이다

■ 차트 101 | 급락패턴의 매매 사례

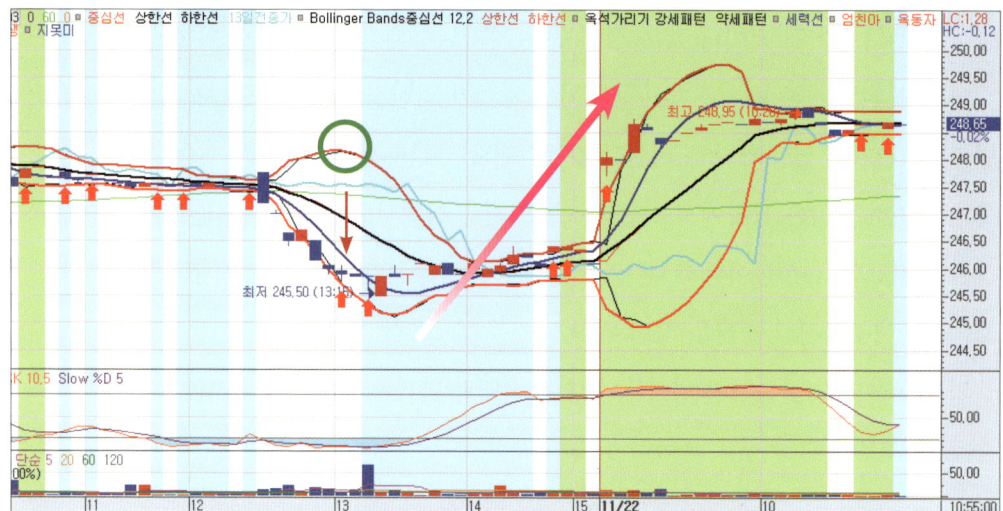

선물 급락패턴에서의 매수타이밍은 상한선이 하락반전할 때가 매수타이밍이다.

[차트 101]은 주가<하한선<중심선<상한선의 배열로 급락패턴의 전형적인 모습이다. 주가, 하한선, 중심선의 기울기는 하락하고 상한선은 반대로 상승하면서 밴드의 확장이 심화되는 경우이다. 이때 매수타이밍은 상한선이 아래로 꺾이는 순간이 되고 이후 선물이 상승세를 보였음을 알 수 있다. 시세의 기조가 약세기조라면 일단 단타로 끊는 것이 바람직하고 시장 분위기가 나쁘지 않다면 어느 정도 수익률을 높게 잡아도 무리는 없을 것이다.

이러한 전략은 초단타일 경우 3분봉이나 5분봉으로 대응하고, 좀더 여유 있게는 30분봉이나 60분봉을 활용하여 대응하면 된다. 악재가 노출될 경우 가능한 한 60분봉을 활용하여 매수기회를 늦추고 확실한 타이밍이 도래했을 때를 노려야 한다. 매수포지션 후 청산타이밍은 하위 분봉차트를 통해 앞서 배운 볼린저밴드의 급등패턴에서 하한선 반전시점을 노리면 된다.

02

보다 큰 수익을 위해 조정파동을 활용하라

하락 시세가 이어질 경우 볼린저밴드를 이용해 매수기회를 노릴 수는 있지만 보다 수익폭이 큰 시점을 노리기 위해서는 조정이 완성되는 최적의 매수타이밍이 필요하다. 시세 하락의 끝을 노리는 것이고 파동을 이용하는 것이 가장 바람직하다. 파동 중 조정파동이 중요한데 조정파동은 A파 하락, B파 반등, 그리고 C파 하락으로 이어진다.

시세가 하락하게 될 경우 의미 있는 고점에서 첫 번째 하락이 A파이고 이에 따른 반등이 B파 반등이며 이후 다시 재 하락하는 경우가 C파동이다. 우리가 매수할 타이밍은 A파에서가 아니고 C파동의 종료시점, 즉 밴드상한선이 하락 반전할 때이다. 일단 특별한 악재가 없을 경우를 고려한 매수타이밍부터 살펴보자.

■ 차트 102 | 선물 5분봉 - C파 하락에서 볼린저밴드 상한선 하락반전 매수사례

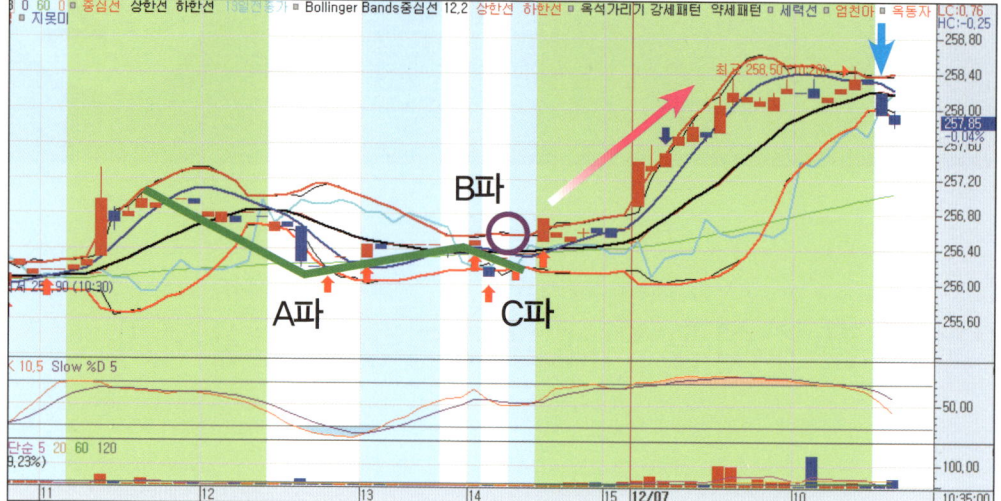

선물 C파 조정 마무리 시점에서 상한선이 하락반전할 때는 적극적인 매수타이밍이다.

[차트 102]는 필자가 개발한 〈옥석가리기〉 프로그램으로 볼린저밴드, 파동, 일목균형, 그리고 세력동향을 기반으로 삼는다. 고점과 저점의 매매신호를 자동으로 표출하는 인공지능 시스템이다. 녹색바탕의 종료지점 이후 흰색바탕으로 진입하면서 파랑색선의 하락이 전개되는 구간이 A파 하락이며 이후 하늘색바탕으로 진입하면서 반등하는 구간을 B파 반등으로 본다. 그리고 이후 다시 흰색바탕으로 진입하면서 파랑색선세력선: 메이저들 중 주가의 움직임에 결정적 영향력을 행사하는 주체에 가중치를 많이 부여하여 구현한 선이 하락하는 구간을 C파동의 진행구간으로 보는데 이의 종료가 이루어지는 하늘색바탕의 첫 신호가 C파의 종료시점으로 해석한다.

〈옥석가리기〉는 파동을 잘 구분하기 위해 차트 상 배경색을 구분하고 파랑색의 세력선으로 주도세력의 동향을 읽게 함으로써 저점의 정확성을 높이는 프로그램이라 할 수 있다. 이것은 세력선의 움직임과 더불어 주가의 파동을 읽는데 매우 유용한 지표로 활용할 수 있다.

우리는 매수타이밍이 중요한 만큼 파동을 통해 가장 저가에 매수하는 기법을 아는 것이 중요하다. 차트에서 보면 A파 저점에서의 반등은 단타대응으로 수익을 추구할 수 있고 C파 저점^{파동의 종료시점}에서는 제법 큰 시세차익을 추구할 수 있음을 잘 알 수 있다. 특히 앞서 언급했듯이 C파동이 급락으로 이어진 경우 '상한선의 하락반전이 매수타이밍임과 동시에 C파의 저점'이라는 점을 고려하면 절묘한 매수타이밍임을 알 수 있다.

이후 시세의 탄력은 시장의 여건에 따라 크게 오를 수도 있고 상승폭이 약할 수도 있겠지만 일단 조정 완성파인 C파동에서는 특별한 악재가 없는 한 거의 완벽하게 수익을 추구할 수 있는 장점이 있다.

하지만 C파동이라고 해서 무조건 성공하는 것이 아니라 가끔은 실패하는 사례도 있음을 알아야 한다. 바로 대형악재가 나왔을 경우에는 펀드멘탈 분석이든 기술적 분석이든 어떤 경우라도 지표의 정확성은 떨어질 수밖에 없다.

공교롭게도 C파동이 형성되는 시점에서 악재가 터진다면 저점은 C파에서 이루어지는 것이 아니라 다시 한번 더 하락하여 E파동을 거친 후 저점을 형성하게 된다는 사실을 알아야 한다. 엘리어트의 파동 중 충격파^{방향이 지속되는 경우의 파동}일 경우 5파동이 이루어진 후 완성되는 것이기 때문으로 이해하면 될 것이다. 따라서 악재로 인해 C파동에서 전환에 실패할 경우 E파동이 확립된 후 매수포지션을 취하는 것이 바람직하다.

> **악재가 없는 상황에서는 C파 하락에서
> 밴드상한선이 하락 반전할 때가 매수타이밍이다**

■ 차트 103 | C파 국면에서 대형 악재가 터질 경우 E파까지 하락 후 상승전환

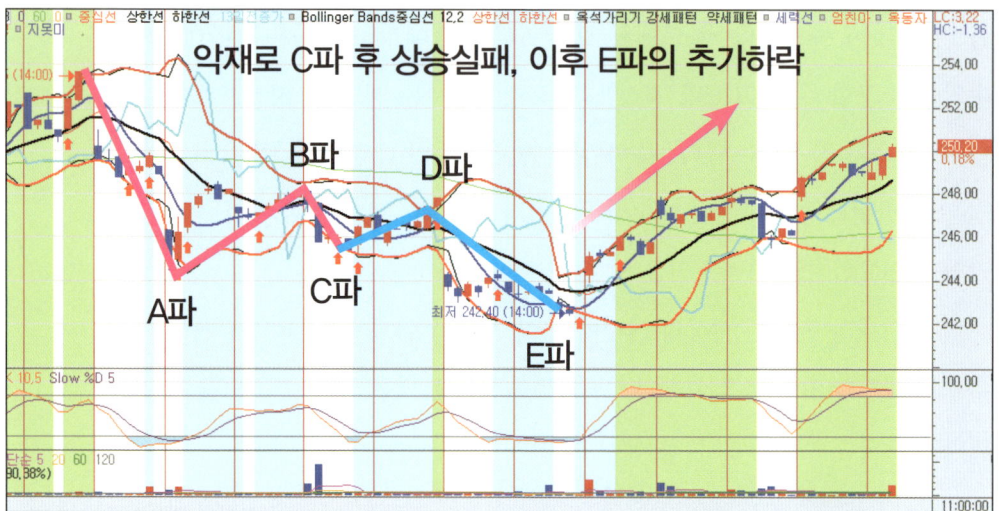

대형 악재가 출현할 경우 한 단계 더 하락한 E파충격파의 마지막 하락 파동 완성 후 상승전환한다.

[차트 103]은 하락 파동이 진행되는 과정에서 C파동이 형성되었음에도 불구하고 대형 악재의 출현으로 인해 한 번 더 하락한 사례로 결국 상승다운 상승은 E파동이 종료된 후 이루어졌음을 알 수 있다.

어떤 경우든 일단 대형악재가 터진 시점에서는 C파동에서 진입을 시도하기 보다는 한 템포 늦추어 E파동까지 떨어지기를 기다렸다가 안전하게 매수타이밍을 노리는 것이 바람직하다. 물론 특별한 악재가 없다면 당연히 C파동에서 매수타이밍을 노려야 하는 것은 재론의 여지가 없다. 만약 C파동에서 매수포지션을 취한 상황이었다면 악재출현과 동시에 손절을 행한 후 E파동에서 다시 기회를 포착해야 한다.

03

일봉 상 밴드상한선을 돌파하면 매도타이밍으로 여겨라

　선물투자자들은 대부분 3분, 5분, 10분, 30분 등을 많이 활용하는 것으로 알고 있다. 하지만 때로는 시야를 넓혀 그 이상의 지표도 볼 수 있어야 한다. 너무 자신이 선호하는 지표를 중심으로 편향된 분석을 하다 보면 더 효율적인 지표에 대해 간과해 버릴 수 있다. 미처 인지하지 못하는 부분을 다른 지표가 보조하면서 더욱 정확성을 높일 수도 있음을 알아야 한다.

　선물 일봉을 보지 않는 투자자들이 많다. 하지만 중요한 매도포인트를 찾는데 있어 일봉도 매우 중요한 정보를 제공해 준다. 매수시점에서의 일봉은 대형악재가 출현하는 등 불안요인이 발생할 때는 오류가 발생하는 경우가 많아 의미를 잃지만, 매도의 경우 비교적 신뢰도가 높기 때문에 이를 활용하여 타이밍을 포착하면 분봉 상 놓치는 부분을 해결할 수 있다.

일봉 상 매도타이밍은 간단하다. 바로 볼린저밴드 상한선을 상향 돌파할 경우 매도타이밍을 잡으면 된다. 볼린저밴드의 기초인 상한선 이탈확률 4.56%, 이탈 후 반락확률 95.44%를 적용한다.

> 일봉 상 볼린저밴드 상한선을 상향돌파하면 일단 매도타이밍으로 본다

물론 이 경우 정확성이 95.44%로 잘못될 확률도 4.56% 있다는 점은 인지해야 한다. 그리고 일봉 상 상한선을 이탈하는 모습이 확인되면 이때 분봉을 통해 지금까지 공부한 내용대로 매도타이밍의 효율성을 높이는 전략으로 나가는 것이 바람직하다. 물론 큰 반락을 하지 않는 경우도 많지만 일단 매도 후 다시 매수를 고려한다면 볼린저밴드 매매전략을 따라 대응하는 것이 좋다.

■ 차트 104 | 일봉 상 볼린저밴드 상한선 돌파 시점에서의 매도사례

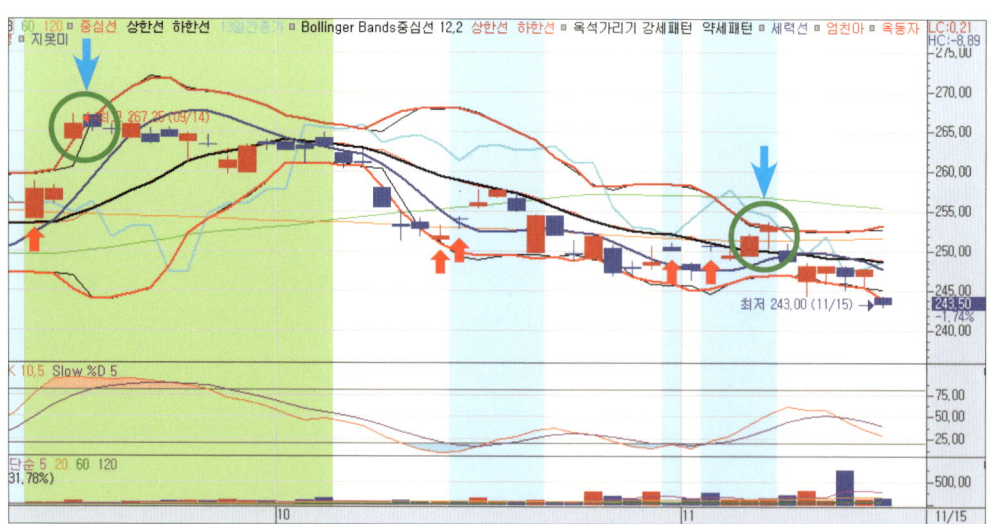

특별한 호재가 없다면 선물에서의 볼린저밴드 상한선 돌파는 매도타이밍이다.

[차트 104]에서 보면 선물지수가 볼린저밴드 상한선 아래에서 상승세를 유지 완만상승패턴하다가 상한선을 넘기면 여지없이 고가선을 달고 밴드상한선 이하로 내려서거나 아니면 큰 폭으로 하락하는 모습을 보인다는 것을 알 수 있다. 일봉이라 상한선 돌파 후 급락하는 경우는 두말할 필요도 없겠지만 상한선 이하로 일시 후퇴하는 폭도 꽤 크기 때문에 이러한 매도타이밍을 놓쳐서는 안 된다. 분봉 상 상승 트렌드를 따르면서 매매하다 보면 트레이딩에만 집착한 나머지 매도타이밍을 인지하지 못하고 크게 당하는 경우가 있다. 이러한 오류를 일봉을 통해 잡아낼 수도 있다.

그러니까 일봉 상 매도타이밍이 출현했다면 '분봉 상 그동안의 상승포지션을 정리해야 한다'는 기본적인 인식을 가지고 최적의 순간에서 포지션 정리나 신규 매도전략을 통해 아주 효과적인 대응을 할 수 있게 된다. 일봉 상 볼린저밴드 상한선을 돌파하고 더 오를 수도 있는데 역시 분봉을 통해 최적의 타이밍을 포착할 수 있다. 물론 이는 이전에 공부한 내용을 바탕으로 하면 된다.

> 일봉 상 상한선 돌파가 이루어지면서 매도신호가 나오면
> 분봉 중 급등패턴을 보이는 지표를 선택하여 하한선이 상승 반전할 때
> 보다 정확한 타이밍을 포착할 수 있다

[차트 105]는 분봉을 통해 이전 일봉 상 매도타이밍 진입선물 상한선 돌파시점 시기에 더욱 효과적인 매도타이밍을 포착하는 기술이다. 하위 분봉차트인 5, 30, 60분봉 중에서 '선물지수＞상한선＞중심선＞하한선'의 배열에서 하한선이 아래로 진행되는 급등패턴을 선택하여 하한선이 상승 반전할 때 매도타이밍을 포착함으로서 수익을 극대화하거나 신규매도포지션으로 또 다시 승부수를 던질 수 있

■ 차트 105 | 앞 차트 일봉선물의 두 매도 시점에서의 60분봉을 통한 매도타이밍

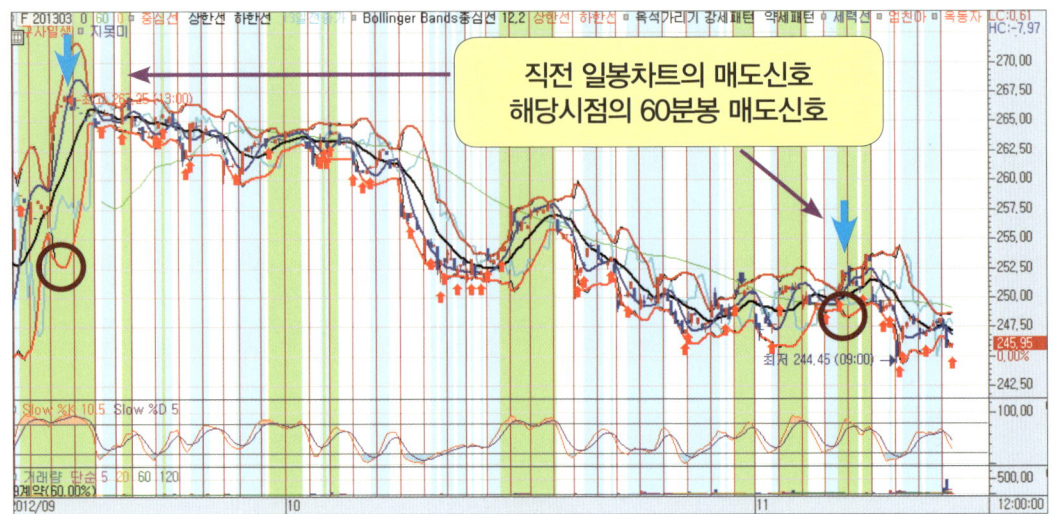

앞 선물 일봉 매도시점에서의 정확한 매도타이밍을 위해 60분봉을 활용하는데, 하한선의 상승반전시점에서 매도한다.

는 좋은 방법이다. 그러니까 중요한 고비에서 실수하지 않기 위해서는 일봉을 수시로 점검해야 하며 상한선을 돌파할 경우 즉각 분봉을 점검하고 여러 분봉 중 급등패턴 유형의 지표를 찾아 하한선이 위로 상승 반전 시 매도타이밍을 결정하면 된다.

그리고 일봉 상 매도타이밍은 선물지수가 하락하는 상한선에 접근할 때도 매도시점으로 인식해야 하고 급락으로 상승하던 상한선이 아래로 꺾였을 때는 매수타이밍으로 봐야한다. 다만 급락패턴일 경우 상한선이 하락반전 하기 전 미리 크게 오른 경우는 되 반락을 기다려서 매수하는 것도 잊어서는 안된다.

240분봉을 활용하여 매수타이밍을 노려라

240분봉을 이용한다는 말이 생소하게 들릴 지도 모른다. 일봉이 하루에 하나의 캔들을 보인다면 240분봉은 하루에 두 개의 봉이 형성된다. 이는 일봉에 앞서 변화를 한발 앞서 포착할 수 있는 이점이 있다는 의미이다. 선물을 투자하는 입장에서는 보다 정확한 매매타이밍을 필요로 하는 만큼 일봉을 바탕으로 매매하는 것은 효율적이지 않을 수도 있다. 그래서 일봉의 단점을 보다 보완할 수 있는 지표로써 240분봉은 중요한 의미가 있다. 이것은 현물에서도 마찬가지다. 일봉의 변화를 한발 먼저 읽기 위해 240분봉을 활용한다.

240분봉은 주로 매수타이밍에 활용된다. 천정은 짧은 기간에 걸쳐 형성되고 바닥은 긴 시간에 걸쳐 형성되는 것인 만큼 어쩌면 짧은 분봉 보다는 240분봉이 더욱 효율성이 높을 수 있다.

240분봉을 통한 매수타이밍은 볼린저밴드 하한선 이하로 선물지수가 하락하는 시점이다. 역시 선물지수가 하한선 이하로 진입할 확률은 4.56%이고 반등확률은 95.44%인 만큼, 이를 적용할 경우 그만큼 성공할 확률이 높다는 점을 활용한 것이다. 우리는 앞서 일봉에서 이러한 해석법에 대해 살펴 보았는데, 주로 일봉은 매도에 의미를 두고 240분봉은 매수에 의미를 갖는다.

상승기조일 경우 하한선 이하로 진입 시 매수로 대응하면 거의 성공적이고 수익폭도 크게 나오는 경우가 많다. 또한 중심선이 하락으로 진행되는 하락기조하에서도 하한선 이하로 진입한 후 적정시점에서 매수할 경우 역시 좋은 성과로 이어진다. 어느 경우든 마찬가지이지만 가능한 한 상승기조에서 적용하는 것이 더욱 효과적일 것이다. 하한선 이하로 진입한 후 캔들 하나가 더 하락하는 경우도 있는데 악재의 영향이 심할 경우 조심하는 것이 바람직하다. 물론 그렇다고 하더라도 다소 인내한다면 이 또한 수익을 추구할 수 있다.

240분봉 상 선물이 하한선 이하로 진입하는 시점은 매수타이밍이다

[차트 106]에서 보면 240분봉의 경우 볼린저밴드 하한선 이하로 진입한 경우와 이후 선물의 움직임을 표시한 것으로 하한선 이하에서 매수 시 이후 상승을 통한 크고 작은 수익을 확인할 수 있다. 상승기조에서는 하한선 이하로 진입한 시점에서 매수했을 경우 비교적 큰 수익을 추구할 수 있고, 중심선이 하락하는 과정에서 선물이 하한선을 하향 돌파하는 시점에서의 매수는 수익폭이 작은 것을 알 수 있다.

이는 상승기조와 하락기조에서의 당연한 수익률 차이일 수밖에 없다. 하락기

■ 차트 106 | 선물 240분봉 하한선 이하에서의 매수 유효성

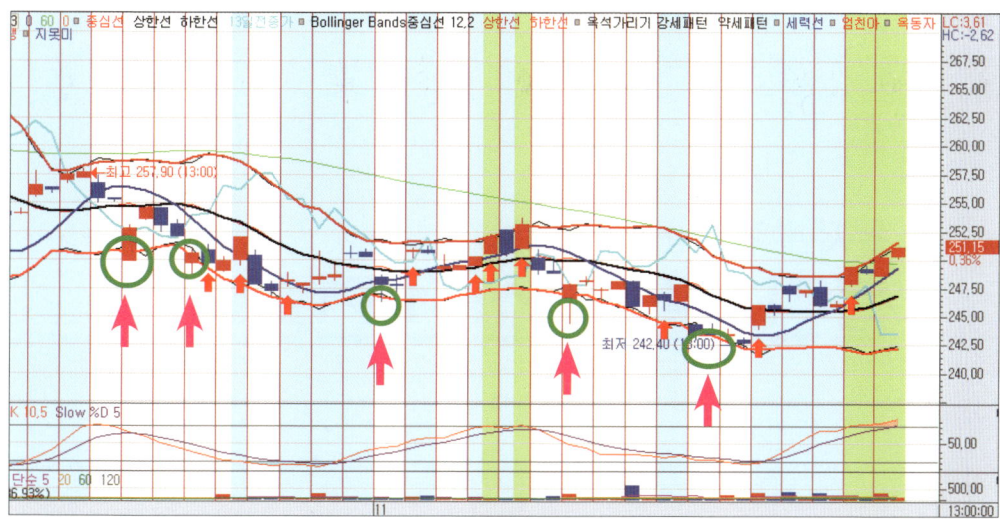

240분봉 상 하한선 이하로 진입 시 95.44%의 확률로 반등한다. 이에 따라 하한선 이하 진입시점은 매수타이밍이다.

조에서 큰 수익을 추구한다는 것은 무모하고 상승기조에서 너무 소심한 투자도 문제일 것이다.

  240분봉이 볼린저밴드 하한선 이하로 급락할 때 파동 상 C파동이 구축되면 이전까지의 하락기조를 벗어나 상승기조로 바뀌는 순간인 만큼 이때는 악재가 준동하지 않는 한 수익폭을 크게 잡는 것이 바람직할 것이다. 물론 이 경우도 하위의 분봉을 살피고 C파동의 완성시점이나 기타 매수타이밍을 포착하여 효율성을 더욱 높일 수 있을 것이다.

부록

문제로 정리하는
볼린저밴드 실전 연습

실전차트를 통해 지금까지 공부한 내용을 완전하게 이해를 했는지 확인해보자. 주식, 선물, 외환 등 다양한 위험상품에 대한 투자는 완벽한 이해 없이 접근해서는 안 된다. 보다 확실하게 이론적 이해를 한 후 실전감각을 충분히 익히고 그 다음 본격적인 투자에 임하자. 지금까지 공부한 것은 단순한 초보자들의 수준을 넘어 프로의 경지에 이른 투자자들에게 반드시 필요한 내용이다. 따라서 투자의 승패는 바로 이를 얼마나 잘 이해하고 실전적으로 활용할 수 있는가에 달려 있다.

물론 기술적 분석 이외에 시장을 이해하기 위한 다방면의 지식 인프라를 얼마나 형성하고 자신의 투자스타일이 얼마나 주식투자에 적합하게 형성되었는가에 따라 결과도 다를 것이다.

 다음은 강원랜드의 2011년 7월~2012년 3월까지의 일봉차트이다. 주어진 일봉차트에서 급락패턴에 해당하는 위치와 매수타이밍을 모두 체크하라.

 다음은 디오텍의 2011년 9월~2012년 3월까지의 일봉차트이다. 일봉을 그려온 과정에서의 모든 패턴을 정의하고 각 패턴에 따라 매수와 매도시점을 구분해서 체크하라.

○ 힌트: 완만상승과 급등패턴이 뒤섞여 있는 난해한 차트로 단, 장기투자자에 따라 매매포인트가 각각 다르다.

 다음은 바른손의 2011년 12월~2012년 3월까지의 일봉차트이다. 볼린저밴드의 특성을 이용한 매수포인트와 매도포인트를 모두 체크하라.

○ 힌트: 볼린저밴드의 특성인 수축과 확장, 그리고 중심선의 역할을 이용하여 매수와 매도 포인트를 구하고 급등과 급락패턴의 정의를 기술하고 그에 따른 매수와 매도타이밍을 제시

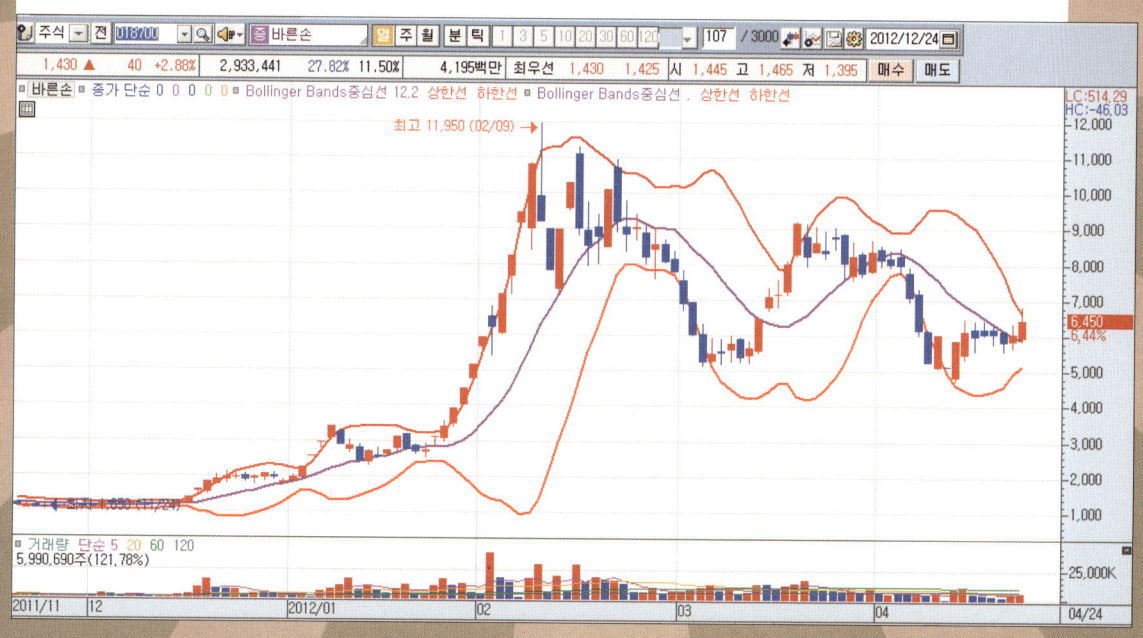

〈정답〉

【1】

【2】
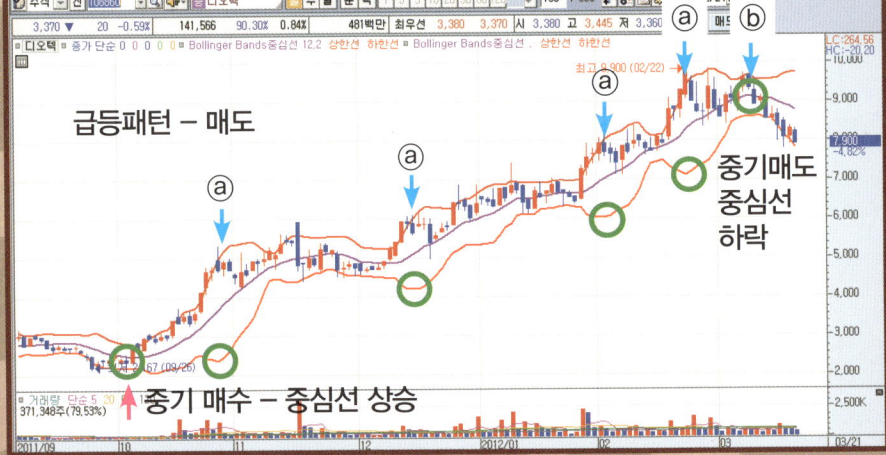

【3】
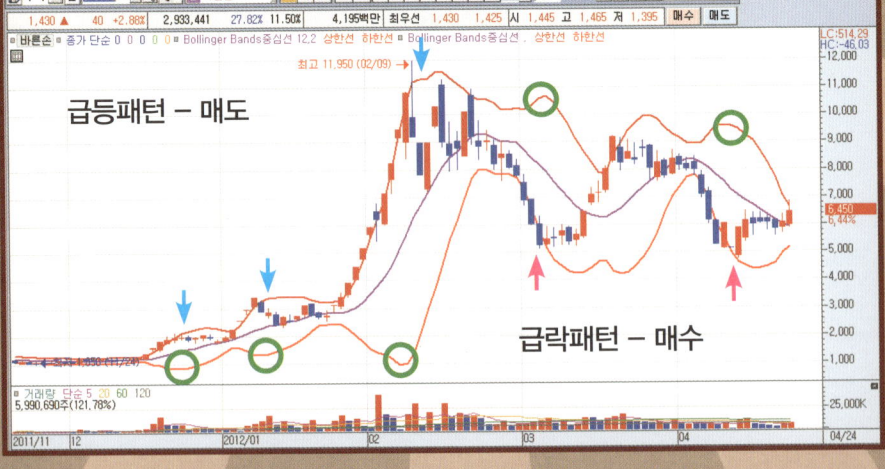